臺灣歷史與文化研究輯刊

初　編

第24冊

地緣與血緣：
清代淡水地區漢籍移民民間信仰之研究

吳柏勳　著

靈山仙境：
論淡水無極天元宮的空間神學

李峰銘　著

花木蘭文化出版社

國家圖書館出版品預行編目資料

地緣與血緣：清代淡水地區漢籍移民民間信仰之研究　吳柏勳著／靈山仙境：論淡水無極天元宮的空間神學　李峰銘 著— 初版 — 新北市：花木蘭文化出版社，2013〔民 102〕

目 4+114 面／目 4+146 面；19x26 公分

（臺灣歷史與文化研究輯刊 初編；第 24 冊）

ISBN：978-986-322-277-4（精裝）

1. 民間信仰　2. 臺灣

733.08　　102002954

ISBN-978-986-322-277-4

臺灣歷史與文化研究輯刊

初　編　第二四冊　　ISBN：978-986-322-277-4

地緣與血緣：清代淡水地區漢籍移民民間信仰之研究

靈山仙境：論淡水無極天元宮的空間神學

作　　者　吳柏勳／李峰銘

總 編 輯　杜潔祥

出　　版　花木蘭文化出版社

發 行 所　花木蘭文化出版社

發 行 人　高小娟

聯絡地址　235 新北市中和區中安街七二號十三樓

電話：02-2923-1455／傳眞：02-2923-1452

網　　址　http://www.huamulan.tw　信箱　sut81518@gmail.com

印　　刷　普羅文化出版廣告事業

初　　版　2013 年 3 月

定　　價　初編　30 冊（精裝）新臺幣 60,000 元

地緣與血緣：
清代淡水地區漢籍移民民間信仰之研究

吳柏勳　著

作者簡介

吳柏勳，1976年出生於台灣東北角的宜蘭，志學之年負笈淡水，畢業於淡江大學語獻所。求學期間，曾擔任淡江大學文學院周彥文教授所主持的田野調查研究室立體方志採訪員及影像製作指導。在淡水的求學生活，常流連於山海的地景風貌與民情風俗，並藉由記錄片的拍攝與文字書寫，爬梳此間的歷史流變和文化脈絡的發展。本文著作雖為作者學位論文，但因篇章中以常民文化為基底，能夠完整見出屬於淡水先民的生活情態。

提　要

從臺灣歷時性的縱向發展來看，淡水歷經了西班牙、荷蘭、明鄭、清代、日治以至於民國時期，他有著臺灣歷史四百年的縮影。觀察此一區域的發展，從大航海時代西方海權國家進入東海後，臺灣島成為西方海權與其後日本等國所覬覦的對象，而位於臺灣西北地帶，又是淡水河出海口的淡水地區，自然成為各國發展對華貿易所爭取的軍事據點，並且也隨之發展了初步的商業行為與漢民墾居的型態。

當十七世紀，清代漢人向外發展形成移民推力的潮流時，淡水此時更是漢籍移民起水上岸與移住的重要地區。並且，在移民社會初期，發展了與原鄉文化緊密聯繫的族群關係。其後，在區域型態中更建構了移民朝向在地化發展的文化脈絡。

本文透過淡水地區文獻資料的分析，探究此一區域在地理形勢上，何以是海權國家所爭奪的目標，並且在清代移民熱潮中成為重要的進入口岸。其次，通過對淡水地區民間信仰的觀察，繫聯清代漢籍移民與原鄉的關係，藉以討論淡水地區移民社會初期的族群分類及其社會互動的情形。最後，本文透過分析淡水地區民間信仰祭祀圈的形成及演變，說明其原因與該地區本地化發展下的社會脈絡。

目 次

附　圖

附　表

第一章　緒　論

第一節　研究動機

淡水〔註 1〕，一個瀕臨河海交界曲仄依山的小鎮，四百多年的歷史推演中，它所承載的不只是霎那間的吉光片羽，在場序的流轉裡，它的內面更涵有著豐富多元的人文內蘊。應著史蹟景觀趦步小鎮，熙攘的旅客人潮中依稀還能聽見前人的跫音。

從臺灣歷時性的縱向發展來看，淡水歷經了西班牙、荷蘭、明鄭、清代、日治以至於民國時期，他有著臺灣歷史四百年的縮影。觀察此一區域的發展，從大航海時代西方海權國家進入東海，臺灣島一時成為西方海權與其後日本等國所覬覦的對象，而位於臺灣西北地帶，又是淡水河出海口的淡水地區，自然成為各國發展對華貿易所爭取的軍事據點，並且也隨之發展了初步的商業行為與漢民墾居的型態。此間漢人、西洋人以及日本人於淡水地區都留下了相關的文獻資料。

明鄭入臺到清領初期，以經貿為主軸的海權商戰關係雖暫銷緩，然而淡水卻已是漢人所熟悉的境域。當十七世紀，清代漢人向外發展形成移民推力的潮流時，淡水此時更是漢籍移民起水上岸與移住的重要地區，並且發展了與原鄉文化緊密聯繫的族群關係，隨後更產生了移民在地化的發展。

進行淡水清代漢籍移民文獻資料的彙整工作時，發現以移民、民間信仰

〔註 1〕本文所言之淡水，係以現今行政區劃分之淡水鎮為論述範圍。而論及移民遷徙的路徑、聚落的形成與聯繫，則擴及淡水鎮鄰近地區和大臺北盆地等相關區域。

與環境（原籍地與移民地）三者關係作為研究進路，可從其原籍地影響以致移民地發展的關係上作系統化的文化研究。由移民類屬、環境探討、寺廟發展、民間信仰活動，加上族譜、契書、口述歷史與其他田野調查的資料整理，則可探究出清代淡水地區漢籍移民文化構成的發展脈絡。

淡水地區歷史久遠的寺廟甚多，它們多保留了精緻而又不失古樸的形制。而在民間信仰活動方面，因為「舊例未除、新例未設」的因由，仍舊保持著傳統社會的信仰儀式。當我們走進寺廟或者參與民間信仰活動，就如同置身在歷史的現場與歷史的舞臺當中，感受當時的氛圍與情境。而這樣的歷史場景，為本文在探討清代淡水地區的移民文化，提供了研究進路的發展空間。

就臺灣移民史觀察來看，移民者在移民地的發展，常以原籍地的民間信仰作為凝聚族群意識與其力量之所，而在探查淡水地區移民社會的形塑過程，也有著相同的質性發展，而當移民逐漸本地化以後，原屬於地方性的民間信仰，也成為合境所共同的信仰。因此，就移民間信仰發展的縱向觀察來看，其可供為移民原籍地、海外渡遷、移民社會生成，與其在地化發展探討的觀察進路。

從清代淡水地區的移民分布情形來看，他們的原居地分屬泉州各縣以及汀州地區，其渡遷的年代可遠溯至前清時期，並且因信仰的關係，各族群的移民文化表徵於其中。而循其表徵探究，作為凝聚移民社會力量的鄉土信仰，透露而出不僅是單一的宗教面向，更提供了分析移民原鄉背景、移民活動發生的動因與移民地環境的關係。

因此透過對此一研究主題的討論，從文獻分析為切入面向，以文化研究的角度與方法，由民間信仰、移民、環境三者關係的析探，將有助於對此一區域的發展以及其與臺北地區的關係提出脈絡化的觀察，也為目前學界較為單一的研究面向，作一系統化的討論和整合。

第二節　研究目的

本文的撰寫，主要針對淡水地區之民間宗教信仰進行調查。就民間信仰活動形成以及寺廟創建的動因，探討該地清代漢籍移民的空間分布。簡言之，本文將透過自然環境、移民以及民間信仰者，論述其間交互影響而產生的文化現象。

圖 1-1：淡水鎮地圖

資料來源：淡水鎮公所網站：www.tamsui.gov.tw。

漢籍移民拓墾淡水地區，從草萊初闢到聚落逐漸形成，清嘉慶初期已有一定的規模。而綜觀淡水寺廟與民間宗教活動的發展，事實上也與區域的拓墾息息相關〔註 2〕，不同原籍移民所構成的不同祭祀圈〔註 3〕，亦說明了此一

〔註 2〕詳見張建隆，〈從寺廟分佈看滬尾街聚落之形成〉，《尋找老淡水》（臺北：臺北縣立文化中心，1996 年），頁 2～41。

〔註 3〕「祭祀圈」是某地的一群人共同奉祀某一神明，並以宗教祭典加強社會凝聚

區域漢籍移民的空間分布。

祭祀圈係共同崇奉一神明的人群居住地，亦即從空間上觀察宗教祭典與社會群體的關係。祭祀圈除了指涉臺灣民間信仰的宗教組織型態，同時也包括具有其活動空間的兩個概念。由淡水地區在清代所形成的主要祭祀圈來看，前者爲不同籍移民與共同神明信仰，或者是同籍移民與原籍地緣神明信仰的關係；而從空間意涵的觀察中，則可探索出移民分布與祭祀圈形成，以及因自然環境而產生不同祭祀圈的交錯現象。另外，淡水在清代時期爲出入大臺北盆地的重要港埠，在送往迎來的移民浪潮與商旅貿易中，活絡的港區型態亦是探討淡水之所以有多元民間信仰與不同籍移民的重要參考。〔註 4〕

自然環境、移民，以及民間信仰的構成，爲觀察清代淡水地區從移墾時期到聚落發展和移民社會形成的重要指標。因此本文將從此一脈絡出發，探討此三者之於淡水的重要性，利用文獻資源以研究其間交互影響而產生的文化現象。

第三節　研究主題

本文以清代淡水地區的移民原籍地及其類屬、民間信仰及其在淡水地區的發展作爲主要觀察對象〔註 5〕。其中，民間信仰方面包括：嘉慶元年（1796）創建的福佑宮、道光三年（1823）的鄞山寺、咸豐八年（1858）的龍山寺，以及八庄大道公輪祀信仰〔註 6〕、義山、小坪頂集應廟的九年一次尪

力，而依凝聚力強弱不同形成大小不一的祭祀圈。詳見林美容，〈由祭祀圈來看草屯鎮的地方組織〉，《中央研究院民族研究所集刊》第六十二期（1986），頁 53～114。

〔註 4〕移民地的信仰固然是隨著移民者渡遷的腳步進入，並且在移民社會形成的初期多以同籍的型態形成祭祀圈，但當移民社會逐漸發展成具有本地文化色彩後，其原本對應的民間信仰也漸爲不同籍移民所接受，而這樣的現象向特別易發於族群互動頻繁的區域。淡水歷來就以人文活動蓬勃的港區性質特立於臺灣的移民史與經貿史上，因此本文將就此一質素，探討自然環境、移民信仰移入、祭祀圈類屬與形成，以及其後的融合現象。

〔註 5〕本文所論述之時代範圍雖以清代爲主，但論及此一區域自然環境所具備的移民誘因以及移民的足跡，則推溯至清領之前。在時間下限方面，本文訂於日治之前（1895）。主要原因再於此一區域移民遷入、開拓已居完成，並且移民社會亦漸趨於本地化的型態。

〔註 6〕關於淡水大道公輪祀的開始或說起於嘉慶元年（1796），詳見謝德錫，〈尋訪

公輪祀〔註 7〕。另外，雖然淡水的清水巖遲至昭和年間才鳩工完成〔註 8〕，但淡水的清水祖師信仰於道光年間就已形成。在建廟之前淡水的安溪人將清水祖師供俸於地方頭人的公廳，接受信眾奉祀。並且此一祭祀圈也與乾隆時期興建的艋舺清水巖關係密切，因此淡水的清水祖師信仰，亦將納爲本文的觀察對象。〔註 9〕

從以上研究對象與漢籍移民的關係來看，其中的福佑宮是由銀同（同安）、晉水（晉江）、清溪（安溪）、桃源（永春州大田縣）、武榮（南安）、螺陽（惠安）及永定七縣份所組成〔註 10〕，並非特屬單一原籍的地緣性神明信仰。除此之外，鄞山寺屬於汀州移民信仰系統，龍山寺屬於三邑人（晉江、南安、惠安），大道公屬於同安人，尪公及清水祖師則屬於安溪移民的信仰系統。由其中的群屬與祭祀圈的組成和分布關係，對照於淡水在清代爲一重要移民輸入港的特性來看，此一區域所呈現的融合與多元性，似乎說明了區域的特質。

其次，從淡水地區祭祀圈的範圍來觀察，淡水的民間宗教信仰亦與大臺北盆地緊密聯繫，由此詳加探究，則更進一步凸顯了淡水地區在大臺北移民歷程的重要性，及其在移民文化網絡構成中的地位。

從民間信仰的構成與解析，不但可觀察淡水拓墾移民的祖籍、移民構成的內緣因素；在外緣部份，也可從移民地社會的形成與發展中，探究民間信仰於其中的機能。反之，亦從清代淡水地區民間信仰的文化網絡構成與解析中，探討出區域發展、文化生成以及其與大臺北開發和文化發展關係的脈絡。

八庄大道公的歷史傳奇〉，《文化淡水》第六十六期第二版（2005 年 3 月）。

〔註 7〕淡水的尪公信仰係張姓派下所祭祀的保儀尊王，張姓派下主要分布於木柵與淡水兩地九個區域，每一區域輪祀一年。淡水一地有兩個輪祀區域，目前以小坪頂集應廟與義山集應廟爲九年一次輪祀供奉的寺廟。見溫振華，〈清代臺北盆地漢人社會祭祀圈之演變〉，《臺北文獻》直字 88（1987），頁 12～13。

〔註 8〕淡水清水巖鳩工於昭和六年（1931），正殿於昭和七年（1932）完成，前殿於昭和十二年（1937）完成。

〔註 9〕對於清代淡水地區民間信仰的討論，尚可論及角頭形式的王爺信仰（如油車口蘇府王爺，以及蕭府王爺信仰等）與村落形式的土地公信仰。然因探討主題過於龐雜，本論文僅就淡水地區主要的六大民間信仰作爲論述主題。

〔註 10〕福佑宮目前仍有銀同、晉水、清溪、桃源、武榮、螺陽六個地緣性神明會，而永定一縣份於清代已退出，自建鄞山寺。

第四節　研究方法

本文透過有關淡水地區的文獻資料蒐集與田野調查工作，歸納此一區域之自然環境與清代漢籍移民和寺廟、民間信仰活動之間的關係，並進行分析論述。

本文之研究內容與方法如下表：

表 1-1：本論文研究內容與方法

研究方法	資料蒐集	研究內容	研究方向	研究主題
文獻分析	淡水開發、移民史之資料，檔案、方志、地圖。	清代漢籍移民在淡水拓墾及區域發展歷時性的討論。	一、清代漢籍移民在淡水拓墾的背景、歷程及淡水地區的發展脈絡。	地緣與血緣：清代淡水地區漢籍移民民間信仰之研究
	寺廟興建、民間信仰活動相關文物與文件。	寺廟與民間信仰活動的分布。	二、清代漢籍移民的空間分布與區域發展和寺廟及民間信仰活動的關係。	
	族譜、土地租佃、分產鬮書、典賣契約文書。遊記、舊報資料、口述史料。	依信仰的分屬就淡水地區清代漢籍移民進行宗族個案討論。	三、清代漢籍移民、民間信仰類屬及淡水區域發展之間的文化網絡。	
圖像文獻	寺廟、民間信仰活動之文物與相關祭典活動。	寺廟興建與民間信仰活動形成的背景及其功能。	清代漢籍移民與寺廟、民間信仰活動與社會的關係。	
口述歷史	寺廟管理委員會相關人物、神明會組織、爐主。	寺廟與民間信仰活動的緣起、變革、組織及其功能。	一、清代漢籍移民、民間信仰類屬及淡水區域發展之間的文化網絡。	
	地方耆老、頭人、重要民間社團人物。			
	祭祀公業	漢籍移民家族在淡水的發展與分布。	二、清代漢籍移民在淡水拓墾的背景、歷程及淡水地區的發展脈絡。	
圖表繪製	淡水地區寺廟、民間信仰活動分布圖。	清代漢籍移民在淡水地區民間信仰的空間分布。	寺廟、民間信仰活動與漢籍移民分布之間的關係。	

（一）文獻分析

1. 記述有關清代淡水開發、漢籍移民、寺廟與民間信仰活動相關之文獻資料，包括：淡水開發史、移民史之資料，檔案、方志、地圖、寺廟興建、民間信仰活動相關文物與文件，族譜、土地租佃、分產鬮書、典賣契約、文書遊記、舊報資料及口述史料等。

2. 清代淡水地區漢籍移民之原籍、來淡之原因、民間信仰的類屬及關係、家族發展。
3. 淡水地區寺廟與民間信仰活動的空間分布：包括寺廟建立與民間信仰活動形成的時間、過程、關鍵人物、事件與地點。

（二）圖像文獻

1. 寺廟、民間信仰活動之文物與相關祭典活動。
2. 老照片及圖籍史料之翻拍。

（三）訪 談

1. 寺廟與民間信仰活動的訪談對象：寺廟管理委員會相關人物、神明會組織、爐主等。
2. 漢籍移民之宗族組織：祭祀公業等。
3. 地方人物：地方耆老、頭人、重要民間社團人物等。

（四）圖表繪製

1. 人口調查與分部資料
2. 淡水地區寺廟、民間信仰活動分布圖。

第五節 相關研究回顧

本文以淡水地區清代漢籍移民文獻爲研究主題，研究的進路從移民、環境（原籍地和移居地）以及民間信仰（移民之民間信仰在原籍地的溯源和其在移居地發展）三者關係作爲探討面向。就區域發展而言，本文以區域歷時性的觀察、敘說與論述爲研究面向，希冀討論出淡水地區清代漢籍移民其原籍地的背景和移民的推力、移民地的吸引力，以及作爲移民社會的形成及其後續文化的脈絡發展。因此，本文研究探討的範圍雖然僅限於淡水一地，但從實際所涉及的議題來看，則與臺灣移民史的發展過程有著相應合的關係。

本文探討主題之相關學術的研究，在歷年來的專書出版、期刊、論文發表，以及民間文史工作室的田野調查報告中有著豐富的論述。以下茲列對於清代淡水地區漢籍於移民相關學術論著、討論與報導，作爲此一地區相關研究的回顧。

在學術機構方面，淡江大學歷史學系自 1998 年開始，分別於該年及 2001 年、2004 年和 2006 年舉辦過四屆淡水學國際研討會。其中，第一屆以淡水的「過去、現在、未來」爲主題，針對淡水地區豐富的歷史人文，配合淡水港口及生態的變遷，從立體的文化空間，對大淡水地區做多元層面的探討，共計發表十六篇論文。第二屆研討會則以淡水的「歷史、生態、人文」爲題，共計發表十五篇論文。第三屆研討會以清法戰爭一百二十週年紀念爲主軸，分述淡水在該役的重要性，以及相關淡水河流域的文化、歷史。第四屆研討會則是結合地方、文物保護、學術、地方現況、管理與文物資產的保護等，共發表了十八篇論文。淡水學研討會主題豐富多元，而從論文發表的面向觀察，則更包含各方學者與地方文史工作者，由此足見淡水歷史文化的厚度與文史研究的熱絡。

在史料研究方面，本文中所述淡水在西、荷時期者，主要有《熱蘭遮城日誌》〔註 11〕。該日誌記錄了 1629 年至 1662 年之間，荷蘭的東印度公司通商中國以及開始殖民臺灣的活動。其中亦可見各地情勢、地理、物產、習俗與天候氣象的記載等。另外，程紹剛《荷蘭人在福爾摩莎》〔註 12〕則就《東印度事務報告》中有關臺灣的部份進行翻譯與註解。

在淡水西、荷時期的論著方面，主要有曹永和的《臺灣早期歷時研究》〔註 13〕、《臺灣早期歷時研究續集》〔註 14〕。曹氏關於臺灣早期歷史的兩本論著，述及了西、荷、明鄭時期臺灣的開發與經營、十七世紀東亞轉運站的臺灣，以及臺灣和日本的海洋關係等。

1998 年，歷史學者翁佳音根據西班牙及荷蘭的文獻，出版了《大臺北古地圖考釋》〔註 15〕。該著作就 1654 年荷蘭人所繪「淡水及其附近村落，並雞籠嶼圖」，論述西、荷時期的臺北盆地的發展，而於此時的淡水地區除了大家所熟之的紅毛城（Anthonio 堡壘）外，也可以見到漢人聚落的建立。

〔註 11〕江樹生譯註，《熱蘭遮城日誌》（臺南：臺南市政府，2002 年）。

〔註 12〕程紹剛譯註，《荷蘭人在福爾摩莎》（臺北：聯經出版社，2000 年）。《東印度事務報告》爲荷蘭在印尼巴達維亞城總督與評議會爲更有效地掌握東印度公司在亞洲的活動，因此規定該公司必須定期提交報告，而該報告稱爲《東印度事務報告》。

〔註 13〕曹永和，《臺灣早期歷史研究》（臺北：聯經出版社，2001 年）。

〔註 14〕曹永和，《臺灣早期歷史研究》（臺北：聯經出版社，2003 年）。

〔註 15〕翁佳音，《大臺北古地圖考釋》（臺北：臺北縣立文化中心，1998 年）。

2005 年學者陳宗仁就其博士論文修定，出版《雞籠山與淡水洋：東亞海域與台灣早期歷史研究 1400～1700》一書〔註 16〕。該著作論述的焦點以東亞海域多元勢力（如明朝、日本、葡萄牙、西班牙、荷蘭等國）的競爭過程中，探討雞籠、淡水兩個港市歷史的演變，特別是關於貿易的消長、地位的變遷以及主權轉移等問題。該書提出在大航海時代來臨前，淡水、雞籠的貿易型態屬於「島際貿易」（Inter-insular Trade）。因島內自主的經濟型態與貿易的侷限，所以交易商品主要爲在地居民生活所需〔註 17〕。十六世紀後，西方海權國家進入東海海域，淡水因爲地理位的關係，納入跨海域的長程貿易（Long-distance Trade）的經濟體系中〔註 18〕。淡水地區從航運交通、經濟貿易中開始崛起，也爲其後漢人移民臺灣的發展奠定了基礎。

本文有關於清代淡水地區發展的討論，除了參照方志載及進行探究，另外亦就淡水地區相關的墾照、契書、族譜以及寺廟碑文與章程等文獻資料進行察考，配合相關論著的探討，尋找漢籍移民在淡水地區的發展脈絡。關於此議題之論述，除見於專書或專文討論外，在論文發表的篇章與及地方文史的調查中亦多。在專書或專文討論上有下列幾項重要的著作：

歷史學者尹章義於 1989 年所出版的《臺灣開發史研究》〔註 19〕，該書利用奏疏、檔案、方志、調查報告、碑文、族譜和老字據等文獻資料論述清代臺灣開發的過程，其中篇章多以臺北地區的墾拓爲研究對象。

臺灣社會經濟史學者王世慶於 1996 年出版《淡水河流域河港水運史》〔註 20〕，該著作以十七世紀末至二十世紀中葉之淡水河流域河港水運史的發展，作爲考察對象。探討淡水河主、支流河名、河道變遷，移民由下游溯往上游的拓墾，產業與河港市街的發展，水運與貿易的興衰等。

淡水地方文史工作者張建隆於 1996 年集結出版《尋找老淡水》〔註 21〕，該書第一篇〈尋找老淡水〉從寺廟的分佈的情形，探討滬尾街聚落的形成。另外，也從舊地名形成的緣由，對應於區域發展的關係。作者亦從淡水地區

〔註 16〕陳宗仁，《雞籠山與淡水洋：東亞海域與台灣早期歷史研究 1400～1700》（臺北：聯經出版社，2005 年）。

〔註 17〕同上註，頁 12～45。

〔註 18〕同註 6，頁 45～63。

〔註 19〕尹章義，《臺灣開發史研究》（臺北：聯經出版社，1989 年）。

〔註 20〕王世慶，《淡水河流域河港水運史》（臺北：中央研究院中山人文社會科學研究所，1996 年）。

〔註 21〕張建隆，《尋找老淡水》（臺北：臺北縣政府文化局，1996 年）。

神明崇祀和祭典活動，述及此一區域民間信仰的肇起與族群發展的關係。

經濟史與海洋史學者陳國棟於 2005 年出版《臺灣的山海經驗》〔註 22〕，該書第參輯〈淡水〉以歷時性爲縱線，探討西班牙及荷蘭時期的淡水、淡水紅毛城的歷史，以及淡水聚落的歷史發展。

在期刊的發表上則有，姜道章〈臺灣淡水之歷史與貿易〉〔註 23〕。該篇文章主要論述淡水的歷史發展，以及 1863 年至 1943 年淡水港的貿易狀況。在港區貿易的討論方面，陳國棟於 1994 年發表〈清代中葉（約 1780～1860）台灣與大陸之間的帆船貿易以船舶爲中心的數量估計〉〔註 24〕。該篇文章在討論八里坌（滬尾）部分〔註 25〕，述及淡水與大陸之間的船貿關係。其中除了說明淡水外港從八里移至滬尾的變因之外，也說明清代中葉臺北地區的出口項目與郊商關係。

在以淡水史研究發展爲討論主題的論文，則有張建隆的〈淡水史研究初探〉〔註 26〕。該篇論文討論內容包括淡水史的歷史斷層、日治時代淡水史研究回顧、戰後的淡水史研究、淡水在地的文史工作，以及淡水史的研究現況。

有關於清代臺灣民間信仰與漢籍移民及其社會形成的文化現象，歷來討論頗多。日人岡田謙所著〈臺灣北部村落之祭祀範圍〉〔註 27〕，描述士林地區的祭祀圈，將祭祀圈視爲「共同奉祀一個主神的民眾所居住之地域」，並指出要了解臺灣村落之地域團體或家族團體，必須從祭祀圈問題入手。王世慶於 1971 年發表〈民間信仰在不同祖籍的鄉村之歷史〉〔註 28〕，該文探討樹林

〔註 22〕陳國棟，《臺灣的山海經驗》（臺北：遠流出版社，2005 年）。

〔註 23〕姜道章，〈臺灣淡水的歷史與貿易〉，《臺灣銀行季刊》第十四卷第三期（1963），頁 254～278。

〔註 24〕陳國棟，〈清代中葉（約 1780～1860）台灣與大陸之間的帆船貿易以船舶爲中心的數量估計〉，《臺灣史研究》第一卷第一期（1994 年 6 月），頁 56～95。

〔註 25〕同上註，頁 81～87。

〔註 26〕張建隆，〈淡水史研究初探〉，《漢學研究通訊》第十九卷第二期（2000 年 5 月），頁 178～187。

〔註 27〕岡田謙著、陳乃蘗譯，〈臺灣北部村落之祭祀範圍〉，《臺北文獻》第九卷第四期（1960），頁 14～28。

〔註 28〕該篇論文發表於 1971 年美國社會科學研究會之「中國社會的宗教與禮俗會議」，後收錄於氏著《清代臺灣社會經濟》。詳見王世慶，〈民間信仰在不同祖籍的鄉村之歷史〉，《清代臺灣社會經濟》（臺北：聯經出版社，1994 年），頁 295～372。

地區信仰中心濟安宮在兩百年來融合所有各時代不同籍貫移民之信仰。其中更深入探討作爲信仰中心的濟安宮與土地公廟、神明會暨組及神明信仰的關係，及該地區民間信仰與樹林開發和其後發展的演變關係。

溫振華於 1978 年所發表的碩士論文《清代臺北盆地經濟社會的演變》〔註 29〕中，敘述各地祭祀圈和主要崇祀的神明，並且提出地緣關係的尖銳化造成分類械鬥的主因，而同籍間共同的民間信仰關係，因此常藉由廟會活動增進族群的感情。此後，關於祭祀圈的討論上林美容亦於 1988 年亦發表以〈由祭祀圈到信仰圈——臺灣民間社會的地域構成與發展〉〔註 30〕爲題的論文。其中提出民間信仰的的組織是漢人移民到臺灣的獨特發展，它與傳統村庄組織以及村庄聯盟有著密切的關係，也是漢籍移民在特殊的時空背景下發展而成的。文中也提到分類械鬥使得大區域範圍內人群的同質性更高，而人們利用宗教的互動來形成地緣性的社會組織。

周宗賢老師〈清代臺灣的民間的地緣組織〉〔註 31〕中，舉例介紹了各地的民間地緣組織，其中提到「公廟」因宗教信仰一致，在廟會活動的參與和合作，以及地區相鄰接近的條件，再配合彼此有較多接觸的機會，自易形成「我群」的意識，亦易形成交易的合作夥伴及兒女婚嫁的對象。至於對外友好之村，也可以藉由各種宗教活動如分火、割香或神明互訪來建立彼此的社會活動，並達到團結地方，自衛互助的目的。而在陳其南在其所著《家族與社會》〔註 32〕中也提到，移民社會經過時間的累積逐漸「土著化」，移民形成本地社會的型態後拋棄原有的祖籍分類意識而培養出新的地緣團體，例如祭祀圈、宗教組織、市集社區等。

淡水地區於清代建立的寺廟以及所形成的民間信仰活動甚多，由專家學者所組成的寺廟調查也都相繼出版研究報告，其中如由李乾朗所主持的《淡水福佑宮調查研究》〔註 33〕和《鄞山寺調查研究》〔註 34〕，雖然在建築形制

〔註 29〕溫振華，《清代臺北盆地經濟社會的演變》（臺北：師範大學歷史研究所，1978 年），頁 57～104。

〔註 30〕林美容，〈由祭祀圈到信仰圈——臺灣民間社會的地域構成與發展〉，收錄於《中國海洋發展史論文集》第三輯（臺北：中央研究院三民主義研究所，1988 年），頁 95～125。

〔註 31〕周宗賢，〈清代臺灣的民間的地緣組織〉，《臺灣文獻》第三十四卷第二期（1983），頁 1～13。

〔註 32〕陳其南，《家族與社會》（臺北：聯經出版社，1990 年），頁 57～96。

〔註 33〕李乾朗，《淡水福佑宮調查研究》（臺北：臺北縣政府，1996 年）。

的論述上著墨較多，但對於寺廟與移民關係，以及移民社會的形成亦有述及。由閻亞寧主持的淡水龍山寺調查研究〔註 35〕，其中對於該寺歷史源流是由歷史學者卓克華撰寫。該項調查對於寺內碑誌詳實考訂，對於清代淡水地區歷史發展軌跡有著密切的繫聯。該文章修訂後，收入於氏著《從寺廟發現歷史：臺灣寺廟文獻之解讀與意涵》。〔註 36〕

有著豐富文化堆累的淡水地區，在歷史推移的過程中，留下了許多足以探討的研究面向。針對本文《地緣與血緣：清代淡水地區漢籍移民民間信仰之研究》，在歷來對於相關的文獻研究，不論是文獻學、歷史學、人類學、民俗、宗教或者是相關討論，都提供了研究理論和可供參考的研究進路，裨益著本文的撰寫。

表 1-2：本論文參考之相關電子資料庫資源索引

網站名稱	網址
全國博碩士生論資訊網	http://etds.ncl.edu.tw/theabs/login.jsp
臺灣研究入口網	http://twstudy.ncl.edu.tw
臺灣民間信仰書目資料庫	http://140.109.128.168/religion/user/index.php
漢文臺灣日日新報資料庫	http://www.tbmc.com.tw/tbmc2/cdb/intro/Taiwan-newspaper.htm
國家文化資料庫——古文書	http://nrch.cca.gov.tw/ccahome/oldbook
臺灣記憶系統	http://memory.ncl.edu.tw/tm_new/index.htm
臺灣文獻資訊網	http://192.192.13.178/gs/taiwan-index.htm
臺灣研究資源	http://www.lib.ntu.edu.tw/CG/resources/Taiwan/taiwan1.htm
中央研究院漢籍電子文獻（臺灣文獻叢刊）	http://dbo.sinica.edu.tw/~tdbproj/handy1/
故宮博物院圖書文獻資料庫（家族譜牒文獻資料庫）	http://npmhost.npm.gov.tw/tts/npmmeta/dblist.htm

〔註 34〕李乾朗，《鄞山寺調查研究》（臺北：臺北縣政府，1988 年）。

〔註 35〕閻亞寧，《台北縣政府三級古蹟淡水龍山寺調查研究及修護計畫》（臺北：中國工商專科學校，1999 年）。

〔註 36〕卓克華，《從寺廟發現歷史：臺灣寺廟文獻之解讀與意涵》（臺北：楊智文化出版社，2003 年）。

第二章　淡水的開發與漢人入墾

臺灣島，位處東亞大陸邊緣地帶與東太平洋島鏈之間，就地理位置而言，其爲連結亞洲大陸與太平洋島嶼的重要樞紐〔註1〕。史學界對於臺灣島與中國關係的歷史推溯，雖然有上起三國以至隋代之說，然因對文獻記述無法準確判讀，致使此一歷史的察考多屬推論，尙難釐定。到了宋、元兩朝官方的文獻記載中，澎湖已有屯兵戍防、置官設治以防盜亂或徵收稅入的記錄，則證實漢人的腳步已跨越大陸沿海，於地近臺灣的澎湖地區居留〔註2〕。另一方面，從元世祖出海宣撫的海上活動，或如元代汪大淵《島夷志略》等航海遊書的記錄〔註3〕，可知此一時期的臺灣海峽已是兵船、商賈、漁販活絡的海路通道。

到了十六世紀，臺灣島因東亞貿易型態的改變〔註4〕以及因貿易活絡而產

〔註 1〕 考古學者李光周謂臺灣：「西有澎湖群島與東亞大陸相連，東北有琉球島弧與日本、東北亞相連，南有蘭嶼、巴丹島與菲律賓、南太平洋、印尼群島相連。」就此而言臺灣爲「渤海、黃海、東海周緣島嶼、陸地海岸和南海周緣島嶼、陸地海岸，以及太平洋盆地西緣島弧環節樞紐之地。」見李光周，〈台灣：一個罕見的考古學實驗室〉，收於氏著，《墾丁史前住民與文化》（臺北：稻香出版社，1996 年），頁 58。

〔註 2〕 曹永和，《臺灣早期歷史研究》（臺北：聯經出版社，2003 年），頁 6～8。

〔註 3〕 汪大淵，《島夷志略》（臺北：商務印書館，1970 年）。

〔註 4〕 位於臺灣北部的淡水與雞籠的崛起，和十六世紀琉球對外貿易衰退和倭亂有關。雖然十六世紀東亞海域貿易蓬勃，但在此一時期之前，以朝貢貿易而商販於日本、韓國和東南亞港市的琉球進入了貿易的衰亡期，取而代之的是中、日之間的私商貿易。因之，位於商貿航線上的淡水也就具有其地理上的重要性。詳見陳宗仁，《雞籠山與淡水洋：東亞海域與台灣早期史研究 1400～1700》（臺北：聯經出版社，2005 年），頁 47～70。

生的據點佔領和爭奪，對於臺灣的描述也就更加明確，而位於臺灣海峽北端航路上的淡水，也進入了臺灣歷史發展的舞臺。

第一節　海權時代的淡水

如本章前言所述，淡水地理位置的重要與十六世紀東亞海上貿易的興起息息相關，而海上貿易的主要商業動機，乃在於對中國貨物的貿易需求。雖然明代曾有明永樂三年（1405）鄭和下西洋的海洋擴權行動以及其後所形成的朝貢制度，但對於海上貿易卻藉由海禁命令的不斷頒布〔註5〕，禁止明人出海私販以及外國人自由貿易中國的行爲。然而，面對日漸蓬勃的海上貿易需求，其衍伸而出的是如1540年代海防上的「嘉靖倭亂」，以及如葡萄牙人（佛朗機人）私賄廣東地方官員領有澳門，或者佔領地近中國疆土的海外地方以作爲其發展海上貿易的根據地〔註6〕。位於貿易航路上地近中國東南沿海的淡水，在這樣的時空背景下成爲了各方勢力競逐的焦點。

一、航路上的淡水

淡水一名見於現存文獻，時代最早者爲嘉靖三十四年（1555）鄭舜功使日所著之《日本一鑑》。該書〈萬里長歌〉之「一自回頭定小東，前望七島白雲峯」註云：

> 自回頭徑取小東島，島即小琉球，彼云大惠國。按此海島，自泉永寧衛間，抽一脈渡海，乃結澎湖等島，再渡諸海，乃結小東之島，自島一脈之渡，西南乃結門雷等島；一脈之渡，東北乃結大琉球、日本等之島。夫小東之域，有雞籠之山，山乃石峰，特高於眾，中有淡水出焉，而我取道雞籠等山之上，徑取七島。〔註7〕

〔註5〕關於海禁的命令，如洪武四年（1371）明成祖言：「朕以海道可通外邦，故嘗禁其往來」；洪武十四年（1381）又言：「禁瀕海民私通海外諸國」；洪武二十三年（1390）下令户部「申嚴交通外之禁」，其因爲「兩廣、浙江、福建，愚民無知，往往交通外番，私貿貨物，故嚴禁之。沿海軍民官司，縱令私相交易者，悉治以罪」。分別參見《明成祖實錄》洪武四年十月，卷七十；洪武十四年九至十月，卷一三九；洪武二十三年十月，卷二〇五（臺北：中央研究院史語所，1962年），頁1307、2197、3067。

〔註6〕詳見張彬村，〈十六世紀舟山群島的走私貿易〉，中央研究院三民主義研究所編，《中國海洋發展史論文集》第一輯（臺北：編者刊行，1984年），頁79。

〔註7〕鄭舜功著、凥浩校訂，《日本一鑑》（該書出版之地、年、者不詳，本論文係

這段文字式是鄭舜功一行人從嶺海（廣東）出發，途經澎湖、臺灣海峽北端到日本的記錄，文字內容以航海距離及地理空間的關係，說明其間的位置。值得注意的是，其中對「雞籠山」的描述，似乎已將之視爲標舉航海之用的地理名詞，而「有淡水出焉」的「淡水」是否可也可以看作是與雞籠山分立的另一地理名詞，或只是附加說明雞籠山旁有一河水流出，或者以雞籠淡水四字並用指涉北臺灣？雖然歷來各方說法不一〔註 8〕，但從地理位置、海程時間與圖繪資料來看，此一航路必然是航海者所熟知的。

該書著成的背景爲十六世紀中葉，中國大陸東南沿海私販寇亂猖獗之時。據學者方豪的考證，該書是參考了《鍼譜》、《渡海方程》、《海道經書》、《四海指南》、《海航秘訣》、《海航全書》等航海專著而後寫成〔註 9〕，可見雖然朝令海禁嚴厲，但民間對於航海知識仍有一定的掌握，而海上活動的熱絡也就可想而知。當傳統中國海上貿易持續發展，位處臺灣北端的淡水是從福建向南通往呂宋，向北通往日本航道上的必經之處。而當明朝海令嚴厲而盜亂猖獗之時，淡水不但可作爲私貿交易之處，也是暫時匿藏之所〔註 10〕。到了西方海權國家漸次東來發展商貿，淡水不但具有地理上的經濟價值，從戰略上來看更是牽繫著各國海上貿易發展的進程。淡水在各國權力消長中，踏上了國際的舞臺。

二、東亞海域貿易戰略地位上的淡水

十六世紀中葉，東亞海上貿易主要爲輸出中國所產的生絲及絲織品，以及輸入中國所需之大量白銀。明朝雖然於澳門有葡萄牙之市，並且開放東、西二洋的海上貿易範圍〔註 11〕，但對於其他航線或沿海港埠的貿易仍舊禁管。

引用 1939 年據舊鈔本之影印，現存中央研究院臺灣史研究所圖書館）。

〔註 8〕其一認爲淡水僅是作爲雞籠山的附加說明，如方豪教授在其著〈明代中國航海圖籍上所見臺灣諸島嶼與針路〉一文中，認爲「有淡水出焉」是指流出於雞籠山的河流。方豪，《臺灣早期史綱》，第六篇〈明代中國航海圖籍上所見臺灣諸島嶼與針路〉（臺北：臺灣學生書局，1994 年），頁 80。其二，認爲「淡水出焉」是指淡水河流出於此。《滬尾街》第一期（臺北：滬尾文史工作室，1990 年），頁 4。其三，以「雞籠淡水」四字並用指涉北臺灣。《台灣省通志》，卷一〈土地疆域篇〉（臺灣省文獻會委員會，1966～1973 年），第二冊，頁 5。

〔註 9〕方豪，《臺灣早期史綱》，頁 80。

〔註 10〕關於淡水在福建、呂宋與琉球、日本航線的說明，詳見陳宗仁，〈強權在福爾摩沙相遇——東亞貿易與政治情勢的變化〉，同註 4，頁 81～87。

〔註 11〕當時明朝開放的出海貿易範圍僅限於東西兩洋，亦即只能在菲律賓向南到波臺灣位處葡萄牙向日本商船、中國船航向菲律賓、日本船南向以及西班牙船艦往來美洲與菲律賓的航線上，因此在航路上的戰略價值頗受重視。因臺灣不屬明朝疆土，不受海禁限囿，且與中國僅一水之隔，因此成爲環中國海域重要的貿易轉運站。

1550 年代，葡萄牙船商日本途經臺灣島而名之爲 I. Formosa，臺灣島自此首次出現在歐洲地圖上。1590 年代豐臣秀吉爲了發展日本國的商貿利益，分別於 1591 年、1592 年和 1593 年要求馬尼拉的西班牙人、臥亞（葡萄牙在印度的都督所在地）的葡萄牙人入貢，以及招諭當時尚未有統一政權的臺灣（高砂國）臣服，於 1591 年起整備軍隊，企圖揮軍南向占領雞籠、淡水。後來雖因事作罷，但可見淡水在環中國海貿易上的重要性。對於此事，十七世紀初的福建巡撫徐學聚有言：

> 關白時，倭將欽門墩統舟二百，欲襲雞籠，據澎湖，窺我閩、粵；幸先事設防，謀遂沮。〔註 12〕

以及於其稍後的福建巡撫黃承玄曾論及此事：

> 往年平酋作難，有謀犯雞籠、淡水之耗，當事者始建議戍之（指駐兵防戍澎湖），鎮以二遊、列以四十艘、屯以千六百餘兵；而今裁其大半矣。〔註 13〕

從這兩段敘述來看，除了可見日本對臺灣的企圖，另外也可探知明代對臺灣的政策。當時中國邊防要務在於海上探哨日本軍情，巡弋海疆的重點止於屯兵澎湖，其目的在於確保大陸東南沿海的安定，對於淡水或者臺灣而言並不重視。而這個在明代疆域之外，尚無政權領有的區域，在往後的各國經貿發展上卻是舉足輕重。

（一）西班牙對於淡水的經略

西班牙於十六世紀後期佔領菲律賓，以馬尼拉爲基地，經營中國與新大陸（墨西哥）之間的絲綢與白銀的轉販貿易。其太平洋北路航線是以馬尼拉爲起點沿臺灣東岸，乘黑潮至日本再橫渡太平洋到美洲大陸，因貿易航線經

羅州、印尼的東洋，和自越南、泰國、馬來半島到印尼的西洋這兩個地區。其他如前往日本貿易者仍屬非法渡航。詳見朝曹永和，《臺灣早期歷史研究續集》（臺北：聯經出版社，2000 年），頁 12～15。

〔註 12〕徐學聚，〈初報紅毛番疏〉，轉引自《明經世文編選錄》（臺北：臺灣銀行經濟研究室，1974 年），頁 191。

〔註 13〕黃承玄，〈條議海防事宜疏〉，同上註，頁 205。

過臺灣島之故，因此對臺灣島及其在航運上的重要性，必然有一定的認知。

從 1580 年代起，殖民菲律賓的西班牙人為擴張其傳教範圍，曾上書國王請求武力佔領臺灣在內的菲律賓週遭地區。到了 1590 年代後期，因與日本關係緊張且聽聞日本將武力南犯，因此積極籌備軍務準備佔領北臺灣。據 1597 年六月二十七日 Hernando de los Rios 上書時所附上的地圖中，福爾摩沙島北端註有「淡水港」（Puerto Tamchuy）與「雞籠港」（Puerto de Keilang），顯示淡水、雞籠此時受重視的程度。〔註 14〕

圖 2-1：
1597 年呂宋、臺灣與中國沿海圖

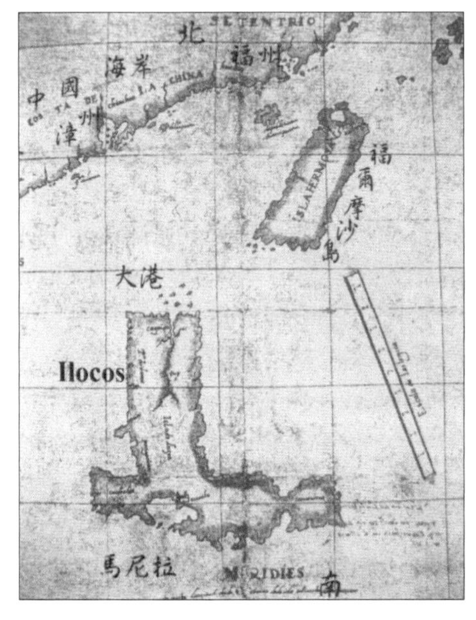

1597 年 Hernando de los Rios 所繪呂宋、臺灣與中國沿海圖以及淡水港、雞籠港位置。

圖 2-2：
1597 年淡港、雞籠港位置圖

左呈細圖可見淡水港與雞籠港位置。

資料引自：陳宗仁，《雞籠山與淡水洋》（臺北：聯經出版社，2005 年），頁 145。

〔註 14〕曹永和〈歐洲古地圖上之臺灣〉，同註 2，頁 326。曹氏認為呈文中所言：「據到過該地人士的報告」應是指來往於雞籠、淡水，並且與菲島西班牙人頻繁接觸的漳泉商販，而該地圖很可能是據這些漳泉人士的知識加上西班牙人自己的見聞而繪成。張建隆亦從發音的角度認為 Keilang 是漳州話發音，Tamchuy 與閩南語發音近似，十八世紀初，西、荷及清人對淡水的記述與認知〉，收錄於《淡水學學術研討會 2001 年：歷史、生態、人文論文集》（臺北：國史館，2003 年），頁 50。

由此可知，當時淡水、雞籠的位置與形勢是充分掌握在海商行販與海權國家中。從淡水港的地圖標示，可確定當時的淡水應指臺灣西北隅一帶無誤。1598 年，西班牙總督派船二艘、兵二百餘名向北航行，後因出航的時期不宜，受風所阻而回。最後，在日本方面也因豐臣秀吉的過世，讓日本與西班牙的緊張關係稍緩。

1624 年荷蘭由澎湖轉進大員（今安平一帶），在菲律賓的西班牙人深感威脅，爲了與荷蘭人的勢力抗衡，以臺灣北部爲轉運區發展其對環中國海的貿易，並且擴展對中、日的佈教，因此決定自馬尼拉向北發兵。1626 年五月，西班牙船艦沿著臺灣東海岸前行，佔領雞籠港，命名爲 Santisima Trinidad（三位一體），並在社寮島（今和平島）建築 San Salvador（聖救世主）堡壘。該年西班人所繪「臺灣島西班牙人港口圖」對基隆港描述的甚爲詳細，至於淡水卻僅在西岸繪一河口，謂之爲 Rio Grande（大河之意），對於淡水未作詳細描述。西班牙人正式進駐淡水地區，應始自 1628 年佔領淡水並建立 Santo Domingo 城（聖多明哥城），以淡水和雞籠互爲犄角經營北臺灣。〔註 15〕

圖 2-3：1626 年臺灣島西班牙人港口圖

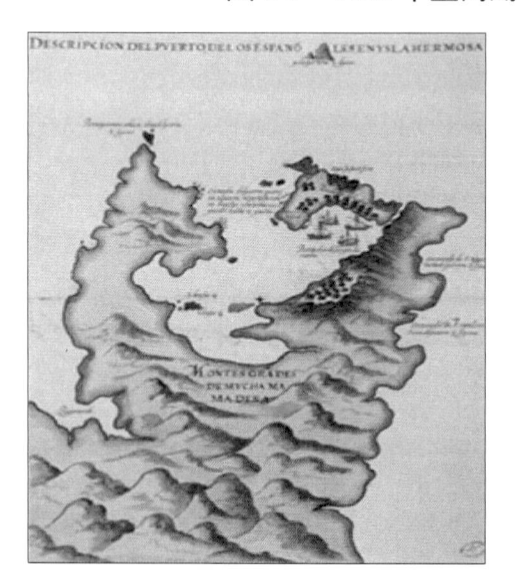

西班牙塞維爾市印度古文書館（Archivo de ndias de Sevilla）館藏 1626 年「臺灣島西班牙人港口圖」（Descripcion del Puerto de los Espanoles en Ysla Hermosa），在地圖西側繪有一河口，謂之 Rio Grande（大河），意指淡水河。

資料引自：曹永和，《臺灣早期歷史研究》（臺北：聯經出版社，2003 年），圖版 52。

西班牙在淡水地區除了以經濟爲導向的佔領外，其另外一項主要工作在於傳教事務，這些傳教士在他們的紀錄中留下了不少對淡水地區的景觀描

〔註 15〕曹永和，《臺灣早期歷史研究》，頁 346～347。

述，和原住民聚落、風俗習性以及原住民與漢人交易的情形。〔註16〕

自1626年開始西班牙漸次領有雞籠、淡水以至北臺灣，原本寄望重啓對日與開展對中國的貿易活動，以取代荷蘭的大員，使北臺灣成爲對中、日貿易的東亞轉運站，然而現實卻和事先估測違背。1638年日本厲行鎖國政策，加上西班牙對中國貿易及傳教工作無法順利展開，致使佔領臺灣的目的已大失其半。另外，此時菲律賓總督興兵討伐南方的回教勢力，因此於1638年緊縮軍事編制移防淡水兵力返菲島，並且下令破壞其所建之 Santo Domingo 城砦，僅留部分兵力於雞籠〔註17〕。1642年西班牙人在荷蘭人武力威迫下離開雞籠，退出對北臺灣十六年的經營。

（二）荷蘭對於淡水的經略

十六世紀末期，荷蘭人勢力進入亞洲。十七世紀初，荷蘭人企圖進占澳門不果，1604年八月七日滯留明朝汛地澎湖，其後雖爲浯嶼（金門）把總沈有容所退，但仍不忘對環中國海貿易的的企圖。1609年荷人於日本平戶設立商館，1619年在印尼建設巴達維亞（印尼雅加達），作爲其「東印度公司」總督府所在地。爲達商貿中國的目的，荷蘭人於1622年再度佔領澎湖。1624年，在明朝大軍進逼與泉州商人李旦的斡旋下，荷蘭退出澎湖轉進大員，開始對臺灣進行長達三十八年的殖民時代。

在荷蘭人發展大員爲其東亞貿易站時，西班牙人在1626年領兵進佔北臺灣。1629年八、九月間荷人曾派艦隊試圖驅趕西班牙人，雖未成功，但荷人對北臺灣的偵窺仍不間斷。從大約於1630年所製作的「臺灣島北端之雞籠、淡水的敵方情勢圖」（Carete Van des vijants gelegentheijt op Quelang ende Tangswij op het noorteijnde van Isla Formosa），所見港內停泊船隻，與陸地上的淡水堡壘（de Rondout op Tangswij），可見荷人軍情刺探與形勢掌握的企圖心。〔註18〕

到了1641年，荷蘭艦隊自大員北巡雞籠，回程時要求淡水原住民獻地於

〔註16〕見張建隆：〈看見的，和看不見的・淡水——十七世紀至十八世紀初，西、荷及清人對淡水的記述與認知〉，同註14，頁52。

〔註17〕對於西班牙縮減軍備到最後退出北臺灣的經營，學者陳宗仁認爲其原因爲西班牙人對其在東亞海域「危機」時代，所進行的政策調適。而此一時代危機的肇因，在於馬尼拉與中國、美洲貿易的逐漸衰退。同註4，頁280～295。

〔註18〕曹永和，《臺灣早期歷史研究》，頁347。

荷蘭政府，於此可說是荷人殖民淡水之始〔註19〕。到了1642年八月荷人擊退西班牙人，並於淡水已毀壞的Santo Domingo舊址重建新城砦，命名爲Anthonio城〔註20〕。荷蘭人對於淡水地區殖民的重視，相較於西班牙人積極許多，從《巴達維亞城日記》的記載來看，不論是 Anthonio 城的建造、准許漢人居住淡水乃至於防務駐兵的重視，都可看出在荷蘭人的眼中，淡水重要性已不若西班牙人一般，視其爲雞籠的附屬地位。就淡水駐兵八十人，多於雞籠之五十人的部署，可見端倪。〔註21〕

圖 2-4：
1654 年淡水及附近村落並雞籠嶼圖

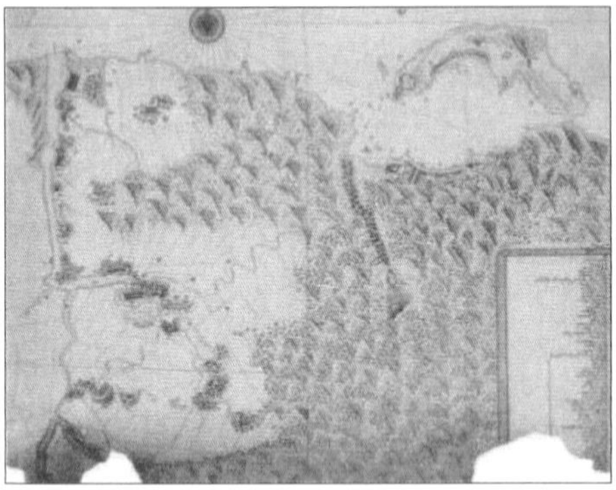

大約於1654年繪製的「淡水及其附近村落，並雞籠嶼圖」（Kaartje van Tamsuy en omleggende dorpen, zoo Mede het eilandje Kelange）在引圖西側出海口，即爲荷蘭人殖民下的淡水。

資料引自：曹永和，《臺灣早期歷史研究》（臺北：聯經出版社，2003 年），圖版47。

圖 2-5：
1654 年淡水及附近村落細圖

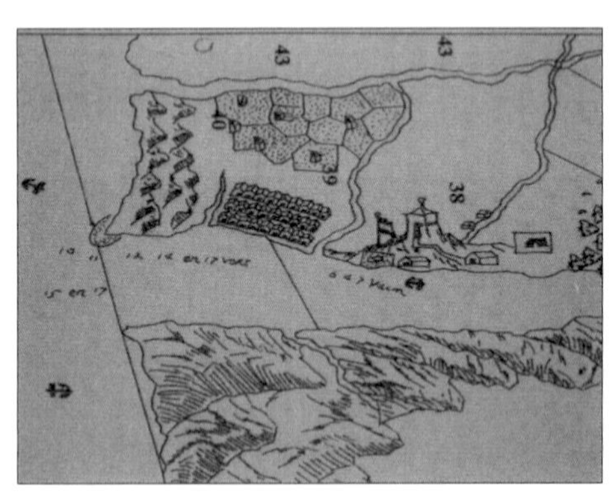

從細圖中可見荷蘭 Anthonio 堡壘（紅毛城），耕作田畝，及紅毛城右側的三列華人街區建築。

資料引自：翁佳音，《大臺北古地圖考釋》（臺北：臺北縣政府文化局，1995 年），頁 84。

荷人對淡水的殖民經營較之西班牙人用心許多，他們透過「地方會議」（Landdagh）的召開〔註22〕，以及實施戶口調查〔註23〕，充分掌握此一區域的

〔註19〕村上直次郎原譯、郭輝中譯：《巴達維亞城日記》第二冊（臺灣省文獻委員會，1970年），頁325～327。

〔註20〕程紹剛譯註，《荷蘭人在福爾摩沙》（臺北：聯經出版公司，2000 年），頁239。

〔註21〕程紹剛譯註，《荷蘭人在福爾摩沙》，頁264。

〔註22〕中村孝志：〈十七世紀的淡水、基隆、臺北〉，《臺灣風物》第四十一卷第三期

政治與住民人口。從 1654 年所繪「淡水及其附近村落，並雞籠嶼圖」（Kaartje van Tamsuy enomleggeende dorpen, zoo mede het eilandje kelang），圖中有觀音山、淡水河、荷蘭 Anthonio 堡壘、華人街區，以及沿河而上至臺北盆地的番社聚落。可見荷人對此一區域積極的殖民經營。〔註 24〕

然而荷人與此一區域的原住民相處的似乎不太融洽，從文獻記載中屢見騷動、征伐、鎮壓的流血事件〔註 25〕。這樣的情形到了 1661 年，鄭成功圍困熱蘭遮城之際，而在北方的淡水原住民趁此襲擊無後勤援助的荷蘭人，迫使荷人燬城倉皇逃離淡水。1668 年，荷人因受明鄭武力攻伐以及清政府嚴厲海禁，鑒於無利殖民事業，於該年十月撤出在臺最後的據點雞籠，結束其在臺灣的殖民。

（三）鄭氏對於淡水的經略

崇禎十七年（1644），清軍入關明崇禎皇帝自縊於煤山，明朝僅剩南方勢力企圖翻轉敗勢。弘光元年（1645），弘光帝於南京遇害，鄭芝龍擁立唐王朱聿鍵即位福州爲隆武帝。其間，鄭芝龍領其子福松進謁隆武帝，而賜姓朱，取名成功，即後人所稱之「鄭成功」或「國姓爺」。

鄭成功爲圖匡復明朝國業，在中國東南地區強力抵抗清軍進襲，並且發展其父在海上貿易的網絡，以作軍務補給經費之需。永曆十三年（1659），鄭成功兵敗江南，促成其轉向臺灣發展的關鍵。永曆十五年（1661），明鄭大軍開拔臺灣攻打大員，1662 年二月十二日，荷蘭人投降撤出熱蘭遮城（今安平古堡），而臺灣自始進入漢人政權時代。

荷蘭人退出大員後並未結束其對臺灣的企圖，在環中國海上，一方面繼續在日本平戶的商館貿易外，也幾次與清軍聯繫攻打明鄭在大陸東南沿海的勢力，以期捲土重來。1664 年八月，荷蘭人避開南臺灣的鄭成功勢力，重新佔領雞籠社寮島，建立商館。其後，因水土不服因病死亡頗眾，而在糧食補給上仍需船隻或雞籠和淡水住民的供應，再加上清朝政府實施海禁，致使重新經營北臺灣的行動頗爲失利，終至永曆二十二年（1668）撤離北臺

（1991 年 9 月），頁 123。

〔註 23〕中村孝志著、許賢瑤譯，〈村落户口調查所見的荷蘭之臺灣原住民族統治〉，收錄於《臺灣風物》第四十卷第二期（1990 年 6 月），頁 93。

〔註 24〕曹永和，《臺灣早期歷史研究》，頁 347～349。

〔註 25〕程紹剛譯註，《荷蘭人在福爾摩沙》，頁 440～551。

灣。〔註26〕

永曆十九年（1665），鄭經為剿佔領雞籠的荷蘭人，派船六艘、兵七十員至淡水，佔領已廢棄的淡水堡壘（Anthonio 城），切斷荷人的糧食補給。於是時，鄭氏雖然已控制淡水流域準備進攻據守雞籠的荷蘭人，不過鄭軍在此一地區的作為大多以存糧備戰為主，未有深入的經營〔註 27〕。明鄭在臺到清領之前，其主要屯兵、行政皆以南部為主，當時淡水一地僅是作為汛防派遣而已。到了永曆三十七年（1683），由施琅統帥的清朝兵力與明鄭海戰澎湖，當時淡水守將何祐「接二十二日失澎湖之報，密遣其子何士隆從淡水港坐船往澎湖軍前，納款獻臺。不俟克埉令，悉撤所統師回」〔註 28〕，而臺灣島上第一個漢人政權也於這此正式結束。

十六世紀後期的臺灣，因西方海權國家在東海爭奪與中國貿易關係之下，成為眾家所覬覦之地。相應而起的臺島西北方的淡水，也因區域位置與河港優勢，成為各方爭取的據點。雖然淡水一地在島域發展的歷程中，並非屬於開發經營的中心，但通過文獻資料來看，於此之時的淡水已是多方角逐的重點地帶。淡水是航運的、是經貿轉運的、是航權軍事的，並且也展開了漢人墾居的殖民發軔。在明鄭與滿清鼎革之際，此地發展暫時停滯，不過當清代移民浪潮湧入臺地時，淡水地區隨即因它的河港優勢，成為漢籍移民渡臺起岸以及墾居落戶的重要地點。

第二節　清領以前的漢人足跡

早在十六世紀中期，有關於臺灣海峽航路的針路圖籍中，對於臺灣北部甚至於淡水已有載述，由此推論，漁人商旅的腳步則更早於此一文獻記載之前。到了東亞貿易蓬勃發展，多元勢力為爭取對中國的貿易，選擇地近大陸的淡水做為貿易轉口的據點，對淡水的商戰爭奪也正式進入白熱化。

從西班牙人到荷蘭人的佔領，以及明政府時而禁止時而開放的貿易政

〔註26〕陳宗仁，《雞籠山與淡水洋：東亞海域與台灣早期史研究 1400～1700》，頁 322～328。

〔註27〕鄭成功佔領淡水，開始實施「贌社」包稅制度，到了 1662 年，淡水堡壘已成存放稻米的倉庫。詳見 John E. Wills, Jr., "The Dutch Reoccupation of Chi-lung（基隆）, 1664～1668"（近代早期東亞海洋史與臺灣島史：慶祝曹永和院士八十大壽國際學術研討會，2000 年 10 月 26～27 日），頁 10。

〔註28〕江日昇，《臺灣外記》卷十（臺北：臺灣銀行經濟室，1960 年），頁 426。

策，漢人爲著商販利益甘冒禁令、海上波濤與海盜的威脅來到淡水。由於他們在此地區的活動，也開啓了淡水近四百年的歷史。

1628 年西班牙人進佔淡水，1641 年荷蘭人臣服淡水的原住民，到 1665 年明鄭勢力到達此地，以及 1683 年明、清鼎革。不到六十年的時光裡，不同族群的政治勢力在此間輪番更替，不變的只有漢人前仆後繼的腳步，雖然有時舟隻鱗比而至，有時只是身影兩三。

一、淡水地名的源起及其指涉

從文獻典籍的查考以及後代對「淡水」一名的解釋多有所說明，早在明代隆慶、萬曆年間，已有「淡水」或「淡水洋」的地名載錄。其後，在 1739 年（清・乾隆四年）所刊行的《明史》中，對「淡水洋」解釋爲：「中多大溪，流入大海，水澹，故其外名淡水洋」〔註 29〕。而對此一地名的使用或解釋，也常見於此一時期的史籍中，如《續文獻通考》記述明嘉靖末年戚繼光於閩退倭，倭遁至「淡水洋」，其黨林道乾從之〔註 30〕。而《續通典》中對此淡水洋一詞與《明史》相同，亦認爲是因其「水淡，故其外名淡水洋」〔註 31〕。從這些載錄中雖然大致可知淡水或淡水洋的使用或解釋，但卻無法更進一步瞭解地名原意與其指涉。因此近代學者對此多作推測，如淡水地區鄉土研究者周明德認爲「淡水」是指淡水河流域，「淡」與「澹」字相通，是「水滿波動之容態也」，並認爲淡水河口終年盈滿澄清，在帆船時代爲良好避風港，故與雞籠同爲臺灣現存最古老的地名〔註 32〕；歷史學者陳宗仁則從有關中國人航海歷史的文獻羅列，推斷「淡水」與「淡水洋」的起源，乃係此地能供給中國舟船飲用水而起。〔註 33〕

從以上的文獻載錄與論測來看，「淡水」地名起源指向於此一區域的兩項先天條件，亦即地理特徵與航運的補給功能。另外，從「淡水」此一漢字詞彙使用上的推究，應是源於航行於中國東南沿海與臺灣之間的漢人〔註 34〕。

〔註 29〕清高宗敕撰，《明史・外國列傳四》（北京：中華書局，1997 年），頁 8376。

〔註 30〕清高宗敕撰，《續文獻通考》（臺北：新興書局，1963 年），頁 4736。

〔註 31〕清高宗敕撰，《續通典》（臺北：新興書局，1963 年），頁 1963。

〔註 32〕周明德，《續海天雜文》（臺北：臺北縣政府文化局，2004 年），頁 91。

〔註 33〕陳宗仁，《雞籠山與淡水洋：東亞海域與台灣早期史研究 1400～1700》，頁 73～76。

〔註 34〕從北臺灣地名源發上來看，大致可分爲原住民語言轉譯、漢語或者是外來語轉譯等地名詞彙系統。前者如艋舺、滬尾；其二者如雞籠、淡水。關於艋舺並且不論是從十六世紀末期，西班牙的 Tamchuy；或是十六世紀初期，荷蘭人的 Tamsuy，都可證明是源於淡水的閩南音轉譯。

而關於「淡水」在地理名詞上的指涉，從歷史文獻的查考上來觀察，其界域並非一致。其廣者，有以「雞籠淡水」四字之稱指涉爲臺灣〔註 35〕，或如雍正元年（1723）設淡水廳，轄地「南起大甲溪、北迄三貂嶺、東及內山、西定於海，幅員遼闊，踞一郡四邑之上游。」〔註 36〕再者，地點指涉較狹者或如 1717 年（康熙五十六年）《諸羅縣志》，以淡水港包括淡水河流域，「極西至港口雞柔山（圭柔山）、外北投〔註 37〕，往上游至西南擺接社止（今板橋一帶）；東北至蜂仔峙（汐止）。」〔註 38〕從以上對於淡水地域的界定，似乎忽大忽小含糊不清。但若從航海的地理特徵、船舶用水需求的港區特性，加上歐人在地圖上清楚的圖示，「淡水」此一地理名詞最初的指涉，是以淡水河下游出海口一帶爲主。〔註 39〕

二、漢人在淡水的商貿

由前一節引鄭舜功《日本一鑑》的記載來看，明代對北臺灣已經有了大概的瞭解。於其時，臺灣海峽之海上活動也漸趨繁盛，臺灣除了有大陸東南沿海漁民的足跡外，這一地區亦是海上貿易的場所。這樣的情形從當時的文獻記載，可以見出其中的端倪。明萬曆十七年（1589），福建巡撫周宷即建議修改當時的海上船引規定，其云：

> 東西二洋共八十八隻。又有小番（臺灣），名雞籠淡水，地鄰北港捕魚之處，產無奇貨，水程最近，與廣東、福寧州、浙江、北港船引，

地名的考證，參見廖漢臣，〈艋舺沿革志〉，收錄於《臺北文物》第九卷第一期（臺北：臺北市文獻委員會，1960 年），頁 1～11。滬尾地名的起源，參見張建隆，收錄於氏著《尋找老淡水》（臺北：臺北縣文化局，1995 年），頁 57。

〔註 35〕《臺灣省通志》據《日本一鑑》以「雞籠淡水」代稱全臺，見《臺灣省通志》，卷一〈地志‧疆域篇〉（臺北：臺灣省文獻委員會，1970 年），頁 5。

〔註 36〕陳培桂，《淡水廳志》，卷二〈封域志‧疆界〉（臺中：臺灣省文獻委員會，1993 年），頁 23～24。

〔註 37〕周鍾瑄，《諸羅縣志》，卷一〈封域志‧山川〉（南投：臺灣省文獻委員會，1999 年），頁 7。

〔註 38〕周鍾瑄，《諸羅縣志》，頁 14～15。

〔註 39〕筆者認爲造成此一因素，在於淡水的名聲特立於草萊時期的北臺灣，因此造成以「淡水」代稱全臺，或者以其指涉北臺灣，甚至在清代官方行政力量由南往北施行之初，亦以「淡水」爲廳名，而廣轄北臺灣。

一例原無限數，歲有四、五隻或七、八隻不等。〔註 40〕

從該項船引建議中，可知當時將小番之北港、雞籠、淡水，視爲大陸沿海漁民往來的海上重要港口。淡水作爲一地之名較之《日本一鑑》者，更形明確。淡水一名在文獻記載的意義，不僅是作爲船隻航行的標記，其中更包含漢人活動界域擴展的意義〔註 41〕。而淡水常爲明代商舶交易地點，在後代文獻中亦有所追述。顧炎武《天下郡國利病書‧漳州府志》載明了隆慶初年海禁重開，船商往來貿易引稅的情形：

凡販東西二洋雞籠、淡水諸番及廣州、高雷州、北港等處商引、船引，俱海防官爲管給。每引納稅銀多寡有差，名曰引稅。

顧氏於下註曰：

東西洋每引納稅銀三兩，雞籠、淡水及廣東引稅銀一兩。其後加增，東西洋稅銀六兩，雞籠、淡水二兩。萬曆十八年，商漁引歸沿海州縣給發，番部仍舊。〔註 42〕

將《天下郡國利病書》所載與周宷之議相系，淡水以漁航商舶之名而稱於明萬曆之時，顯然已成定式。

而相較於鄭著與周議，萬曆四十五年（1617）張燮所著《東西洋考》卷五「東洋列國考」所附〈東番考〉（又題「雞籠淡水」條），則更進一步將淡水一帶的人文環境作了明確的敘述〔註 43〕。考張燮所著〈東番考〉雖頗多錄自陳第〈東番記〉〔註 44〕，雖對北港、東番的指稱有錯置引用陳著原文之嫌〔註 45〕，而張氏錯置應是當時北臺之航海、商賈漸爲頻繁熱絡，因此產生將

〔註 40〕關於明季臺灣之漁、商業活動概況，詳見曹永和，〈明代臺灣漁業志略〉，曹永和，《臺灣早期歷史研究》，頁 162～165。

〔註 41〕一方學者於此持比較保守的看法，認爲「雞籠淡水」應是泛指北台灣。然筆者認爲此文獻所載皆特指一地之港口或漁鄉，因此雞籠、淡水之名亦分別轄有一地之意。

〔註 42〕顧炎武：《天下郡國利病書》，〈漳州府志〉「稅洋考」（臺北：臺灣商務印書館，1966 年），第十冊，頁 98。

〔註 43〕張燮：《東西洋考》，收錄於《百部叢書集成》（臺北：藝文印書館，1967 年），頁 14～17。

〔註 44〕〈東番記〉爲陳第於萬曆三十年（1602）從沈有容剿倭，舶泊大員，載其地之風土民情。該文收於沈有容《閩海贈言》（臺北：臺灣銀行，1964 年），頁 24～28。

〔註 45〕張燮〈東番考〉與陳第〈東番記〉之間的考辨，詳見方豪：〈陳第「東番記」考證〉，收錄於《方豪教授臺灣史論文集》（臺北：捷幼出版社，1999 年），頁

此地之見聞添加東番上而產生混同的現象。若排除〈東番考〉中與〈東番記〉相同，以及與雞籠、淡水無涉者，大致可瞭解當時此一地區自然景觀的樣貌以及漢番交易的情形：

> 雞籠山、淡水洋在澎湖嶼之東北，故名北港，又名東番云。深山大澤，聚落星散，凡十五社……忽中國漁者從魍港飄至，遂往以爲常。其地去漳最近，故倭每委涎。閩中偵探之使亦歲一再往。
>
> 形勝：璜山（下註：硫磺氣每作火光沿山躲鑠）。
>
> 交易：夷人至舟，無長幼皆索微贈。淡水人貧（淡水的原住民），然售易平直。雞籠人（基隆的原住民）差富而慳，每攜貨易物，次日必來言售價不準，索物補償。後日復至。欲以原物還之，則言物已雜，不肯受也，必疊捐少許，以塞所請；不，則喧嘩不肯歸。至商人上山，諸所嘗識面者，輒踴躍延致彼家，以酒食待我。絕島好客，亦自疏莽有韻。

以上引文，大略敘述了淡水的位置，以及它在海上貿易的地理價值，並且也說明了漢人頻繁地來往此地。另外，在地理景觀上也有特徵的描述。而在人文的敘述上，雖然以漢人的角度描述與原住民的貿易行爲，但在文字記述書寫極爲深切。可見當時和人在淡水的貿易雖以轉口貿易爲主，但和原住民亦進行簡單的商貿行爲。

到了各國經貿在東亞海域熱絡發展，皆以樂觀的態度評估佔領淡水後的龐大利益，但實質上卻未有豐厚的成果。從西班牙人未能以淡水、雞籠取代荷蘭的大員，壟斷與漢人之間的貿易，到荷蘭佔領時期，以大員商貿重於北臺灣的政策，讓漢人到淡水的貿易雖仍有所見，但卻無法蓬勃開展。加上各國對華經貿政策轉向消極或退守，以及因水土不服而產生的傳染疾病，都間接的讓佔領者無力經營淡水或北臺灣，致使漢人商貿此地的條件有囿限。

三、漢人在淡水的農墾

如前文所述，清領臺灣之前漢人飄洋至淡水，主要從事的是以漁撈作業

297。有關北港、東番錯置問題主要在於陳第以東番之名言台灣，而張氏雖多據陳著卻指稱雞籠山、淡水一帶。此間論證參見張建隆：〈看見的，和看不見的·淡水——十七世紀至十八世紀初，西、荷及清人對淡水的記述與認知〉，收於《2001年淡水學學術研討會——歷史·生態·人文論文集》（臺北：國史館，1993年），頁47。

以及貿易爲主，在農墾方面的發展極爲有限。到了在荷蘭人佔領淡水之時，爲了解決缺乏生活必需品的因素，因此有決定吸引漢人遷居淡水之策，以便促進農業及其他行業的發展。爲鼓勵漢人遷居淡水，在稅制減免政策方面，在 1645 年五月，荷蘭人頒佈有關雞籠、淡水中國帆船自由航行和農業種植規定時，除一般人頭稅外，幾年內皆免除其他各項稅務。當時，雞籠已有十四名漢人，淡水則有十五名漢人居住。〔註 46〕

另外，據學者翁佳音就荷蘭地圖的考察與文獻的研究來看，當時的地圖上已標註「Cinees quartier」（中國村落）並繪有三排整齊的屋舍，以及已開墾的農田，在其間並有簡易的田寮。在其中整齊的屋舍是漢人的居住處，大概位於現在淡水的油車口一帶；而水田的位置則是現在淡水的大庄埔一帶。到了 1648 年六月的文獻記載中，淡水地區已有七十八名漢人從事農業活動，其中有些人並與原住民通婚。〔註 47〕

然而在此之後到清領臺灣之前，有關漢人墾居淡水的文獻似乎隨著時代而銷聲匿跡。雖然民間之略有明鄭墾拓淡水港區及其流域的傳說〔註 48〕，但事實上卻無法從文獻中找到可靠的線索。

四、小　結

地近中國大陸沿海的淡水，因有特殊的地理特徵與給水、停泊的港區補給功能，因此及早就爲漁人、商旅之客所熟之。在明政府力行海禁、嚴防倭亂的政策下，淡水就成爲私貿活動頻繁的交易之所。其後，西方海權大國貿易範圍進入東亞地區，這個緊鄰大陸東南沿海、位處海運航線且未有實質政權統治的港區，備受多方勢力的重視與競逐。

淡水一地的崛起，最主要的因素在於貿易國家欲與中國進行實質的貿易活動，然在明政府海禁或僅准中國人販商東、西二洋，以及淡水、雞籠的官方政策與條件下，淡水成了貨物轉運的據點和經濟勢力前進的跳板。因此先有西班牙、日本的佔領計畫到後續西班牙人、荷蘭人的實質佔領。

〔註 46〕程紹剛譯註，《荷蘭人在福爾摩沙》，頁 283。

〔註 47〕翁佳音，《大臺北古地圖考釋》（臺北：臺北縣立文化中心，1998 年），頁 84。

〔註 48〕《臺灣省通志》，卷一〈地志・疆域篇〉，頁 5。盛清沂言：「芝蘭三堡之淡水港，鄭氏部將何佑曾駐於此地，溯淡水河入之蘭二堡，鄭氏招佃屯墾，似以唭哩岸庄爲根據，芝蘭一堡之大直庄劍潭寺傳爲當時所建。」

從西班牙佔領淡水來看，其目的僅就轉口貿易的商業利益為考量。因此在此一先決條件無法達成，再加上兵力補充的問題以及對當地水土不服與原住民的反抗，讓淡水的第一個殖民者終究退守此地。

到了荷蘭人統治時期，以大員作為統治全臺的中心，北部的淡水在經貿發展走向呈現邊陲化的現象。但相對於西班牙的經營策略，荷蘭人對於淡水地區開發已有獎勵漢人農耕的具體政策出現，可見其對於淡水地區殖民的用心，相較於西班牙人是更深入一步。另外，在硫磺生產上，亦有自淡水運粗製硫磺十萬斤至大員，其中約兩萬斤為大塊而透明的文獻紀錄〔註 49〕。可見淡水於此一時期，由「產無奇貨」的單純貨物轉運機能，逐步有了本地土產經營的初步模式。

明鄭經營臺灣雖有屯兵之策，但主要經營的地方以現今臺南一帶為主，對於淡水僅作武力汎防的工作，並未進行深入的屯墾。而淡水地區漢人的足跡似乎也在此一時期銷聲匿跡，直了十八世紀上半葉，漢人移墾的腳步才再度踏入淡水地區，並且開創了新的一頁。

第三節　清代漢人移民的開拓

清領臺灣之初，臺灣未能受清朝政府重視，文備武治的官僚系統是隨著區域發展的趨勢而被動式地設置。異言之，漢民墾拓的腳步是先於政治力規劃之前，而這樣的開發史現象特別顯著於半線（彰化）以北。以下篇章將就文獻的蒐羅，敘述北臺灣淡水地區漢民拓墾的與此區域的發展梗概。

一、清領之初蠻荒的淡水

康熙二十二年（1683）清廷以施琅攻臺，明鄭降，臺灣遂為清所有。清領臺灣之初，設一府三縣，淡水屬其中的諸羅縣〔註 50〕。當時淡水地區的情況，據首任臺灣府鎮守總兵楊文魁於〈臺灣紀略碑文〉言：

> 雞籠、淡水，乃臺郡北隅要區，緣寫隔郡治千有餘里。夏秋水漲，陸路難通；冬春風厲，舟航莫及。兼之其地有番無民，虞輓運之維

〔註 49〕村上直次郎原譯、郭輝中譯，《巴達維亞城日記（一）》（臺北：臺灣省文獻委員會），頁 249。

〔註 50〕蔣毓英，《臺灣府志》，〈封隅〉（臺北：國史館台灣文獻館編印，1999 年），頁 8。

> 艱。自闢土迄今，尚乏定議也。〔註 51〕

從楊文魁的敘述中可知淡水在北臺灣的重要性，但清代領臺之初此區仍屬交通艱難未開發之地。而這樣的景況，到了康熙三十六年（1697），親臨淡水的郁永河對於此一區域的描述，亦是如此。

郁氏奉命至北臺灣採硫，初至臺灣，知府靳治揚、同知齊體物即告誡當時淡水地區的情況：

> 君不聞雞籠、淡水水土之惡乎？人至即病，病輒死。凡隸役聞雞籠、淡水之遣，皆唏歔悲歎，如使絕域。〔註 52〕

由此可見，當時北臺灣尚屬未開發之地，兵民不敢往的瘴癘之區。郁氏由陸路從臺南往北，所到之處皆爲草萊，除了原住民外，罕見漢人足跡。郁永和從南崁越過龜崙嶺，經海岸線到了淡水地區，郁氏此行雖爲採硫，不過從其書寫中，或多或少的了解該地之景貌〔註 53〕以及番社概況〔註 54〕。在郁氏書中有關漢人於此地的紀錄甚少，或有漁人結寮游居，或爲社棍於此地爲惡〔註 55〕，其在周覽淡水之後作了地理形勢的觀察紀錄：

> 蓋淡水者，臺灣西北隅盡處也。高山嵯峨，俯瞰大海，與閩之福州府閩安鎮東西相望，隔海遙峙，計水程七八更耳。山下臨江陴郳爲淡水城，亦前紅毛爲守港口設者。鄭氏既有臺灣，以淡水近內地，仍設重兵戍守。本朝內外一家，不虞他寇，防守漸弛；惟安平水師，撥兵十人，率半歲一更，而水師弁卒，又視爲畏途，扁舟至社，信宿即返。十五六年城中無戍兵之跡矣！歲久荒蕪，入者輒死，爲鬼

〔註 51〕楊文魁，〈臺灣紀略碑文〉，收錄於高拱乾修，《臺灣府志》（臺北：國史館台灣文獻館編印，2002 年），頁 266。楊文魁職官，據高拱乾《臺灣府志》「武備志」言：「康熙二十三年任；二十六年，內陞本其副督統。」見同書，頁 76。

〔註 52〕郁永河，《裨海紀遊》（臺北：臺灣省文獻委員會印行，1999 年二版），頁 16。知府靳治楊、同知奇體物任職，《臺灣府志》官秩志載，前者爲康熙三十四年任職；後者爲康熙三十年任職。高拱乾修，《臺灣府志》，頁 56。

〔註 53〕該書中載郁永和由淡水港入經甘答門，進入臺北盆地，並據「土官」張大所言，追述三年前因地震所產生土地浸陷的地貌。同註 52，頁 23。

〔註 54〕郁氏所記此地番社共八里分、麻少翁、答答攸等二十三社，皆淡水統之。其所載番社範圍包括北海岸、河口以及臺北盆地。同註 52，頁 24。

〔註 55〕《裨海紀遊》言社棍：「此輩皆內地犯法奸民，逃死匿身於辟遠無人之地，謀充夥長通事，爲日既久，熟識番情，復解番語，父死子繼，流毒無已。」郁永河，《裨海紀遊》，頁 37。

為毒，人無由知，汛守之設，特虛名耳！〔註56〕

可見郁永河對此地地理形勢的重視，並且就軍事防務以及風土民情，言說此地的重要性。郁氏由府城到淡水一路艱辛的經驗，加上採硫工作因居住條件、社棍阻撓的親身履歷而作此一呼籲。從《裨海紀遊》的書寫中，了解當時清政府的行政力量未及於此一辟地的記錄。

事實上，從康熙年間成稿的兩部《臺灣府志》對淡水所作描述亦是甚少。康熙二十四年（1684）臺灣知府蔣毓英所修《臺灣府志》中關於淡水的記錄僅書淡水至雞籠之間的距離、淡水港、以及淡水城。〔註57〕

康熙三十四年（1695），由福建分巡臺灣廈門兵備道高拱乾所修的《臺灣府志》，對淡水的記載有一附圖，大致畫出此一區域的山川與河系，途中可見淡水與雞籠二城〔註58〕，其中關於山川敘述又見該書「諸羅縣山」〔註59〕。關於淡水港描述，或因抄襲自《蔣志》，而一字不漏〔註60〕。該志〈規制志〉記諸羅縣（該志言諸羅縣治在臺灣府北一百五十里，西至大海三十里……北至雞籠城二千一百七十五里）里坊有上淡水社，並註云「離府治一千七百四十里」〔註61〕。所記上淡水社應指淡水一地的番社，然其中距離蓋屬謬誤，此一錯誤或因未做實際查勘，或因當時量測技術不發達而造成〔註62〕。又〈武備志〉記墩臺有「上淡水雞籠城外」一則〔註63〕，從此一敘述而觀，高拱乾《臺灣府志》雞籠之名似乎下轄於上淡水，也就是「上淡水」一名包含了雞籠，而作為更廣大地域範圍的代稱。

到了清康熙五十七年（1717）由周鍾瑄主修、陳夢林編纂的《諸羅縣志》〔註64〕，概主事者勤於考訂，且文本範圍僅諸羅一縣，內容較之前兩部

〔註56〕郁永河，《裨海紀遊》，頁29。

〔註57〕蔣毓英，《臺灣府志》「海道」、「諸羅縣水道」、「城郭」，同註50，頁21、28、65。

〔註58〕高拱乾修，《臺灣府志》，頁13。

〔註59〕高拱乾修，《臺灣府志》，頁16。

〔註60〕高拱乾修，《臺灣府志》，頁28。有關高志抄襲蔣志之論述，參見陳捷先，《清代臺灣方志研究》（臺北：學生書局，1996年），頁15。

〔註61〕同高拱乾修，《臺灣府志》，頁38。

〔註62〕高拱乾《臺灣府志》記雞籠社註云「二千三百一十五里」，不僅府治至北台灣距離有誤，以淡水社與雞籠社比較，兩者竟差六百一十五里，可見其中謬誤之嚴重。

〔註63〕郁永河，《裨海紀遊》，頁111。

〔註64〕周鍾瑄，《諸羅縣志》（臺北：臺灣省文獻委員會編印，1999年）。

府志詳實許多。該志〈封域志〉「山川」對於淡水一地山川地形描繪甚為詳細〔註65〕，其形勢、番社分佈亦可見於其所附之地圖〔註66〕。針對《諸羅縣志》考訂翔實部分，修纂者自負頗深，其言：

> 又山川所記，較郡志加詳，亦多與郡志異。郡志據所傳聞，云其略而已。……茲卷或躬親遊歷，或遣使繪圖，三復考訂，乃登記載。假而千秋百世，陵古依然，雖未敢謂毫髮無爽，亦庶幾得其大概云。〔註67〕

地方志書的纂成是政治力量藉以傳達的宣示，而從志書的內容觀察，不但可見出修纂者的用心，另一方面亦可對應當時的在文治武備上的需求。而《諸羅縣志》較之前二志完備的原因，其中之一可能在於北路兵防迫切的緣故。蓋北路自康熙三十五年（1696）吳球謀亂後，五年間，相繼發生吞霄、淡水之土官、劉卻等數起騷動，因此於康熙四十三年（1704）將原本寓居在佳興里的縣府與營汛移回任所〔註68〕。又康熙四十九年（1710），據聞海盜鄭盡心等眾潛伏江西、浙江以及臺灣淡水一帶，於是設淡水分防千總，增大甲溪至淡水八里坌七塘，募兵一百二十員〔註69〕，由此可見北臺灣之所以受清朝所重視，實因懼民、番與海盜所亂而有所兵力部署。

從以上文獻的羅列分析可知，清代領臺之初，淡水從荒煙漫徑到移墾初入，整個淡水的經濟指向有了不同以往的轉變。又原屬諸羅縣的北路一帶，民亂事件漸多，當政府的官僚系統無法掌控廣大之境，再一次的行政劃分就有其必要性。

康熙六十年（1721），朱一貴事件方定，藍鼎元議添八里坌巡檢，歸竹塹，以備設新縣〔註70〕。隔年，雍正元年（1723），臺灣北部以淡水為名，設淡水廳，立廳治於竹塹。淡水廳實際轄地，南起自大甲溪、北迄三貂嶺、東及內山、西定於海，幅員遼闊，踞一郡四邑之上游〔註71〕。淡水自此為一廳之名，而與本文之前所述之淡水，在其地理名詞的實質內容上產生了明顯的

〔註65〕周鍾瑄，《諸羅縣志》，頁6。
〔註66〕周鍾瑄，《諸羅縣志》，頁18。
〔註67〕周鍾瑄，《諸羅縣志》，頁17。
〔註68〕周鍾瑄，《諸羅縣志》，頁110。
〔註69〕周鍾瑄，《諸羅縣志》，頁110～118。
〔註70〕見盛清沂總纂，《臺北縣志》（臺北：成文出版社，1950年），頁176。
〔註71〕陳培桂，《淡水廳志》，〈封域志〉「疆界」（南投：臺灣省文獻委員會，1993年），頁23～24。

差異。

二、漢人的移入與滬尾聚落的發展

淡水地區聚落的成型，與臺灣移民墾拓腳步漸次北上有著息息相關的影響。康熙二十二年（1683），施琅帥兵平定臺灣，明鄭「文武官員、丁卒與各省難民相率還籍，近有其半。人去業荒，勢所必有」〔註 72〕，而尚在臺灣的明鄭官卒約計三千餘員。〔註 73〕

臺灣納入清朝版圖之後，移民者隨著清代政府發布嚴格的禁令或稍加鬆弛，而遷渡或私渡、偷渡至臺灣，而臺灣的聚落發展也開始由府城朝南或向北逐步開展。漢人的拓墾的腳步在康熙末年，漸進邁入原本歸於荒煙蔓草的北臺地區，而淡水的另一名稱「滬尾」〔註 74〕，也開始出現在此一時期的請墾合約或其後的買賣契書中。

（一）以農墾為導向的發展

據歷史學者尹章義研究之「張廣福文件」中，有關「滬尾」的敘述，最早可溯至康熙四十八年（1709），這份尹氏所編號爲 1A1-1 的請墾合約土地包含極廣，其中有關滬尾者如下：

> 又請墾淡水港荒埔壹所：東至干豆口，西至長頸溪南，南至山，北至滬尾，立陳國起名字。〔註 75〕

從這份墾單來看，此所言之滬尾應是指關渡口以西，靠山面海的的荒埔。其切確位置據地方文史工作者張建隆的考證，約在現今大庄、港子平，以及崁頂、圭柔山一帶〔註 76〕。而對照於前朝的開發史來看，此處早在荷蘭時代就

〔註 72〕施琅，《靖海紀事》（臺北：臺灣銀行經濟研究室，1958 年），頁 67。

〔註 73〕施琅，《靖海紀事》。據人類學者陳紹馨估計明鄭時期臺灣漢人人口約二十萬；歷史學家曹永和則推估約十五至二十萬人。前者參見陳紹馨，《臺灣的人口變遷與社會變遷》（臺北：聯經出版社，2004 年），頁 18～19；後者參見曹永和，《臺灣早期歷史研究》（臺北：聯經出版社，2003 年），頁 277。

〔註 74〕關於滬尾地名的起源有「滬魚」、「雨尾」、「石滬」以及原住民社名「Ho-be」四種說法，前三者參見陳國棟，《臺灣的山海經驗》（臺北：遠流出版社，2006 年），頁 169～170；最後者參見張建隆，《尋找老淡水》（臺北：臺北縣立文化中心，1996 年），頁 49～67。

〔註 75〕尹章義，《臺灣開發史研究》（臺北：聯經出版社，2003 年），頁 152。

〔註 76〕張建隆先生參酌黃叔璥《臺海使槎錄》的敘述、賣地契與乾隆時期的古地圖，認爲於其時所指的「滬尾」應於現今大庄、港子平，以及崁頂、圭柔山一帶。詳見氏著，同註 74，頁 61～63。

已有農墾的景況〔註77〕，因此不難理解這個「極目平衍」的地區成爲淡水移民農墾落戶的根據地〔註78〕，而此聚落正是乾隆六年（1741）劉良璧修纂的《重修臺灣府志》，所記的滬尾庄的所在地。除此之外，與此同時淡水地區尚包括竿蓁林庄以及大屯庄兩處。〔註79〕

在這個時期，淡水港的腹地主要在港內，港外船舶起碇則以淡水河南岸的八里坌爲主，因此淡水河北岸在康熙、雍正、乾隆初期，主要是以農業拓墾爲導向的聚落，尙未形成「街市」的規模。〔註80〕

雖然從史料的記載來看，遲至乾隆五十三年（1788）清政府才開放淡水港與五虎門對渡，但在此之前漢人移民的腳步已從臺灣南部或者直接渡船進入淡水地區，從族譜的爬梳中不難找到這樣的線索。如《清溪大坪張氏族譜》載張氏先祖於康熙末年從泉州灣渡海出航，抵鹿港，再沿西海岸到達淡水。其後，第二批先祖於雍、乾之際賡續來臺，其族裔目前分居淡水、北投、新莊、景美等地〔註81〕。而淡水的中寮李家於乾隆十六年（1751）離開同安馬巷，來到淡水落地生根〔註82〕。另外，亦有漢人移民在此生理，其後再轉往他處發展，如原籍晉江的大溪黃氏一族，十二氏祖可麟、可申於康熙四十三年（1704）渡臺，先居淡水。十五世祖廷香爲五泉領袖，咸豐年間漳泉械鬥起，遷往艋舺舊街，後再遷往大溪烏塗窟，開闢荒地。〔註83〕

上舉現今臺北盆地大族系渡臺經過爲例，漢人移民北臺灣重要河港區域的淡水，或作爲安身立命的墾地，或爲向外發展的根據地，據臺北州在昭和九年（1934）出版之《臺北州水利梗概》所載，現今之淡水鎭轄境，在當時有兩個水利組合，其中龍泉水利組合灌溉面積 1,601 公頃，計有二十二圳，其

〔註77〕見本章，頁 10～11。

〔註78〕黃叔璥，《臺海使槎錄》（南投：臺灣省文獻委員會，1999 年），頁 8。

〔註79〕劉良璧，《重修臺灣府志》（南投：臺灣省文獻委員會，1999 年），頁 90。

〔註80〕「街」係人家稠密的的街市，住民以工賈爲主，爲一帶地方交通、產業的中心地。「庄」或稱爲莊，其住民大率以耕稼、伐木、捕魚爲業。臺灣鄉村，俗稱之爲草地或莊（庄）。參見戴炎輝，《清代台灣之鄉治》（臺北，聯經出版社，1998 年），頁 3。

〔註81〕見《清溪大平張氏族譜》，引自范純武，《雙忠崇祀與中國民間信仰》（臺北：國立臺灣師範大學歷史系博士論文，2003 年），頁 170～172。

〔註82〕李子成，《重修燕樓李氏族譜》（臺北：李協勝公記，1995 年），頁 27。

〔註83〕黃師樵，《大溪黃氏族譜》（臺北：故宮文獻館，1915 年），微卷編號 1087043（12-1）。另見謝德錫，〈泉郊頭人——黃龍安〉，收錄於《文化淡水》（臺北：淡水文化基金會），第十期二版。

中七圳建於康熙末年，十圳建於乾隆年間，五圳建於嘉慶年間；大屯水利組合灌溉面積 918 公頃，計有四十一圳，其中二十二圳建於乾隆年間，六圳建於嘉慶年間，另有十三圳未註明建圳年代。可知淡水一帶在乾隆年間移民墾拓為最盛〔註 84〕。以淡水中寮李家為例，來臺祖鼎成公與林氏耀媽於乾隆十六年（1751）遷徙至淡水，初於干豆以漁農為業，後租得滬尾竿蓁林土名後厝子山田一所遷入田寮居住。到了乾隆五十四年（1789），二世臣春購買滬尾北投仔庄，土名仙家華興祥山林十一餘甲。到了嘉慶年間，來臺第四代懋字輩丁出十七，田地不敷耕種，遂往中寮發展〔註 85〕。以淡水的李家族系發展為例，除了可以觀察到漢人移民墾拓後安土重遷的觀念，亦可以想見乾嘉之際，農地開發的梗概。

（二）淡水街區的形成

淡水街區的形成主要以乾隆中葉民間商業活絡，以及嘉道年間淡水河口商業據點轉移與開港後洋商貿易活動興旺有關。

從乾隆中葉起，關於滬尾地名的指涉似乎有所變異，在一份買賣契書中看到了這樣的線索：

> 立杜賣盡根茅屋連地契字人蔡士評，有承父遺下自宅墳地起建茅屋一座，坐落滬尾街，土名崁仔腳，作東向西。其界址，東至路界，西至蔡家界，南至吳家界，北至巷界；四至明白，坐東向西並帶厝蓋、墻壁、門窗、戶扇俱備，年配納天后宮地基香燈銀一錢正……。〔註 86〕

這份乾隆三十年（1765）土名「崁仔腳」的買賣契書，從其地勢與方位的說明來看，大概是現今福佑宮一帶土地形勢。並且由其文字言及此地有巷、路、各家比鄰的說明來看，此其所言的「滬尾街」已具商業發展的形式〔註 87〕。而從學者與文史工作者的研究中，指出此地為淡水市街的發展起點，即以目前福佑宮為中心，向外延伸〔註 88〕。到了乾嘉之際，由於臺北盆地移民開拓

〔註 84〕節引自姜道章，〈臺灣淡水之歷史與貿易〉，收錄於《臺灣銀行季刊》（臺北：臺灣銀行經濟研究室），第十四卷第三期，頁 261。

〔註 85〕李子成，《重修燕樓李氏族譜》，同註 82，頁 27～30。

〔註 86〕見《清代臺灣大租調查書‧下》（南投：臺灣省文獻委員會，1994 年），頁 887。

〔註 87〕見張建隆所著〈從寺廟分佈看滬尾街聚落之形成〉，同註 74，頁 15～25。

〔註 88〕陳國棟，〈淡水聚落的歷史發展〉，同註 74，頁 178；張建隆，〈從寺廟分部看滬尾街聚落之形成〉，同註 74，頁 13～16；卓克華，《從寺廟發現歷史：台灣

逐漸完成，商業發展熱絡。原本以港區優勢獨領淡水河流域的八里坌港，其商業及軍事機能逐漸移往河岸上游的新莊及艋舺等地，八里坌自此由盛而衰。而位於河流北岸的淡水因河道的改變與郊區農業聚落的形成，讓淡水取代南岸的八里坌，成爲臺北盆地、淡水港口極具發展潛能的新市街。到了嘉道年間，淡水街區已然形成。其商業活動的熱絡，從當時留下的租契中可看出其中的端倪：

> 立給佃批字業主何占梅，有承祖遺管和美崎仔頂店地一坎，寬一丈，實內坐西向東，前至車路，後至分水，上與許仔觀店毗連，下與何色豐店毗連；四至界址明白。茲有吳朝觀備出磧地銀二十大員前來向給，自備工料蓋瓦店生理，設約每年貼納地基銀租一兩正，年清年款……。〔註 89〕

引文所指之「崎仔頂」即福佑宮左側斜坡而上，大約爲現在的重建街一帶。福佑宮一帶雖臨河道，水道便利，然迫於山崙，腹地狹窄。因此，街肆的發展多因地制宜。從這份嘉慶二十五年（1820）租契中，可知當時此區已是店家櫛比鱗次的繁景。又該契書四至以「上」、「下」來說明左右方位，這樣的地形正符合現在重建街、清水街一帶特殊的坡地形貌。崎仔頂因地形而起名，其位置南下緊鄰碼頭，北去直接通往水碓、崁頂、圭柔山、小雞籠等農業區，爲買辦運輸的重要商業區，店家林立，買貨辦事的人群絡繹不絕。

另外，再從道光年間所留的租契，也可以看出河岸行商生理興旺，置貨營商的情形：

> 立收磧地銀字人何占梅，有承祖父遺下初闢墾產開座公館口門庭一處，指在户美街公館口。茲有許西自治行商貨物，並無位所，値向何占梅稅出門庭一所，長一丈二尺，闊一丈，自備銀兩買賣交易，言約貫年愿貼稅銀二大員正。……〔註 90〕

租契中所言之「公館口」大約在福佑宮左側一帶〔註 91〕，從上引道光六年

寺廟文獻之解讀及意涵》（臺北：揚智文化出版社，2003 年），頁 58。

〔註 89〕郁永河，《裨海紀遊》，頁 836。

〔註 90〕郁永河，《裨海紀遊》，頁 759。

〔註 91〕淡水人俗稱之公館口，大約位在現今福佑宮左側一帶。地政所資料標有公館口小段的地及標示，其位置是從福佑宮左側巷道（往重建街石階梯入口）至中正路十巷。此區稱公館口，乃乾嘉時期何姓望族於此興建四合院格局，作爲收穀納租、商務接待的辦公場所。詳見張建隆，〈公館口〉，刊載於《金色淡水》第二期，1993 年 4 月 15 日。

（1827）的租契中，可見淡水街區利用航運交通的優勢，加上腹地農業的發展，使其能夠超越南岸，鼎立於河口，與當時商業全盛一時的艋舺相輔而進，而能有「滬尾行舖眾多，又與艋郊生氣相應」的記載。〔註 92〕

淡水街區的成型從建築學者李乾朗的研究中，大概可看出它的發展走向：

> 至嘉慶元年（1796）福佑宮重建時，從廟左側已有一條斜坡街道形成（即今重建街）。……至嘉慶末年又向北延長至「牛灶口」（及今重建街北段）。另外分支一條街向東南山坡下來，稱爲「米市仔」（即今清水街）。
>
> 道光年間米市仔之南段繼續發展，而「牛灶口」則繼續延伸至「城仔口」。
>
> 至咸豐初年，沿河大街之岸邊開始淤淺，也有不少民防建立起來這條街俗稱「下街」，也就是隨著五口通商而繁榮起來，船頭行多設於此。
>
> 咸豐八年（1858）建龍山寺後，米市仔街延長至「後街」及「布埔頭」；另外大街東端分出一條「暗街」。〔註 93〕

據《淡水廳志》咸豐元年（1851）洋船已經在滬尾、雞籠開始有貿易行爲，到了咸豐十年（1860）道員區天民等奏報以南岸八里坌爲通商碼頭，於北岸滬尾設立海關。同治元年（1862）六月二十日，滬尾開關徵稅〔註 94〕。自此洋行林立，淡水的貿易型態又進入另一番榮景。〔註 95〕

關於淡水河口南岸及北岸也就是八里坌與滬尾，兩者港口商業地位的轉變，據《淡水廳志》所附〈節錄臺灣十七口設防狀（庚子九月鎮道會稟）〉內文言及兩者關係：

〔註 92〕陳培桂，《淡水廳志》，〈武備志〉，頁 156。

〔註 93〕以上引文參見李乾朗，《臺灣建築史》（臺北：北屋出版社，1979 年），頁 133。

〔註 94〕咸豐十年開放淡水港通商，其餘臺灣北路之雞籠、香山、後壠、中港、鹿港，南路之鹿耳、打狗等大小口汊一率禁止洋船前往貿易。翌年，始開放雞籠、打狗、鹿耳三處通商。以上四口以滬尾爲正口，其餘三者爲外口。徵稅銀冊，均由滬尾總口轉繳官庫。參見《淡水廳志》，同註 71，頁 106。

〔註 95〕淡水開放商，洋人住居地並未進入傳統的漢人街區，而是以滬尾街以西俗稱「埔頂」的山丘地帶爲主。

滬尾在北岸，八里坌在南岸。港西爲海口，昔時港南水深，商船依八里坌出入停泊。近海淤淺，口內近山有沙一線，商船不便，皆依北岸之滬尾停泊。〔註96〕

該狀下有註曰「庚子九月鎮道會稟」，此曰庚子，應爲道光二十年（1840），所言商船應指往來於大陸與臺灣之間的船隻。由引文所見，應可知早在開港之前滬尾的優越港務形勢已超越了南岸的八里坌。

（三）寺廟的興建與區域的發展

淡水，從明代末葉到清領之際，是東海國際貿易所極欲爭取的區域，其中原因無他，最主要的因素在於地理位置的重要性，而其重要性是經濟貿易的、也是軍事形勢的，因淡水地區近於中國東南沿岸，明清之際東亞經濟最榮盛的區域。

當東海國際貿易的時代逐漸褪色，取而代之的是清代移民潮的時期，淡水地區也因區域位置的優勢，成爲一個新興的城市，它是農墾的、也是商業的。並且，從區域研究與常民生活的歷程觀察中尋找線索，不難發現作爲清代移民地入口的淡水，它不僅是移民的起岸地、商業貿易榮盛的港區而已，若從民間信仰的發展過程來看，更有著移民、移民信仰與區域發展的元素。以民間信仰作爲區域發展的主軸來看淡水地區，其寺廟的興修年代與街區的發展走向有著密不可分的關係。

淡水街區內屬清代所興修的寺廟甚多，以下從淡水地區民間信仰寺廟建立與街區發展的聯結，敘述區域發展的脈絡：

1. 福佑宮（公館口）

現址中正路200號的淡水福佑宮，建於嘉慶元年（1796），該廟供奉媽祖，主要是由清代移民螺陽、武榮、桃源、清溪、銀同、永定七邑捐建〔註97〕。該廟除作爲淡水各籍漢人移民之信仰中心外，廟址附近舊稱「公館口」，據學者研究，其稱爲「公館口」的原因，可能作爲早期番社通事、土目辦公、集議之所，因此發展極早〔註98〕。其後因水運交通而輳客聚集，更成爲淡水街區商業及信仰的中心。

〔註96〕見《淡水廳志》卷十五（上），同註71，頁404。
〔註97〕見〈台北縣淡水鎮福佑宮組織章程〉，收入於李乾朗，《淡水福佑宮調查研究》（臺北：臺北縣政府，1996年），頁37。
〔註98〕陳國棟，〈淡水聚落的歷史發展〉，同註74，頁178。

2. 文昌祠（崎仔頂）

位在崎仔頂，現址清水街 208 號的文昌祠奉祀文昌帝君，該祠初建於嘉慶九年（1804），重修於道光二十七年（1847）。文昌祠除供信仰外，在前清時代亦作漢塾教養之場所。由崎仔頂文昌祠的興建，可知滬尾地區在商業活動已到一定的程度，並且開始重視文治教育。

3. 米市福德祠（米市仔街）

位今清水街一百四十八號，建於咸豐三年（1853）。自嘉、道以來，此一區域因土壟間及糶米商聚集，而有「米市仔街」的稱號。該祠建廟緣起，相傳係因米市商舖咸信風水，懼此處地勢傾斜，恐財源下移，故建福德祠以守財路。

4. 龍山寺（新厝）

龍山寺供奉觀音佛祖，該寺建於咸豐八年（1858），位於現今中山路 95 巷 22 號，此處昔稱「新厝」。該廟是由滬尾的三邑人（惠安、晉江、南安）集資，洪姓兄弟捐地建成。廟前空地租於攤商，形成市集。

5. 鄞山寺（東興）

鄞山寺供奉定光古佛，該寺建於道光三年（1823），位於淡水鎮鄧公路 15 號。此一區域昔稱「東興」，而東興之名意指東邊新發展出來的地區。鄞山寺的興建係由在東興開店的羅可斌兄弟所發起，而該寺建於道光三年，故此東興的發展應不晚於道光三年。

6. 晉德宮（後街仔）

晉德宮奉祀黃府三將軍，俗稱軍爺廟，位今中正路 46 號。該廟建於道光二十一年（1841），因此推估後街仔的形成應不晚於道光年間。

7. 金福宮（衙後街仔）

金福宮奉祀池府王爺，該廟建於咸豐六年（1856），咸豐十一年重修。位於今三民街 23 號，此區昔稱「衙後街仔」。

綜合上文所引用方志、契書與各寺廟的興建年代，大概可以推估滬尾街的發展情形。從清代中葉乾隆三十年（1765），首次出現對「滬尾街」的敘述開始，當時該街區的發展，以福佑宮爲樞紐點，因坡地地形向上發展爲「崎仔頂」。到了道光初年，公館口一帶市集向東發展至「東興」，嗣後再持續向東發展，形成「後街仔」。至晚在咸豐初年，後街仔與崎仔頂「米市仔」沿斜坡下來的街肆連串。到了咸豐初年，滬尾街另一信仰重心「龍山寺」亦於此區域落成。

另一方面，道光、咸豐年間崎仔頂上緣向南斜坡而下，發展成以「金福宮」爲信仰的「衙後街仔」。而此街聚落與福佑宮西側的「新店」連接，整個清代滬尾街區商業聚落的發展也就大抵成形。〔註 99〕

從以上有關滬尾街形成的觀察中，諸如「米市仔街」、「布埔頭」以商業型態聚攏而爲地名，可知當時市集的興旺。又如文昌祠的祀奉，可見此一區域的鼎盛的文風〔註 100〕。再從祭祀圈形成的初期來看，因漢人拓墾臺地初期，受移民政策多限制舉家遷渡之故，致使無法形成宗族形式的組織，而取代宗族血緣組織的替代方式，就有了以原籍作爲分類的地緣組織。而地緣關係力量凝聚的最主要內在成因，則是原籍的民間信仰。以目前淡水地區的民間信仰系統來看，其移入初期是與原籍分類上息息相關。除了各籍共同信仰的媽祖外（福佑宮），其他如鄞山寺屬之於汀州移民；龍山寺之於三邑人（晉江、南安、惠安）；大道公信仰之於同安人；尪公及清水祖師則屬之於安溪移民的信仰系統。從這樣的民間信仰對應於淡水地區的各籍移民的關係來看，可見出移民初期族群關係形成與發展的梗概。另外從各類民間信仰的量來看，亦可對應於淡水地區在清代爲一重要移民輸入港的特質。並且從歷史縱向發展中，呈現此一區域的多元性及其本地化後的融合過程。再者，從淡水地區祭祀圈的範圍來觀察，淡水的民間宗教信仰亦與大臺北盆地緊密聯繫，由此詳加探究，則更進一步凸顯了淡水地區在大臺北移民歷程的重要性，及其在移民文化網絡構成中的地位。

三、小　結

從十六世紀初期，漢人先民足跡進入淡水地區的文獻載記，經過大航海

〔註 99〕參見張建隆所著〈從寺廟分部看滬尾街聚落之形成〉，同註 74，頁 15～25。

〔註 100〕從「淡新檔案」的文件中，該祠在道光二十七年（1847）重修時包括各庄董事及生員，其人員名單如下：林步雲（董事）、陳四銓（董事）、張振詠（董事）、翁種玉（董事）、陳呈祥（董事）、何談嘉（董事）、陳詞裕（董事）、張世庇（董事）、林長安（董事）、高時若（董事）、林春和（貢生）、林宗衡（貢生）、王國良（貢生）、方玉斌（貢生）、林炳旂（廩生）、林及鋒（廩生）、黃敬（廩生）、蘇袞榮（生員）、陳宅仁（生員）、李文元（生員）、黃敦（生員）、李維巖（監生）、高明德（監生）、翁裕佳（職員），見「淡新檔案」編號 ntul-od-th11108_001，典藏於國立臺灣大學圖書館。

時期西方的海權國家的商貿經略，到各政權交替。淡水，在時序的更迭中也從草萊初闢、聚落形成，以致其後成為扼控大臺北盆地港務進出口的重地。曲水北岸，何以輕重？單純從從歷史縱向的發展來看，他是牽繫臺灣島史由南往北的經貿關係走向而發展。一個濱海城鎮因著這樣的關係，順理成章成為臺灣經濟史上由南往北發展的一個標示點，在清末以至日治初期的經濟脈絡走向下，更成就為北臺灣重要的港埠，並且與當時臺灣經濟命脈的中心——艋舺、大稻埕聯成一氣。

由殖民關係來觀察淡水時，這個區域是臺灣殖民史的縮影〔註101〕，但在他表面歷史朝代更替的內裡，當我們深究其中，卻可發現他在移民組成及其走向發展的趨勢。這樣的肇因，關係著這個區域的發展，並且與當時整個臺北盆地的關係緊密地連繫著。淡水地區從先民草萊初闢到後來的聚落形成，以至於港舖發展的成熟。先民們從別望原鄉渡過洶湧怒濤、人心時時無法預測的臺灣海峽，初來濱海崗地尋地立根，結廬耒耕、營生相繫。他們所承受的不只是移民原鄉地貧脊或者一股希望追求的移民推力，當他們進入這個全然陌生的域境裡，憑藉的也不僅是赤地營生的認知，他們所需要的還有信仰的憑藉以及原鄉力量攏聚後的依勢。這種情形不單只在淡水地區發生，在臺島的移民研究中似乎也皆然常見。

淡水，現今的國民旅遊的首選重鎮。當我們踅步其中，三步一祠五步一廟，祠廟磚瓦寬長不若近代，細索磚瓦案牘在時間上的沉澱，也就看到老鎮持續推移的歷史痕跡。如果說，這些寺廟是可以代表在地歷史發展舞臺的跡證，那麼在這舞臺搭建之前，先民之所以齊力成就祂的因素是什麼呢？他們又靠著這些寺廟得到了什麼、擴展了什麼？透過民間信仰的關係，發展了什麼樣的社群形式風貌與文化脈絡？這些問題透過移民信仰的研究路進，將可探究其背後的漢籍移民類屬的攏聚力量、各籍移民的涵化與同化問題，並且擴及這些社群發展脈絡與整個臺北盆地的發展，構築文化的生成與其互動關係。

從淡水街區民間信仰的觀察，一個有深度文化歷史的街區，它的發展是有著許多作為時代性的表徵。以區域環境、住民以及民間信仰三者聯繫的探

〔註101〕從臺灣歷史來看，它的政權是從荷蘭、西班牙、明政、清朝、日治到民國。從淡水地區的歷史發展來看，則是西班牙、荷蘭、明政、清朝、日治以至民國。

究路徑出發，可以找出淡水地區甚至是與周邊區域關係的發展。以此作爲研究清代淡水地區移民研究的面向來看，移民地發展與漢籍住民進入淡水之前的原籍環境、原籍信仰以及移民三者的縱向聯繫，則又是區域文化發展向上探源，尋其脈絡與根基，也就可以慢慢理出移民渡遷至淡水的成因與發展的走向。它是文化歷史發展縱向探討的一種路徑，也更是漢籍移民渡遷來臺的區域發展表徵。

第三章　清代淡水地區移民信仰與其原籍地的關係

康熙二十三年（1683），臺灣島域明、清鼎革，於此之時的海上商戰貿易亦告休止。隨後，臺灣的發展是漸趨熱絡的移民浪潮。臺灣島足具開墾誘因，形成大陸漢人移民的拉力。加上移民原籍地生活條件不足，促使了移民推力的形成。近二、三百年間，閩粵漢人大舉渡過海峽來到臺灣，而淡水地區，作爲出入北臺灣的重要港埠，漢籍移民初來乍到，他們透過什麼樣的社群關係，凝聚彼此的力量。而這凝聚力的生成，是由什麼樣的背景作爲依藉。本章透過民間信仰與移民原籍地、移民及移民地的析探中，繫聯出人、信仰與環境的關係。

第一節　移民類屬與民間信仰的分類

從清領之初淡水地區如郁永河於康熙三十六年（1697）所載記，或漁人結寮游居，或爲社棍一二於此爲惡之外，此地並無漢人墾地移居的現象〔註1〕。到了康熙後期以至雍、乾以後淡水地區才開始了漢人入墾定居，形成聚落。其後，因港埠型態的優越形式以及北臺灣經濟重鎮艋舺、大稻埕的興起，讓這個濱海區域有了人口急劇的發展條件。

光緒二十一年（1895）日領臺島之前，馬偕博士（George Leslie Mackay, D.D.）對淡水地區的人口有這樣的記述：

〔註1〕郁永河，《裨海紀遊》（臺北：臺灣省文獻委員會印行，1999年二版），頁26～27。

> 淡水人口是 6,148 人，1,013 户。不過要知道：臺灣北部的中國人講一個市鎮的人口時，常包括官吏所管轄的一切村落及四周鄉下的人口在內。例如淡水附近有四個村子：小坪頂（Sio-pi-teng），有人口 73 人；新莊仔（Sin-tsng-a），有人口 1,112 人；小八里坌（Sio-pat-li-hun），有人口 1,580 人；小雞籠仔（Sio-Koe-lang-a），有人口 1,320 人；因此依照中國人的計算法，總人口是 10,233 人。〔註 2〕

在這段敘述中，新莊仔是現今的北新莊，小雞籠爲三芝，扣除現今屬三芝鄉轄境，馬偕所言當時的淡水地區人口，在日領之前爲 7,801 人。

到了日治時期昭和元年（1926），日人臺灣總督府官防調查課統計淡水地區的人口則有 21,100 人〔註 3〕。其中各籍漢人及人口率如下表：

表 3-1：日治時期淡水地區漢籍各邑人口數

籍　　別	安　溪	同　安	三　邑	永　春	嘉應州	漳　州
人數（單位：百人）	46	111	33	17	1	3
百　分　比	21.80%	52.61%	15.64%	8.10%	1.42%	1.43%

圖 3-1：日治時期淡水地區漢籍各邑人口數比例圖

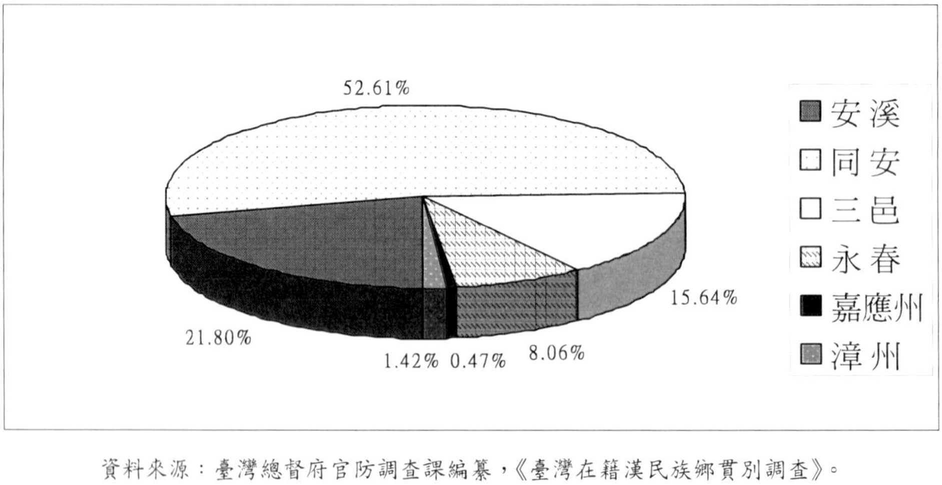

資料來源：臺灣總督府官防調查課編纂，《臺灣在籍漢民族鄉貫別調查》。

〔註 2〕馬偕撰，林耀南譯，《臺灣遙寄》（臺北：臺灣省文獻委員會印行，1959 年），頁 222。

〔註 3〕臺灣總督府官防調查課編纂，《台灣在籍漢民族鄉貫別調查》（台灣時報發行所，1928 年），頁 4～5。

從這份日人調查中，可知在日治中期人口數已有明顯增加於前朝的趨勢，但在人口的組成上仍以是泉州人爲主（即安溪、同安及三邑的晉江、惠安、南安）。這樣的移民類屬，相應於清代以來淡水地區主要的民間信仰的移入與發展，是緊扣連繫地。

以目前淡水地區主要的民間信仰（包括寺廟與祭祀圈）而言，主要有媽祖信仰（福佑宮）以及大道公（保生大帝信仰）、觀音信仰（龍山寺）、定光古佛（鄞山寺）、尪公（集應廟）和清水祖師等民間信仰。這些漢人原籍屬性的信仰系統移入淡水地區，與漢籍移民有著深切的關係。

崇信媽祖的福佑宮，建廟於嘉慶元年（1796），但一般咸信淡水地區的媽祖信仰祭祀圈建立必早於嘉慶初年，並且可推溯至乾隆朝中期。福佑宮建廟是由銀同、晉水、清溪、桃源、武榮、螺陽及永定七股所組成〔註4〕，由此來看，淡水地區的媽祖信仰是屬於各籍移民的共同信仰。

在大道公信仰方面，淡水地區的大道公信仰的起源有兩說，一說大約起於 1810 年代（嘉慶中期）；一說起於嘉慶元年（1796）的中寮李媽量。從原初屬於同安人祭祀的信仰系統，流衍至今遍及淡水以及三芝地區的八庄九角大道公輪祀的祭祀圈系統。

在淡水地區異於泉州移民的汀州永定縣客籍移民，是以祭祀定光古佛的鄞山寺爲信仰中心。該寺建於道光二年（1822），由北淡汀州永定縣七姓移民獻地醵資興建。鄞山寺，一方面作爲汀州人的信仰中心，祀奉汀州原籍神明定光古佛；另外一方面，寺廟兩旁建有廂房，以供出入淡北地區的鄉人所用，因此又有汀州會館之稱。目前在北淡地區的永定客家人多分布於三芝鄉一帶，從日治時期的人口調查來看，亦不見淡水地區永定人的人口數據（或許因未滿百人單位而不予記錄）。但時至今日，北淡地區的永定裔多於農曆正月初六至鄞山寺祭祀定光古佛。

淡水龍山寺，供奉觀音佛祖，由淡水地區三邑人（晉江、惠安、南安）洪光海、洪光城兄弟捐地，並由該邑黃、紀、蔡、林、周、吳、李、雷、王姓，共計十二位三邑眾首倡建。淡水龍山寺的觀音佛祖系由祖籍安海（晉江縣內）分派而來。北淡地區三邑人所祭祀的觀音佛祖以興工於乾隆三年（1738）年的艋舺龍山寺爲最早，而淡水地區的三邑人實質上也參與了創建艋舺龍山

〔註4〕福佑宮目前仍有銀同、晉水、清溪、桃源、武榮、螺陽六個神明會組織，永定一縣份於清代退出，自建鄞山寺。

寺，並且往返崇祀祖籍神的習慣由來已久。然而，屬於淡水信眾的龍山寺是遲至咸豐八年（1858）才由三邑眾首鳩資興建。

淡水清水祖師信仰的伊始，相傳起自同治六年（1867）安溪清水巖本山僧侶迎請神像至南洋出巡，船隻遇難漂流至淡水，神像爲淡水福興寮苦役所得。其後，由淡水安溪六姓頭人翁種玉、翁瑞玉兄弟迎請至東興街濟生號翁家供奉，初爲淡水地區安溪籍移民所奉祀，後漸爲淡水百姓共同崇祀。後因民宅過於狹仄，經淡水士紳募資於昭和六年（1931）興工建廟，並於昭和十二年（1937）完成主體建築。

雖然淡水的清水祖師巖建廟較晚，但從文獻資料上可以發現，事實上，淡水安溪籍移民與興建於乾隆五十二年（1787）的艋舺清水祖師廟淵源頗深，該廟興建之初的董事翁有來即是淡水地區重要的郊商，嘉慶二十二年（1817），該廟重修後正門對聯亦爲翁瑞玉、翁種玉昆仲所敬獻。日後，淡水與艋舺的兩地祖師廟發展更形密切，目前「落鼻老祖」更由兩廟各輪值一個月更替。

臺北盆地尪公信仰的移入，相傳爲康熙末年由安溪邑大坪地區移民高、張、林三姓，爲防械鬥、番害，依祖籍之例，歷年祭祀以祈神佑。道、咸之際，高、張、林三姓分鬮，高姓拈得老祖、張姓拈得香爐、林姓拈得尪娘，自是分立。臺北盆地尪公信仰主要以景美、木柵地區爲主。而張尪公一派因宗族房系分立於木柵、淡水兩地，因此自清代以來祭祀圈即包含此二區域。淡水地區的尪公信仰以小坪頂集應廟及下圭柔山集應廟兩處爲信仰中心。臺北盆地的尪公信仰除具地緣性質的信仰系統，更包含血緣宗族的關係。以張姓一脈而言，透過派下各房的老祖輪值制度，其中七年在木柵，兩年各於淡水兩處聚落駐蹕一年。

從以上淡水地區主要漢籍移民及其原籍民間信仰背景和移入的關係來看，其中的福佑宮是由銀同、晉水、清溪、桃源、武榮、螺陽及永定七縣份所組成，並非特屬單一原籍的地緣神明信仰。除此之外，鄞山寺屬於汀州移民信仰系統，龍山寺屬於三邑人（晉江、南安、惠安），大道公屬於同安人，尪公及清水祖師則屬於安溪移民的信仰系統。由群屬與祭祀圈的組成和分布關係，似乎可以看出其中的分野。這樣的分野是移民內聚型態形成的初始狀況，而從移民原籍地的地理環境、生活方式以及民間信仰探究起，可觀察出淡水地區族群分野及其內聚力生成的內緣因素。

第二節　移民祖籍的自然環境

從淡水地區的漢籍移民與民間信仰來看，他們的類屬主要爲泉州各邑以及汀州府的永定縣。其中同安、三邑（晉江、惠安、南安）、安溪五縣屬泉州府，永定一邑屬於汀州府。從移民祖籍的生活環境觀察，可供作爲進一步考察何以在清代形成移民浪潮的原因。

一、泉州府的自然環境

泉州府位於閩地沿海區域，北接興化府及永春州；西南接龍巖州及漳州府。雍正十二年，行政區域改隸後，泉州府轄境包括：惠安、晉江、南安（三邑）以及安溪與同安五縣〔註5〕。泉州府海岸線狹長並有多處港澳，從北而南包括有，湄洲灣、泉州灣、深滬灣、圍頭彎以及廈門灣等沿海的地理形勢。在陸地方面，泉州府位於閩江和九龍江之間，其中山地佔全境十分之七〔註6〕，雖有多條水域流佈，然因上游多山地，其間又多丘陵，唯下游臨海處才有沖積平原。

> 泉州爲郡三百餘里，然而西北遜於山，東南讓於海，地幾齊楚之大國，而田不及吳越之小縣。〔註7〕

這樣的地形分布在人口增加之後，也促使了由傳統農業發展轉向航運或以海田維生的生活方式。其後，在明、清以降的臺島移民史上，成爲移民重要的原籍地。

中國史上，關於泉地的開發雖然可溯至秦、漢，但大舉進入該地應以東晉時期爲主。

> 晉永嘉二年（308），中州板蕩，衣冠始入閩者八族，以中原多事無復北嚮，故六朝仕宦名跡鮮有聞者。〔註8〕

歷經隋、唐、五代、宋、元朝代的發展，泉州地區的人口數也從唐元和（806～820）年間的154,009人到宋淳佑（1241～1252）年間的348,874人，以至到了元至正（1264～1279）年間的455,545人〔註9〕。泉州在四百多年的時間內人

〔註5〕懷蔭布，《泉州府志》，卷三，「建制沿革」（上海：上海書店，2000年），頁57～60。

〔註6〕吳春熙、李亦園，《泉州》（臺北：海外文庫出版社，1954年），頁12。

〔註7〕懷蔭布，《泉州府志》，卷四「封域志」，頁62。

〔註8〕懷蔭布，《泉州府志》，卷二十「風俗志」，頁481。

〔註9〕唐元和年間人口數參見，杜佑，《通典》，卷一八二〈州郡十二〉（上海：商務

口數量遽增，加上本地耕地面積的局限，也就形成農業耕地供給上的瓶頸。

> 南（安）民安土樂業，川原浸灌，田疇膏沃，無凶年之憂。……土地偪阨，生籍繁夥，雖磽确之地，耕耨殆盡，畝直寖貴，故多田訟。〔註10〕

這是宋代關於泉州府臨海的南安縣沖積平原田地的記述，在當時雖然農耕生活尚稱安逸，但在田地耕作上已呈現緊繃的情形。面對農業條件的限制，泉州人也開始向海洋發展，尋求營生的方式。北宋時期，惠安縣人謝履寫詩道：

> 泉州人稠山谷瘠，雖欲就耕無地闢，州南有海浩無窮，每歲造舟通夷域。〔註11〕

由於「人稠山谷瘠」農業耕地與人口的壓力讓泉人展開向外營生的行動。而從泉州的海岸及地理形勢的優越，也讓這個地方成為自古以來商貿舟舶的海運重鎮。

圖 3-2：清代泉州府籍圖

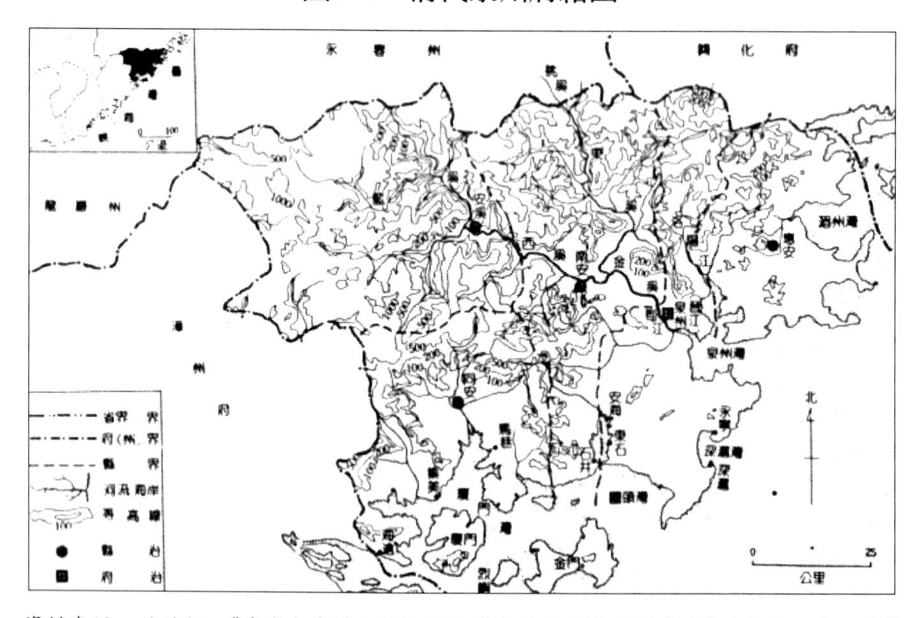

資料來源：施添福，《清代在臺漢人在臺的祖籍分布和原鄉生活方式》（臺北：國立臺灣師範大學地理學系，1987 年），頁 97。

印書館，1935 年），頁 968；宋、元人口數參見懷蔭布，《泉州府志》，卷十八「戶口」，懷蔭布，《泉州府志》，頁 464～465。另見本節附表 3-1、3-2。

〔註10〕《南安續志》，卷八「風俗志」（臺北：陳其志基金會，1973 年），頁 1。

〔註11〕懷蔭布，《泉州府志》，卷二十「風俗志」，頁 482。

（一）泉州府的海上貿易

北宋元祐二年（1087）泉州成立市舶司，和廣州、明州合稱三路市舶司〔註 12〕。南宋偏安江南，泉州因地近臨安，其對外貿易更形重要。到了元代時期，泉州更成爲中國最大的海貿商埠。在元史記載西南諸國的位置，亦以泉州作爲里程計算的起點〔註 13〕。元代從歐洲遊歷至中國的馬可波羅，在他的遊記中曾經有過關於泉州港的記述：

> 在五天的末尾，我們到一個很大很繁榮的莿桐城（泉州）。這裡是海港。所有印度的船皆來到這裡。載著極值錢的商品，許多貴重的寶石和許多又大又美麗的珍珠。他也是四鄰蠻子國商人所群聚的一個商埠……我鄭重的告訴你們罷，假如有一隻載著胡椒的船去亞歷山大港（Alexandria）或到奉基督教諸國之別地者，比例起來，必有一百隻傳來到莿桐港。因爲你們要曉得，據商業量額上説起來，這是世界上兩大港之一。〔註 14〕

泉州港在這個時期可說是海商貿易的全盛時期，不僅在中國獨領風騷，亦是國際貿易的重鎮。商業發展的經濟型態紓解了傳統農業耕地面積的不足的壓力，也讓此地的人口持續成長。

然而當泉州正以海上商務貿易快速發展經濟情時，在元、明朝代更迭後，這個地方也面臨了政策突然改變的窘境。朱元璋建立明朝，在海洋政策轉向鎖國，改變了原本開放的經貿型態，制定了以中國爲宗主國的貢舶制度，確立宗主與藩屬關係，在指定時間、人員和船數的控管上，進行消極的貢貿制度。並頒行海禁，嚴令沿海居民船販通夷〔註 15〕，自此以後泉州的海上貿易因之而衰弱。

（二）農業的困境與移民

在明朝政府嚴厲鎖國政策下，沿海居民或有偷渡走私的行爲，但在商業貿易所得上畢竟屬於小規模的私貿型態。泉州人大規模改以農業集約化的利

〔註 12〕李亦園、吳春熙，《閩海》（臺北：海外文庫出版社，1954 年），頁 24～25。

〔註 13〕李東華，《泉州與我國中古的海上交通》（臺灣：學生書局，1986 年），頁 198。

〔註 14〕馬可波羅撰，張星烺譯，《馬可波羅遊記》（上海：商務印書館，1947 年），頁 336～337。

〔註 15〕張彬村，〈十六至十八世紀中國海貿思想的演進〉，發表於中國海洋發展史研討會論文（臺北：中央研究院三民主義研究所，1986 年），頁 3。

用，透過大量的山坡地開發與海埔地的運用，以利提高農業生產的機能。

> 閩中自高山至平地，截截爲田，遠望如梯，眞昔人所云「水無涓滴不爲用，山到崔嵬盡力耕」者，可謂無遺地矣。〔註16〕

> （晉江）縣境凡諸港浦埭塘，皆古人塡海而成之，所謂民在岐海中也。……其沿港浦埭塘而居者，泉無源，田易涸，呲窳而資生。〔註17〕

> （惠安）邑西北多山，地勢東南趨，原隰相將，散爲村落、爲曠野，瀕海壖而止，故土田之等有三：錯佈山谷間，據諸溪上游田作者謂之山田；附村落民居，雖有高亢窪下不同，則皆謂之坑田；其故海壖地，並海爲堰，鑿溝渠陡門，外捍潮汐，內蓄洩山水則謂之埭田。〔註18〕

> 邇歲田價騰踴，人爭尋丈尺寸之利。近田閒土，歲有墾闢，揃削山麓，塡夷溝岸，而界至相鄰，彼此互爭。舊日水漂沙壓之地，有田主未能墾復而他人乘間營之者；有塡者墾復如舊，而未能及受產，爲他人所告者，訟端繁矣。〔註19〕

土地狹仄、土壤貧脊的泉州人向山爭地、向海爭地，加上人口稠密的因素，耕地者自視土地爲生存的本質，人與人間的爭訟也就頻繁屢見。就連原本位於山城坐擁山林資源的安溪縣也出現因資源不足，而土地及自然環境過度開發的情形：

> 何生（何喬遠1558～1631）曰，……古之閩越地肥衍，有山泉魚林之樂，而今也，承平日久，户口繁多，動物不及其成，食物不及其長，欲如往時，李森以千章木，浮海入三杉施浮屠，何可得也，而山幾童矣。田疇隴畝多在崇岡複嶺間，此其山腹領足也。而坡陁延斜以種蔗黍，剪薙墾藝，大雨旁流，無草木根底爲之底障，土墜於溪而壑幾實矣。百子小銃以中栖鳥，族而空之，而禽亂於上矣。密

〔註16〕謝肇淛，《五雜俎》，卷四〈地部二〉（臺北：偉文圖書出版社，1978年），頁102。

〔註17〕王世懋，《閩部疏》，收於《泉南雜誌及其他一種》，叢書集成初編（上海：商務印書館，1936年），頁12。

〔註18〕吳裕仁纂修，《惠安縣志》卷四（上海：上海書店，2000年），頁3。

〔註19〕懷蔭布，《泉州府志》，卷二十一「田賦」，同註5，頁536。

佈之網，大於溪面，截而收之，又從而藥之、毒之，而於亂魚下矣。〔註 20〕

農本務也，近於□，而邑之業農者困矣。曩耕於田，今耕於山。曩種惟稻、黍、菽、麥，今耕於山者，若地瓜、若茶、若桐、若松杉、若竹。凡可供日用者，不憚陟巉巖、闢草莽，陂者平之、罅者塞之，歲計所入以助衣食之不足，勤者加勤，惰者亦勤。蓋緣邑半山谿，田疇狹隘，而昇平户口繁滋，人滿而土窄，勢不得不然也。〔註 21〕

山林如此，海濱亦是如此，泉州府安溪、惠安、晉江、南安、同安各邑，由於明清以降海禁關係家生人口繁滋，對於天然環境也地盡其利，或農業加工或網罟維生，男勤力田、女紅是作，行賈邑外、入海貿夷，但僅能爲生活「差強資用」罷了。

泉州枕山而負海，田再易，園有荔枝龍眼之利，焙而乾行之天下。沿海之民，魚蝦蠃蛤多於羹稻；懸島絕嶼，以網罟爲耕耘。附山之民，墾闢磽确，植蔗煮糖，黑白之糖行天下。地狹人稠，行賈寡出疆，仰粟於外，上吳越而下東廣。百工技藝不能爲天下，敏而善傚，北土緹縑，西夷毳罽，莫不能成。婦人芒屩負擔，與男雜作，……脊土小民，非是無所得食。行而南，安平一鎮盡海頭，經商行賈，力於徽歙，入海而貿夷，差強資用，而其地儉於田疇。〔註 22〕

泉州地區，地狹人稠耕地有限的內在因素，加上明季至清季災荒饑不斷致使傳統農業生活不易〔註 23〕。縱然從明代至清季的海禁甚嚴，但泉人爲了生活多有販洋通夷的冒險，加上倭亂與明末清初的明鄭據海，也多少影響了適海的泉州人，展開向外移動的因素。

二、汀州府永定縣的生活環境

汀州府永定縣於明成化十四年（1478）設置，該府除永定一縣，尚包括

〔註 20〕范正輅，《安溪縣志》，卷四「風土」（上海：上海書店，2000 年），頁 483～484。

〔註 21〕范正輅，《安溪縣志》，頁 79。

〔註 22〕何喬遠，《閩書》卷三十八「風俗」（福建：福建人民出版社，1980 年），頁 941。

〔註 23〕見附表 3-3，資料來源：懷蔭布，《泉州府志》，卷七十三「祥異」，頁 579～587。

寧化、長汀、武平、上杭、歸化、清流、連城，共轄八縣。其中前五者純屬客家縣。

汀州府，北接延平府、西臨江西，南接漳州府、潮州府及廣東嘉應州，東連龍巖洲，永定縣位該府東南側，淡水客籍移民多屬永定一邑。

汀州府位於閩西山區，但因地理位置重要，故在唐開元二十二年（734）就設置行政區，轄有長汀、黃連與新羅三縣。〔註 24〕

> 汀州陽通二廣，陰達三楚，甌敏之遠郡也。〔註 25〕

經唐代設置行政以來，汀州府歷代戶數及人口數的變化來看，從唐代 4,682 戶、15,720 人到元代 41,423 戶、238,127 人以至明初最高峰的 60,033 戶、290,777 人。自十五、十六世紀後本區戶數及人口數遽減，迨明代後期以至清季，汀州府人口雖未見增加，但大致尚能維持穩定。〔註 26〕

從行政區域劃分的歷程觀察，從明洪武元年（1368）改元制汀州路爲汀州府，成化六年（1470）年，增設歸化一縣，成化十四年（1478）因「地險民悍，去縣絕遠，草寇履發」之因，而分上杭縣部分增設永定一縣〔註 27〕。自是而後，雖歷經明、清易政，但汀州府仍轄八縣未作改變。

從明代後期汀州府行政區域劃分、人口數量常態穩定情形來看，這個位於山谷陡絕，稱爲奧壤的區域，大致上已經到達山地開發的完成階段。參照明、清有關該地饑荒的記載〔註 28〕，大略可知此地的開發與人口數，實際上已經達到飽和的狀態。

汀州府屬山鄉林地，爲應農耕需求故常與天爭地，居民生活於土地貧脊生活資源囿限的地區，形成樸檢刻苦的生活型態，男多商賈務工在他地尋求生活，婦女則兼責一家之務，除操持家事，更務農忙勞役，在家經理生計。

> 村莊男丁多逸，婦女則井臼、耕織、樵採、畜牧、灌種、縫紉、炊爨無所不爲，天下婦女之勤者莫此若也，蓋天下婦女勞逸尚分貴賤貧富，吾鄉即紳士素封之家，主母與婢妾種作勞逸均之，且天下婦

〔註 24〕陳壽祺，《道光福建通志》，卷三「沿革」（臺北：成文出版社），頁 34。
〔註 25〕陳壽祺，《道光福建通志》，頁 26。
〔註 26〕參見本節附表 3-4，陳壽祺，《福建通志》，卷四十八「户口」（臺北：華文書局，1968 年），頁 992～993。
〔註 27〕李紱，《汀州府志》，卷二「建置」（臺北：成文出版社，1967 年），頁 39。
〔註 28〕見本節附表 5，李紱，《汀州府志》，卷四十五，雜記，祥異，頁 1～7。

圖 3-3：清代汀州府地圖

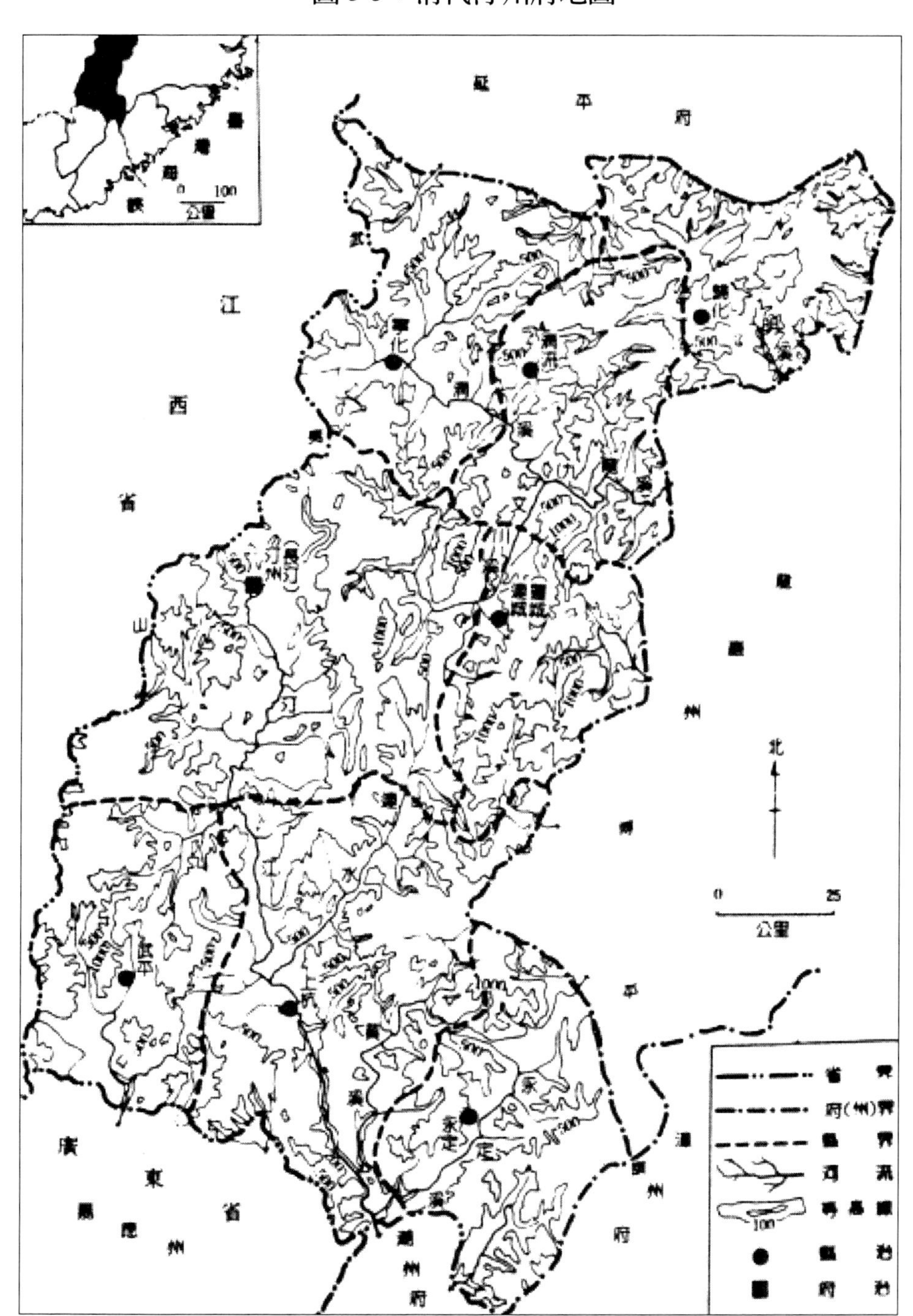

資料來源：施添福，《清代在臺漢人在臺的祖籍分布和原鄉生活方式》（臺北：國立臺灣師範大學地理學系，1987 年），頁 159。

人，即勤苦亦只專習一事，吾鄉則日用飲食皆出其手，不獨田工女工已也。〔註29〕

古者男耕女織，故耕責之男，而織責之女，所謂一夫不耕或受之饑，一女不織或受之寒者是也。……州俗土脊民貧，山多田少，男子謀生各抱四方之志，而家事多任之婦女，故鄉村婦女，耕田、采樵、緝麻、中饋之事，無不爲之，絜之於古，蓋女功男功兼之矣。……（男子出外謀生）其近者或三四年、五七年始一歸家，遠者或十餘年、二十餘年始一歸家，甚有童年而往，皓首而歸者。當其出門之始，或上有衰親，下有弱子，田園廬墓，概責婦人爲之經理；或妻爲童養媳，未及成婚，迫於饑寒，遽出謀生者，往往有之。然而婦人在家，出則任田園樵蘇之役，入責任中饋縫紉之事，……向使吾州婦女亦如他處纏足，則寸步難移，諸事倚任婢媼而男子轉多內顧之憂，必不能皆懷遠志矣。〔註30〕

閩西、粵北的客籍居民，面對自然環環境的限制多有離鄉背景或買辦或務工，行旅他鄉、賈販遠地，這也是順應這個僻地環境能夠經營生活的方式。而環境的條件，也讓生活在此地客民有了異於他邑的生活方式。男子他鄉賈貿，婦女操持家業，聚族而居、換工相持、里地屯聚。

鄉中農忙時，皆通力合作，插蒔收割，皆婦功爲之。惟聚族而居，故無畛域之見，有友助之美。無事則各爨，有事則合食，徵召於臨時，不必養之於平日；屯聚於平日，不致失之於臨時。其餉則瓜薯芋豆也，其人則妯娌娣姒也，其器則篝車錢鎛也。井里之制，寓兵於農，三代以後不可復矣，不意於吾鄉田婦見之。〔註31〕

本段引文中不免見出文內的情緒感嘆，但這也是當地生活的眞實質性。山鄉脊地，生活條件本就不易，加上饑饉連作，本是商賈遠貿的汀州客民，在清初移民臺灣熱潮下，也就開展了屬於汀州府地一方的移民史。

三、小　結

淡水主要移民者原籍地之閩省泉州及汀州兩府，這個區域在農業耕地與

〔註29〕黃釗，《石窟一徵》，卷四「禮俗」（臺北：臺灣學生書局），頁12。

〔註30〕溫仲和，《嘉應州志》，卷八「禮俗」（臺北：廣東梅縣同鄉會，1962年），頁300～301。

〔註31〕溫仲和，《嘉應州志》，頁7。

人口數的成長，在十五、十六世紀已逐漸到達飽和的現象。加之，晚近中國東南沿海海上貿易、倭亂以及明鄭領臺等事態所影起海波遽變，都讓原本地脊民困的區域有了向外發展的機會。從明初到清代，禁洋、遷令到海禁政令不斷頒行，但閩地居民仍舊不畏禁令，冒險營生。當十六、十五世紀的臺灣，形成足以吸引移民者的新天地時，先民們也就背井離鄉，逐波來到海峽的這一端來。跨過黑水溝，甘犯來自天然災害「落漈」的濤波險難，以及人爲因素的「灌水」、「放生」、「種芋」和「餌魚」的偷渡危險〔註 32〕，來到臺灣，尋找安身立命的新天地。

表 3-2：泉州府唐、宋時期戶數統計表

朝　代	唐	唐	唐	北　宋
時　期	開元年間（713～741）	開元年間（785～795）	元和年間（806～820）	太平興國年間（796～984）
戶口數	37,095	33,800	35,500	96,581

資料來源：杜佑，《通典》。

表 3-3：泉州唐、宋、元三代人口數統計表

朝　代	唐	南　宋	元
時　期	元和年間（806～820）	淳祐年間（1241～1252）	至正年間（1264～1279）
人口數	154,009	348,874	455,545

資料來源：懷蔭布，《泉州府志》。

表 3-4：泉州府飢荒年表

朝代	時　　期	地　點	飢　荒　狀　況
元	泰定元年（1324）	泉州府	饑；賑糴有差
元	至正十四年（1354）	泉州府	旱，種不入土，人相食
明	永樂十四年（1416）	泉州府	饑

〔註 32〕「落漈」爲船隻因海上風浪劇烈，造成人員落海或船隻翻覆；「灌水」、「放生」、「種芋」和「餌魚」爲船家爲規避官府緝拿而謀害偷渡者的手段。參見王必昌，《重修台灣縣志》，臺銀文叢 113 種（臺北：臺灣銀行經濟研究室），頁 69。

明	天順二年（1458）	泉州府	饑
明	化成十二年（1476）	泉州府	大旱，饑
明	化成二十二年（1486）	泉州府	春夏旱，禾苗俱槁，秋復旱；移民流移
明	弘治十二年（1499）	泉州府	饑
明	正德八年（1513）	泉州府	旱，饑民採草木實，有餓死者
明	嘉靖十五年（1536）	泉州府	旱，民多餓死
明	嘉靖二十三、二十四年（1544～1545）	泉州府	大旱，民餓死者載路
明	萬曆七年（1579）	泉州府	民饑饉
明	萬曆八年（1580）	同　安	饑
明	萬曆三十四年（1606）	泉州府	饑
明	萬曆四十四年（1616）	泉州府	大饑
明	萬曆四十五年（1617）	泉州府	大饑疫
清	順治五年（1648）	泉州府	饑
清	康熙元年（1662）	泉州府	大饑
清	康熙十九年（1680）	泉州府	大饑
清	康熙四十七年（1708）	泉州府	大饑
清	康熙四十九年（1710）	泉州府	疫，糴貴
清	雍正五年（1727）	泉州府	糴貴
清	乾隆二十二年（1757）	泉州府	旱饑
清	乾隆二十三年（1758）	泉州府	旱饑

資料來源：懷蔭布，《泉州府志》。

表 3-5：汀州府歷代戶口暨人口數統計表

朝代	時期	戶口數	人口數
唐	———	4,682	15,720
元	———	41,423	238,127
明	洪武二十四年（1391）	60,033	290,777
明	弘治四年（1492）	50,985	243,455
明	嘉靖元年（1522）	43,093	249,272

明	隆慶六年（1572）	39,406	217,014
明	萬曆元年（1573）	39,380	216,826
明	天啓三年（1633）	36,174	210,960
明	崇禎六年（1633）	35,688	210,300
清	————	————	198,155
清	乾隆二年（1737）	————	198,953

資料來源：陳壽祺，《福建通志》。

表 3-6：汀州府飢荒年表

朝代	時　　期	地　點	飢　荒　狀　況
元	至正十四年（1354）	汀州府	大饑，人相食
明	正統六年（1441）	寧　化	大饑
明	景泰元年（1450）	上　杭	大饑
明	正德四年（1509）	寧　化	大饑疫
明	萬曆二十年（1592）	連　城	饑
明	崇禎八年（1635）	清　流	饑
明	崇禎九年（1636）	全州各邑	大饑
清	順治四年（1647）	全州各邑	大饑
清	順治六年（1649）	全州各邑	饑
清	順治十二年（1655）	全州各邑	饑

資料來源：李紱，《汀州府志》。

第三節　移民祖籍主要的民間信仰

自古以來，多樣的民間信仰就是閩地的宗教特色。人們透過祠寺與民間信仰的活動，形成團聚力，並且藉由信仰構築出文化的網絡。雖然從文獻的查找與分析中，無法絕對地說明移民原籍地之民間信仰、生活環境與人三者間的關係。但在移民文化形成的過程來看，渡遷來臺的漢籍移民，通過原鄉信仰的移入，除了作爲思鄉情緒的精神寄託外，更透過信仰的關係，推展了移民者之間的互助力，形成涵具原籍地緣特色的民間信仰。淡水地區具有清代移民原籍地緣特徵的民間信仰共有六個，其中包含共同的媽祖信仰，以及分屬於泉州府同安的大道公、三邑的觀音、安溪的清水祖師和尪公，以及汀州府永定縣的定光古佛信仰。

一、媽祖信仰

淡水地區以福佑宮爲媽祖的信仰中心，每年農曆三月二十三日是媽祖聖誕之日，時至現今，福佑宮以各籍移民所組成的神明會（銀同、晉水、清溪、桃源、武榮、螺陽）〔註33〕在這一天匯集參拜。

關於媽祖的身世大約有五種說法：其一爲福建莆田縣林氏女，唐玄宗天寶元年（742）生；其二爲五代閩王兵馬使林願第六女，宋太平興國四年（908）生；三爲福建莆田人，閩王都巡檢林願女；其四說姓蔡，閩海中梅花所人；五說天妃爲宋徽宗政和末年（約 1118）溫州林靈素三女〔註34〕。而有關媽祖的生平《天妃顯聖錄．湄洲飛昇》有如下的載記：

> 宋太宗雍熙四年丁亥（987），妃年二十九，秋九月八日，妃語家人曰：心好清淨，塵寰所不樂居，明辰乃重陽日，是有登高之願，預告別期。眾咸以爲登臨遠眺，不知其將仙也。次晨焚香演經，偕諸姐以行，謂之曰：今日欲登山遠遊，以暢素懷，道阻且長，諸姊不得同行，傷如之何？諸姊笑謂之曰：遊則遊耳，此何足多慮。妃遂徑上湄峰最高處，但見濃雲横岫，白氣亙天，恍聞空中絲管聲韻，叶宮徵直徹鈞天之奏，乘風異靄，油油然翱翔於蒼旻皎日間，眾咸欷歇驚嘆，祇見屋虹輝耀，重雲端透出重霄，遨遊而上，懸碧落以徘徊，俯視人間，若隱若現，忽彩雲布合，不可復見。嗣後屢呈靈異，鄉之人或見諸山岩水洞之旁，或得之升降跌作之際，常示夢顯聖，降福于民。里人畏之敬之，相率立祠祀焉，號曰通賢靈女。時僅落落數椽，而祈禱報賽殆無虛日。〔註35〕

閩地的媽祖信仰起於宋代，而在元、明、清各代更加發微。一直以來媽祖在信仰中被視爲海神，在閩地航海史上也佔重要的地位。據學者就文獻資料的

〔註33〕銀同、晉水、清溪、桃源、武榮、螺陽，即泉州府同安縣、晉江縣、安溪縣、永春州大田縣與泉州府南安縣、惠安縣。

〔註34〕參見烏丙安，《中國民間信仰》（上海：上海人民出版社，1995 年），頁 197。

〔註35〕《天妃顯聖錄》，引自增田福太郎著，黃有興中譯，江燦騰主編，《臺灣宗教信仰》（臺北：東大圖書，2005 年），頁 315～316。

統計，媽祖屢爲官方所褒揚，各朝各代聖蹟封賜顯揚。關於媽祖的事蹟於宋、元、明、清各代有如下的記載：〔註36〕

表3-7：媽祖聖蹟封賜顯揚表

年　　代	事　　蹟	賜　　封
宋・宣和四年（1122）	給事路允迪公奉使高麗，上奏海難時感受神功	賜「順濟」廟額
紹興二十五年（1155）	惡疫流行之際，神告藥用清泉所在，惡疫得熄	封爲崇福夫人
紹興二十六（1156）		封爲靈惠夫人
紹興二十七（1157）	當討伐流寇劉巨興時，起風浪，使賊備受折磨	靈會昭應夫人
淳熙十年（1183）	以助溫、臺兩府勦寇有功	靈慈昭應崇善福利夫人
紹熙元年（1190）	以救旱的大功褒封進爵	靈惠妃
慶元六年（1200）	依霽雨之功	助順
慶元六年（1200）	大奚寇賊興亂時，降旨霧，援助官軍有功，朝廷以神妃屢屢顯現勳功	以妃父爲「積慶侯」，封「靈感嘉佑侯」；母王氏封「積慶夫人」；兄封「靈應仙官神」；姊爲「慈惠加夫人佐神」。
寧宗開禧改元之歲（1205）	以破淮甸地方的敵賊有奇功	加封「顯衛」
嘉定改元之（1208）	以神助救旱並擒賊	護國助順嘉應英烈妃
寶祐改元之（1253）	因就興化、泉州兩府饑饉之功	靈惠助順嘉應英烈協正妃
寶祐三年（1255）	以有神祐	靈惠助順嘉應慈濟妃
寶祐四年（1256）	因這將省錢塘堤順利竣工	靈惠協正嘉應善慶妃
開慶改元（1259）	以大焚強賊陳長五兄弟之功進封	顯濟妃
元・至元十八（1281）	以庇護漕運	輔聖庇民
至元二十（1289）	以海運加封	顯祐
大德三年（1299）	以庇護漕運	輔聖庇民
延祐元年（1314）	以救海上暴風之難	廣濟

〔註36〕增田福太郎著，黃有興中譯，江燦騰主編，《臺灣宗教信仰》（臺北：東大圖書，2005年），頁318～322。

天曆二年（1329）	以護漕有大功	護國輔聖庇民顯祐廣濟靈感助順福惠徽烈明著天妃
明・洪武五年（1372）	以神功顯著	昭孝純正孚濟感應聖妃
永樂七年（1409）	以屢屢有神助	護國庇民妙靈昭應弘仁普濟天妃
宣德五年（1430）	以出使諸番之際多有神助，派遣太監、京官及縣府官員詣湄洲，行祭典，且修理廟宇	
清・康熙十九年（1680）	將軍萬正色征討廈門，上奏由於神助得到勝	進封「護國庇民妙靈昭應弘仁普濟天妃」
康熙二十三年（1684）	以平定臺灣敕封天后，惟敕命似未發佈，地方仍沿用天妃稱號	
雍正十一（1733）	令各省城舊有天后祠宇；皆一體致祭。未有祠宇者，已所屬府州縣原建天后祠宇，擇規模宏敞者春秋致祭	
乾隆二年（1737）		加封「護國庇民妙靈昭應紅人普濟福祐群生天后」
乾隆二十二（1757）		加封「護國庇民妙靈昭應紅人普濟福祐群生誠感咸孚天后」
乾隆五十三年（1788）		舊封號上加「顯神讚順」四字，加入祀典
嘉慶五年（1800）		加封「護國庇民妙靈昭應弘仁普濟福祐群生誠感咸孚顯神贊順垂慈篤祐天后」
嘉慶六年（1801）		追封關帝先代之例，進封天后之父爲積慶公，母爲積慶夫人
嘉慶十七年（1812）	命兩江總督百齡，於御廟建蓋祠宇，摹繪封號、神像，隨時瞻禮，爲民祈福	
道光六年（1826）		封爲「護國庇民護國庇民妙靈昭應弘仁普濟福祐群生誠感咸孚顯神贊順垂慈篤祐安瀾利運天后」
道光十九年（1839）		敕封「護國庇民護國庇民妙靈昭應弘仁普濟福祐群生誠感咸孚顯神贊順垂慈篤祐安瀾利運澤覃海宇天后」
道光二十一年（1841）		加封天后之父爲衍澤積慶公，母爲衍澤積慶公夫人

道光二十八年（1848）		敕封「護國庇民護國庇民妙靈昭應弘仁普濟福祐群生誠感咸孚顯神贊順垂慈篤祐安瀾利運澤覃海宇恬波宣惠天后」
咸豐二年（1852）		敕封「護國庇民護國庇民妙靈昭應弘仁普濟福祐群生誠感咸孚顯神贊順垂慈篤祐安瀾利運澤覃海宇導流衍慶天后」
咸豐三年（1853）		敕封「護國庇民護國庇民妙靈昭應弘仁普濟福祐群生誠感咸孚顯神贊順垂慈篤祐安瀾利運澤覃海宇導流衍慶靖洋錫祉天后」
咸豐五年（1855）		敕封「護國庇民護國庇民妙靈昭應弘仁普濟福祐群生誠感咸孚顯神贊順垂慈篤祐安瀾利運澤覃海宇導流衍慶靖洋錫祉周恩德溥天后」
咸豐五年（1855）		敕封「護國庇民護國庇民妙靈昭應弘仁普濟福祐群生誠感咸孚顯神贊順垂慈篤祐安瀾利運澤覃海宇導流衍慶靖洋錫祉周恩德溥衛曹保泰天后」
咸豐七年（1857）		敕封「護國庇民護國庇民妙靈昭應弘仁普濟福祐群生誠感咸孚顯神贊順垂慈篤祐安瀾利運澤覃海宇導流衍慶靖洋錫祉周恩德溥衛曹保泰振武綏疆天后」
同治八年（1869）		封天后右二神將爲金將軍、柳將軍
同治十一年（1872）		以天后封號字數過多，定爲四十字，以昭慎重
光緒七年（1881）		以地方遭颶風，頒匾額予臺灣各屬天后廟

資料來源：增田福太郎著，《臺灣宗教信仰》；蔡相煇，《媽組信仰研究》。

上引自宋、元、明、清以來媽祖敕封之條例，其中或有顯靈救疫及解旱之功，但主要仍以海上祐民事例爲主要聖蹟。一直以來，媽祖在閩地被視爲海神祀之，因此海上舟舶每多禱告以求庇蔭。雖然媽祖信仰起源於莆田湄洲小嶼，但卻屬於閩地的共同信仰，不受地緣關係所限制，爲海上漁民或商旅所共通崇祀。在清初康熙年間往來臺海，奉命採硫的郁永河在其所著《海上紀略》中，亦有對媽祖神靈及常民對其信仰崇信的敘述：

> 海神惟媽祖最靈，即古天妃神也。凡海舶危難，有禱必應，多有目覩神兵維持，或神親至救援者，靈異之蹟不可枚舉。洋中風雨晦暝，夜黑如墨，每於檣端線神燈視祐，又有船中忽出爝火如燈火，生檣而滅者，舟師謂是媽祖火，去必遭覆敗，無不奇驗。船中例設媽祖

棍，凡值大魚水怪欲近船，則以媽祖棍連擊船舷，即遁去。相傳神為蒲邑湄洲人東螺村林氏女。〔註37〕

趙翼《陔餘叢考》的紀錄中，除了關於媽祖的聖蹟外，也透露出媽祖信仰在往來臺閩之間對於航行者的重要性。

成化間（1465～1487）給事中陳詢，奉命往日本，至大洋風雨作，將覆舟，有二紅燈，自天而下，遂得舶於島，若有人告曰：吾輩為天妃所遣也。又嘉靖中給事中陳侃，奉使琉球，遇風將覆，舉舡大呼天妃，亦見火光燭船，船即少寧，明日有粉蝶，飛繞舟不去，黃雀立柁樓，食米，頃刻風起舟行如飛，曉至閩，午入浙之海定。吾鄉陸廣林進士云：臺灣往來，神蹟尤著，土人呼神為媽祖，倘遇風浪危急，呼媽祖，則神披髮而來，其效立應，若呼天妃則神必冠帔而至，恐稽時刻。媽祖云者，蓋閩人在母家之稱也。〔註38〕

閩地為中國對外航運的重要據點，明清之際，閩臺兩地關係漸趨熱絡，被視為海上之神的媽祖信仰也就隨著商賈貿易、移民者的腳步，渡過渃渃洋水，進入臺灣地區。因為對媽祖信仰的共同性以及其神格的特質，因此媽祖亦被一般稱為「闔港神」。

二、同安地區的大道公信仰

淡水地區的大道公信仰的起源有二種說法，一為起於1810年代的忠寮蔣家〔註39〕；一說起於忠寮李家，並從二房李媽量（1817～1881）起，形成庄頭輪祀的祭祀圈〔註40〕。雖然，兩種關於淡水地區保生大帝信仰的說法各異，但相同的都是兩者皆為同安移居淡水的漢人，自是從原籍地同安白礁分香而來。

保生大帝，名吳本，又稱吳眞人、大道公、吳公眞仙、眞人先師、花轎公、醫靈眞人等。據嘉定年間寫成的兩則有關保生大帝生平的〈慈濟宮碑〉碑文〔註41〕，概略可知吳本為白礁人，生於太平興國四年（979）農曆三月十

〔註37〕郁永河，《裨海紀遊》（臺北：臺灣銀行經濟研究室，1959年），頁59～60。

〔註38〕趙翼，《陔餘叢考》，卷三五六「天妃條」。

〔註39〕張建隆，《尋找老淡水》（臺北：臺北縣立文化中心，1996年），頁95。

〔註40〕謝德錫，〈尋訪八庄大道公的歷史傳奇〉，收錄於《文化淡水》（臺北：財團法人淡水文化基金會，1997年），版二。

〔註41〕〈慈濟宮碑〉有南宋嘉定二年（1209）立於漳州龍溪縣的青礁慈濟宮，及嘉定十二年（1219）立於泉州同安縣的白礁慈濟宮之分，而兩說皆言保生大帝

五日，卒於景祐三年（1036）五月初二。其父名通，母黃氏。吳本少學醫，醫術精深，無分貧賤，求醫者皆能去其病。卒後爲鄉人感佩立祠供祀，鄉人私諡爲「醫靈眞人」。《同安縣志》敘述吳眞人事蹟如下：

> 吳眞人者，諱本，同之白礁人。母夢吞白龜而孕。學到雲遊，得三五飛步之術，以濟人爲念，歿而靈焉，鄉人祠祀之。祠旁有泉湧，以治病，無不癒。仁宗時醫帝后癒，煉丹救世。景祐間蛻化於泉州白礁，乘鶴升天，其後屢有神異。〔註42〕

一直以來，大道公被視爲醫神，在民間信仰的傳述中他能治癒怪病，甚至有起死回生的能力。在明成祖永樂年間，化爲道人爲孝慈皇后治癒乳疾。除此之外，更有「移糧賑災」、「保護官軍平賊寇」、「點龍目醫虎喉」、「泥馬渡康王」等事蹟。〔註43〕

大道公信仰在泉州同安一地建有白礁慈濟宮外，事實上泉漳各地亦有立廟祠之。

> 泉郡善濟鋪之有花轎廟，漳郡上街之有澳頭廟，同安白礁鄉、龍溪新岱社、紹安北門外各有慈濟宮、海澄青礁鄉有吳眞人祠，皆建於宋。〔註44〕

如是可見大道公信仰在閩地發展情形，不過一般咸信，俗稱西宮的白礁慈濟宮與俗稱東宮的海澄吳眞人祠，香火最盛。〔註45〕

表3-8：保生大帝封賜顯揚表

	年　　代	賜　　封
《福建通志》	宋・開禧三年（1207）	封「英惠侯」
	開禧三年（1207）	累封「普祐眞君」
《泉州府志》	宋・慶元年間（1195～1200）	封「中顯侯」

爲同安白礁人。引自林國平、彭宇文，《福建民間信仰》（福州：福建人民出版社，1993年），頁217～219。

〔註42〕《同安縣志（上）》（臺北市福建省同安縣同鄉會重印，1986年），頁655～656。

〔註43〕黃麗芬，《保生大帝信仰文化意涵的研究——以台南縣爲例》（臺南：國立台南師範學院鄉土文化研究所碩士學位論文，2002年），頁17～20。

〔註44〕揚浚，〈白礁志略〉，引自丁荷生、鄭振滿，〈閩臺道教與諸神崇拜〉，收錄於《中研院民族所集刊》第七十三期（臺北：中央研究院，1992年），頁41。

〔註45〕徐曉望，《福建民間信仰源流》（福州：福建教育出版社，1993年），頁352。

	開禧年間（1205～1207）	加封「英惠侯」
	明・永樂十七年（1419）	封「恩主昊天醫靈妙惠眞君萬壽無極保生大帝」
《漳州府志》	宋・乾道年間（1165～1173）	封「慈濟眞人」
	寶佑五年（1257）	封「守道眞人」
	寶佑五年（1257）	加封「廣惠眞人」
	景定五年（1264）	封「福善眞人」
	咸淳二年（1266）	封「孚惠眞人」
	德祐元年（1274）	封「普祐眞君」
	明・永樂七年（1409）	封「萬壽無極大帝」
	永樂二十二年（1424）	封「保生大帝」
	永樂二十二年（1424）	尋封「恩主昊天醫靈妙惠眞君」
《安溪縣志》		稱宋迄明，敕封十五次爲「保生大帝」
《龍溪縣志》	宋・乾道年間（1165～1173）	「慈濟眞人」
《海澄縣志》	宋・乾道丙戌年（1166）	賜號「慈濟」
	慶元丙辰（1196）	封「忠顯侯」
	嘉定年間（1208～1224）	封「英惠侯」
		增封「康祐侯」
	端平乙未（1235）	封「靈護侯」
	嘉熙己亥（1239）	晉封「正佑公」
	嘉熙庚子（1240）	從御史趙涯之之請，改封「沖應眞人」
	淳祐辛丑（1241）	改廟爲宮
《莊夏碑》	宋・慶元乙卯（1195）	封「忠顯侯」
	開禧三年（1207）	封「惠英侯」
《楊志碑》	乾道丙戌（1166）	加「忠顯」之封
	嘉定戊辰（1208）	增「英惠」之號
《顏蘭碑》	宋・紹興二十年（1150）	立廟，但不言封號
	明・洪武元年（1368）	封「昊天御史靈醫眞君」
	永樂年間（1403～1424）	封「萬壽無極保生大帝」
黃化機《譜系紀略》	宋・乾道元年（1165）	封「慈濟靈官」
	慶元二年（1196）	封「忠顯侯」

	嘉定年間（1208～1224）	封「英惠侯」
	寶慶三年（1227）	封「康佑侯」
	嘉熙三年（1239）	封「正佑公」
	嘉熙四年（1240）	封「沖應眞人」
	嘉熙五年（1241）	封「妙道眞君」
	咸淳二年（1266）	封「孚惠眞君」
	德祐元年（1275）	封「孚惠妙道眞君」
	明・洪武初年（1368～）	封「昊天御史醫靈眞君」
	永樂七年（1409）	封「萬壽無極保生大帝」

資料來源：《全國佛刹道觀總覽：保生大帝專輯》（臺北：樺林出版社，1987 年），頁 74～75。

三、三邑地區的觀音信仰

臺灣地區於有清一代，所建立的龍山寺共有五座。這五座以觀音佛祖爲信仰對象的龍山寺，分別爲興建於雍正年間（1723～1735）的臺南龍山寺、乾隆三年（1738）的艋舺龍山寺、乾隆初年（約 1740）的鳳山龍山寺、乾隆五十一年（1786）的鹿港龍山寺以及咸豐八年（1858）的淡水龍山寺。上述臺灣清代所建的龍山寺皆分靈自晉江縣安海鎭龍山寺，爲尊重一脈相傳，故皆名之爲龍山寺〔註 46〕。淡水與艋舺的三邑人來往極爲密切，而在淡水龍山寺建成之前，淡水的三邑人（晉江、惠安、南安）亦是以艋舺龍山寺爲信仰中心。〔註 47〕

晉江安海龍山寺又名天竺寺，爲東漢高僧「一粒沙」發現異樹神木，請工匠將其砍伐，雕成一尊千手千眼觀音菩薩佛，至隋代越王皇泰年間（618～619），興建龍山寺，供奉此佛尊。〔註 48〕

雖然觀音信仰爲中國本土普遍性的民間信仰，不過因安海龍山寺位在晉江縣，與惠安、南安地近，而與同爲泉州府偏西的安溪縣與偏南的同安縣之間多有山嶽、水路阻隔，因此安海龍山寺的觀音信仰也就成爲三邑人地方性

〔註 46〕參見李乾朗，《艋舺龍山寺調查研究》（臺北：臺北市政府，1992 年），頁 17。

〔註 47〕關於淡水、艋舺三邑人的關係及祭祀圈的擴及，於本論文第四章第五節，作敘述與討論。

〔註 48〕卓克華，《從寺廟發現歷史：台灣寺廟文獻之解讀與意涵》（臺北：揚智文化出版社，2003 年），頁 52。

的民間信仰。以艋舺、淡水地區的龍山寺爲例，該二座寺廟鳩工興建其捐獻者多爲三邑人，亦可見其中的端睨。

另外，由龍山寺祖廟所在地安海鎮來看，該地區是頭圍灣的要港，在宋、元之時是泉州港的支港。明末鄭芝龍在此建立龐大的貿易基地，使安海的海上貿易盛極一時。安海的人們出航時，往往會到龍山寺祈求菩薩保佑航海平安，甚至求一尊菩薩或一把香灰隨船出海。安海龍山寺的菩薩信仰，也就隨著出洋的人們徧布各地。〔註 49〕

四、永定地區的定光古佛信仰

清代臺灣信奉定光古佛所見的寺廟一在彰化，一在淡水。前者建於乾隆二十六年（1761）；後者建於道光三年（1823）。定光古佛的祖廟位於汀州府武平縣巖前城，爲閩西汀州府所崇祀的民間信仰。對於定光佛信仰的源起，有以閩地自宋起崇俸已故高僧之故，而形成一種變相的達摩信仰。這一類屬，如清水祖師、顯應祖師、三代祖師、普庵祖師、蔭林山祖師、慚愧祖師等〔註 50〕。另有學者認爲依照《封神演義》之說，認爲定光佛爲古代成佛的西方佛祖，名燃燈道人，曾於武王伐紂時，與元始天尊合力定亂，後得定光古佛的尊號。〔註 51〕

關於定光古佛的生平、神蹟以及立廟過程，《福建通志》略有敘述：

> 自巖本姓鄭，泉州同安人，沙門家所稱定光佛是也。年十一出家得佛法，振錫於長汀獅子巖。十七游豫章，除蛟患，咒徙梅州黃楊峽溪，流於數里外。乾德二年（964）隱於武平縣南巖，攝衣趺坐，大蟒猛虎蟠伏，鄉人神之，爲構庵以居。有虎傷牛，自巖削木書偈，厥明虎斃。巖院例輸布於官，自巖內手批布中，郡守歐陽程追之問狀，自巖不語，程怒命火焚其衲帽，火盡而帽如故，疑爲左道，厭以狗血蒜辛，在命焚之，衲縷愈潔。迺謝之。歸，泛舟往南康，江

〔註 49〕吳美雲，〈台灣的泉州人專輯・三邑篇〉，《漢聲雜誌》第十九期（臺北：漢聲雜誌出版社，1988 年），頁 40。

〔註 50〕有宗教學者認爲宋朝之後的福建，興起奉祀當地已故高僧之風，如清水祖師、顯應祖師、三代祖師、普庵祖師、蔭林山祖師、慚愧祖師等，皆屬於一種變相的達摩信仰。見李乾朗，《鄞山寺調查研究》（臺北：臺北縣政府，1988 年），頁 11。

〔註 51〕增田福太郎著、黃有興譯、江燦騰主編，《臺灣宗教信仰》（臺北：東大圖書公司，2005 年），頁 187。

有槎椿害船，手撫之去焉。盤古山井無水，薄暮舉杖三敲，詰旦水湧。終三年復還南巖，郡守趙遂良結庵郡齋，延之居，庵前舊有枯池，自巖投偈水溢，視爲金乳泉。城南龍潭爲民害，遂良復請治之，一偈龍殄，沙壅成洲，遂良以聞，賜南安均慶院額。眞宗廟因赴御齋，謁眞宗，問所從來，答曰：早自汀。問汀首爲誰？曰：屯田胡咸秩。齋罷，眞宗令持食賜咸秩。至郡尚懊，咸秩驚悚表謝。湻化八年（997）坐逝，年八十二，賜號定應。紹定中，磜寇爲州城，顯靈禦賊，州人列狀，奏請曰定光院。〔註52〕

《福建通志》所言，汀州府的定光佛信仰起於宋代。就元代《養吾齋集》的記錄來看，到了元代，定光佛已在閩廣交界區域的客家聚落成爲重要的民間信仰。

自江以西，由廣而南，或刻石爲相，或畫像以祠，家有其祀，村有其庵。

巖介乎閩廣之間，前五里爲梅州境，幽篁曠野，極目無居人，盜寇之所出沒，然數郡士女，結白衣緣，赴忌日會，肩駢踵接，岩寺屹然，道不拾遺，無敢犯者。〔註53〕

從方志和民間關於定光佛的載記而觀，該神主要爲平害鎮災、護佑鄉里的地方神明。閩西汀州府南向汀江（又稱鄞江），水系流經長汀上杭、永定並由山麓谷地與武平聯繫，在民間信仰上發展出具有閩西客家地方特質的定光佛信仰。當嘉、道之際，臺北盆地汀郡移民漸多，位在移民起水上岸的淡水地區，鄞山寺（因原籍近鄞江之故，取名鄞山寺）提供汀州移民精神上的信仰寄託，並因兼具會館的功能，也成爲了接應汀州同鄉的暫居之需。

五、安溪地區的清水祖師信仰

相傳同治六年（1867）安溪清水巖僧侶迎請神像至南洋出巡，船隻遇難漂流至淡水。其後，由淡水安溪六姓頭人翁種玉、翁瑞玉兄弟迎請至東興街濟生號翁家供奉，初爲淡水地區安溪籍移民所奉祀，後漸爲淡水百姓共同崇祀。其後，因爲民宅過於狹仄，經淡水士紳募資於昭和六年（1931），於

〔註52〕陳壽祺，《福建通志》卷二百六十三「外方」（臺北：華文書局，1968年），頁4960。

〔註53〕劉將孫，《養吾齋集》卷十七「汀州路安南岩均慶禪寺修造記」。引自徐曉望，《福建民間信仰源流》（福建：福建教育出版社，1993年），頁367～368。

目前廟址鳩工建廟〔註 54〕。關於清水祖師的生平及神蹟，《福建通志》有如是記載：

> 普足，清溪（安溪）蓬萊山僧也，本永春小姑村人，幼出家大雲院，長事大靜山明禪師，業就辭還，募造橋樑數十所，以度往來，為眾請雨，如期輒應，眾大悅，築室蓬萊山清水岩以居之。普足名重建劍汀漳間，檀施爲盛，居巖十八年，造成通泉、谷口、汰口諸橋，砌洋中亭路，糜費巨萬，皆出於施者。其徒楊道、周明，於巖阿累石爲窣堵二，臨崖巨壑若有神，非人巧所能逮，岩石終日出米，足工匠食，役畢米絕。有公銳者，素不茹葷，堅持梵行，普足常稱爲高足，一日屬以後事，說偈端坐而逝。建中靖國元年（1102），鄉人甃塔刻像事之，分身應供，現影赴齋，稍不虔，輒有雷電迅擊之異，累封昭應廣惠慈濟善和大師。俗傳普足初築室時，有畲鬼穴其中，普足與約以法相勝，鬼置之穴中火薰七日夜不死，普足出曰：汝任吾治，出布懸崖，延鬼偏坐其上，布斷盡墜巖底，逐而穴閉之，今塑遺像黑，鬼之所薰也。後其像受山寇斲傷鼻，僧人取以傅之，鼻如故，有不愜，輒不見，或得之袍袖中，或得之胸腹前，其靈異如此。〔註 55〕

從這段引文中，大概可以知道清水祖師爲宋代高僧，行道間「募勸造橋數十所，以度往來」。清水祖師圓寂坐化後，鄉人虔拜每求輒應。

南宋時期，清水祖師屢受敕封，在《安溪清水岩志》有關於清水祖師自紹興年間至嘉定元年四次敕封的記載〔註 56〕，第一次受封爲安溪姚添等人因「本州抗旱，祈禱感應」上文請封，朝廷派員調查後「委有靈跡，功及於民，保明指實」，於興隆二年（1164），敕封爲「昭應大師」。其後又分別於淳熙十一年（1184）、嘉泰元年（1201）、嘉定三年（1210），皆因祈禱感應解決旱荒而敕封爲「昭應慈濟大師」、「昭應廣惠慈濟大師」與「昭應廣惠慈濟善和大師」。在紹定年間（1228～1233）安溪久旱未雨，縣令劉龐祈雨得應，寫下了〈謝雨〉一詩：

〔註 54〕見張建隆，《尋找老淡水》（臺北：臺北縣文化局，1995 年），頁 87～89。

〔註 55〕陳壽祺，《福建通志》卷二百六十三「外方」（臺北：華文書局，1968 年），頁 4955、4956。

〔註 56〕以下關於清水祖師受封碟文引自林國平、彭宇文，《福建民間信仰》（福州：福建人民出版社，1993 年），頁 297～298。

為民望歲禱金仙，一念才通果沛然。

人道旱時那得雨，我知佛力可回天。

物盈宇宙皆生意，身到蓬萊亦夙緣。

但願岩間長晏坐，不妨謝燮屢豐年。〔註57〕

在文獻中關於清水祖師祈雨感應的記載頗多，另外，清水祖師亦有治病、驅蟲、防禦盜賊的神力。在利農重土的傳統農業社會，清水祖師也就成為當地民間信仰的祈求合境平安主要對象。

六、安溪地區的尪公信仰

清代臺北地區的尪公信仰，主要為沿著盆地的景美、木柵、北投以及淡水地區而形成的尪公信仰系統。而移民信仰的組成的原籍地為泉州府安溪縣大坪地區，高、張、林三姓組成。考安溪一邑尪公信仰的起源眾說紛紜，或為起於唐代或開始於宋時。

主神之來歷，無文獻可考，依說記述。相傳唐開元忠義真源令張巡於安祿山謀逆時與睢陽太守許遠，死守河南睢陽城殉節。巡死三日援兵救至，十日賊死，賊亡住民德之，立廟睢陽，歲時致祭，號雙忠廟，以祀二神及殉難部將，禱之必驗。後追封張巡為東平忠靖王（尊號保儀尊王），許遠為都督（尊號保儀大夫）。相沿至唐季，黃巢亂華，名門閥族相率遷閩，沿途帶有保儀尊王香火，遇難必告，及安堵就緒。元末在避亂遷入安溪太平，高、張、林三姓，遂於太平建廟（集應廟）。……附說：或謂宋真宗時，遼大舉攻掠澶州，帝親征顯靈救駕，經楊元帥奏上，封保儀尊王。因文獻無徵，未肯確定。又謂保儀尊王係一姓鄭者，為宋時押閩官，愛惜遷民，有墳墓在太平可證。〔註58〕

從這份由族譜上所作的記述大抵來看，安溪大平地區的尪公信仰是以亂世南遷，庇祐移居當地的守護神，這也說出中國移民南遷史上，遠離中原兵燹南居閩地的過程。惟信仰對象，或以唐時張、許二將軍或宋時的押閩官鄭保惠，在傳述上仍有爭議〔註59〕，但就目前臺北盆地的尪公信仰，主要是以張巡、

〔註57〕林國平、彭宇文，《福建民間信仰》，頁300。

〔註58〕《安溪大平張氏族譜》，引自范純武，《雙忠崇祀與中國民間信仰》（臺北：國立臺灣師範大學歷史系博士論文，2003年），頁129。

〔註59〕范純武，《雙忠崇祀與中國民間信仰》，頁129～134。

許遠作爲崇祀對象。

臺北盆地的尪公信仰，以原籍地泉州府安溪縣大坪地區的高、張、林三姓移民爲主，而尪公信仰亦是由移民攜自於原籍地，即現今的安溪縣積德鄉新康里大平社集應廟的香火，衍流成爲目前臺北盆地尪公信仰的祭祀圈。該地於明末時期以高、張、林三姓爲主，加上其他雜姓所形成的聚落〔註 60〕。因此，當移民渡遷來臺似乎也就順其自然地將原籍信仰帶入移居地，雖然在臺北盆地信仰發展成爲三姓歧流以血緣分派的情形，但在信仰流變的觀察中，亦能見出移民臺地初始，三姓聚合以地緣原籍信仰所形成的凝聚力。從文獻查考中，另見乾隆二十二年（1757）關於原籍地尪公信仰集應廟尪公信仰的載記：

> 相傳其神能趨疫防禦亂。〔註 61〕

這則方志中的僻地載記書寫中，雖然僅是簡短的隻字片語，但卻可見出生活在移民地上的移民需求。並且，它不僅只在空間上的易地轉換，它還是不同時空但卻相似背景的共同需求。也就是說，「趨疫防禦亂」不僅透露移民者在新天地所面對的問題，時間流序下，不同的移民時代有共同的需求，而反應在民間信仰上，也就有了神格的延續與塑造。

七、小　結

本節從清代淡水地區漢籍移民的民間信仰作爲歸納，由六大祭祀圈與移民關係的溯源，探討民間信仰在移民原鄉的需求性與地位。

隨者移民的腳步，原鄉的信仰也渡遷來到移民地。初期，信仰作爲移民者的心靈的寄託，在移民社會逐漸本地化後，民間信仰的功能也隨之成爲地方意識凝聚以及權力運作之地，並且在社會建構的構成中，將逐漸褪去移民色彩，開始了本地化的發展。

〔註 60〕范純武，《雙忠崇祀與中國民間信仰》，頁 128。

〔註 61〕范正輅，《安溪縣志》，卷十「寺觀」（上海：上海書店，2000 年），頁 638。

第四章　清代淡水地區移民社會的構成與民間信仰

本章針對清代淡水地區所形成的祭祀圈進行探查，透過對各籍移民與其相對應的原籍地民間信仰關係中，探討移民地祭祀圈形成的原因、過程和功能。另外，通過對民間信仰空間分布情形、信仰活動的調查與家族的舉例，分析民間信仰從移民社會到土著化社會進程中所呈現的流變〔註 1〕，及其所產生的影響。

第一節　媽祖信仰與福佑宮

> 閩、粵各有土俗，自寓臺後又各成異俗，各立私廟。如漳有開漳聖王，泉有龍山寺，潮有三山國王之類。獨天妃廟（媽祖信仰），無肆市無之，幾合閩、粵一家焉。〔註 2〕

媽祖信仰因神格具有護祐航海的特質，長久以來在中國海上經貿以及移民的信仰中佔有相當大的地位。海濤洶湧、經緯失略，商賈以及拓荒先民面對未

〔註 1〕人類學家提出，由大陸渡遷來臺的漢人從初期流動性和不穩定性極高的「移民社會」，到逐漸轉型進入一個穩定「土著化社會」。這個轉型過程，清楚的表現在本地地緣和血緣關係上的新宗教和宗教團體取代了過去的祖籍地緣和血緣團體。詳見陳其南，〈論清代漢人社會的轉型〉，《臺灣的傳統中國社會》（臺北：允晨文化，1997 年），頁 157～160。

〔註 2〕吳子光，《臺灣記事》（臺北：臺灣銀行經濟研究室，1959 年），頁 98。

知的海象遽變，在束手無策的驚懼中，將他們生命的幸全託付在信仰上，因此護海祐民的媽祖信仰，成為了海民的精神寄託。隨著海民足跡的遠行，在空間的置換與聯繫中，不分籍邑的媽祖信仰也就進入了移民地。臺灣早期移民者上岸地的港岸多建有媽祖廟，在此，移民與媽祖信仰不僅只是移民與宗教的關係，當信仰者是不分籍邑，而作為信仰中心的廟宇座落於早期以運輸需求為導向的港區位置，媽祖廟也就成為聚落發展的起點與中心。臺灣在清代及其前朝所建立的媽祖廟，都有著與聚落發展相輔相成的特徵，鳩工興建於嘉慶元年（1796）的淡水福佑宮，在臺灣移民史上的民間信仰肇起與影響上亦同。

一、淡水地區媽祖信仰與福佑宮的鳩工興建

雖然從淡水廳志的記載〔註3〕與廟內來建物落款年代看，淡水的福佑宮的創建應為嘉慶元年（1796）。不過，從該廟所收藏乾隆壬寅年吉旦（1782），內容為「隨處化身蓮花座上春風暖，尋聲救苦楊柳枝頭甘露香」，落款為蚶江弟仔林道寔敬奉的木聯來看〔註4〕，關於淡水福佑宮媽祖信仰的肇起似乎落於時間的爭論。觀察民間信仰的形成，這樣的情形不單只發生於該廟。以移民社會為屬性的臺灣民間信仰發展來看，信仰形成的初期少有與寺廟的落成同步。剛開始或許是香火一只，或者先從民宅供俸，而受鄉人信仰，亦或從草寮公祠而發展到寺廟建立。

以此觀點來看福佑宮的媽祖信仰，該廟落款嘉慶元年（1796）者包括了三川殿、與正殿，於此時，福佑宮的主體建築大抵形成，由此可見淡水地區的媽祖信仰必早於嘉慶時期。加上嘉慶元年望高樓碑誌，紀錄了淡水船戶委請福佑宮住持雇工守護燈塔，旁證了福佑宮的存在應當早於望高樓。再從淡水街區的發展來看，福佑宮所在位置為淡水商業發展的起點，在附近的公館口、以及崎仔頂皆在乾隆時期就已初步完成。另外，從一份乾隆三十年（1765）的契書來看〔註5〕，其中紀錄了滬尾街的商業租賃行為，契文更有著關於媽祖信仰的天后宮載記。由上述幾點推論，淡水地區媽祖信仰的形成必定早於嘉

〔註3〕陳培桂，《淡水廳志》（南投：臺灣省文獻委員會印行，1993年），頁150。

〔註4〕福佑宮以此木聯落款年代，推定該廟信仰肇起的文獻紀錄。但就木聯與該廟的關連性似乎仍不足徵信。詳見李乾朗，《淡水福佑宮調查研究》（臺北：臺北縣政府，1996年），頁78。

〔註5〕參見本論文第二章第三節，頁41～42，所引契書及說明。

慶年間，或者更可上推至該廟所言的乾隆四十七年（1782）、契書所載的乾隆三十年（1765）之前。

二、福佑宮媽祖祭祀圈的組成及特色

從淡水福佑宮組織章程第一章總則第三條引文來看：

> 本宮乃前清時代由原籍螺陽、武榮、桃源、清溪、晉水、銀同、永定等縣來台之有志之士爲供奉天上聖母藉神祐，所求共存共榮，各邑派下代代昌隆、闡揚祖德、敦睦宗誼、樹立團結互助精神而建立者。〔註6〕

上述七縣，分別爲閩省之惠安、南安、永春州大田縣、安溪、晉江、同安、汀州府永定七縣。唯永定一股，因該邑移民於道光初年自建鄞山寺而退出福佑宮的廟務管理。

從福佑宮的組織章程中約略看出自前清一代至今，掌管該廟移民分類的屬性。但若從福佑宮建物落款籍邑上仔細觀察，則又見媽祖信仰在淡水地區移民信仰的共融性。除了上言之閩省七縣外，另見泉蚶弟子（泉州外港蚶江）、霞漳弟子（漳州南靖縣）、興郡弟子（興化府）、粵東信士（廣東客籍移民），並有行商、漁戶捐建的落款紀錄。因此，淡水地區媽祖信仰實則包含了福建省泉州府晉江、惠安、南安的三邑人、安溪人、同安人以及興化人、永春人、永定人、漳州人和廣東人等籍貫。由此不但見出媽祖信仰在各籍移民的共通性，也反應出淡水做爲清代北臺灣漢籍移民登陸起岸的港區質性。加上乾、嘉、道以後從墾居到商貿的發展，讓淡水福佑宮在民間信仰的發展特質上，除了涵蓋各籍移民外，也具有商業的特色。

寺廟建築是歷史發展的舞臺，而在舞臺上有著各種角色互相爭逐對手的過程，也就形成可供文化觀察的特徵。如上文所述，從淡水福佑宮的文物紀錄中可見各籍移民捐建的紀錄，作爲公眾場域的寺廟實則是區域發展勢力消長的紀錄，從福佑宮寺廟建築捐建的位置來看，似乎可以推敲出地方勢力強弱的關係。福祐宮前殿部份多爲晉江、惠安、南安三邑人與安溪人所捐建，正殿多爲晉江、同安及粵東人，兩廊部分則多爲漳州、永定、興化及南安人捐建。從寺廟的前殿、正殿、兩廊的捐贈者藉邑的關係，淡水多元族群的區域發展的態勢。

〔註6〕引自李乾朗，《淡水福佑宮調查研究》，頁78。

三、福佑宮媽祖信仰與淡水區域的發展

隨著乾嘉時期港區漸趨熱絡與街肆的成熟，以福佑宮爲軸心發展的淡水地區成爲淡水港運通往臺北盆地經濟圈的重要港埠。位於河岸、街區發展以及長久以來民間信仰中心的福佑宮，自然成爲商賈、信眾及街肆的中心點。現存於福佑宮前殿的望高樓碑誌，透露了前清時期淡水地區發展與寺廟的些許端倪。

> 仝立望高樓泉廈郊出海户尾街董事，茲爲設立守望以便利涉事。竊惟淡江港口係諸舡出入要津之所，其東北勢旁有假港一處，每遇黑夜沙汕隮蔽莫辨眞假。前經一二舡隻誤認假港，致遭不利。奚是邀同船户相議捐資建立望高樓一座，在假港水涯付與。福佑宮住僧廣西倩工守護每夜明燈照應，諸船由燈下南勢進港，可保無虞。其建立費項，業經在港諸船允捐銀壹六元外，在到本港諸者，每次出銀肆錢以爲守護工資、油火、寺費。願我同人玉成其事，捐金不替則眾生無迷津，而諸船皆利涉矣。
>
> 嘉慶元年端月　日公立
>
> 黃從觀　林禎觀　林格觀　林騧觀　林詹觀　周古觀　王由觀
> 陳評觀　朱相觀　高二觀　紀意觀　林景觀　林格觀　林疑觀
> 傅橙觀　傅球觀　洪德觀　紀恭觀　黃經觀　林鎮觀　紀草觀
> 區居觀　紀暨觀　薛鎮觀　洪的觀　王仕觀

立於嘉慶元年（1796）的望高樓碑誌記錄了當時建塔引路的需求，而這樣的需求是源自於商賈舟販的航路興盛，而從與福佑宮的文字記錄中，也見出民間信仰與商販的關係。觀察福佑宮建物捐獻的落款，亦可見其中關於本地區與臺北港運及民間信仰關係上的細微之處。從福佑宮廟中文物的落款來看，望高樓捐獻人洪的觀（洪士的）、林禎觀（林廷禎）、林格觀（林道格）、林騧觀（林士騧）、林疑觀（林不疑）、歐居觀（歐陽士居）等泉蚶人士，更參與了嘉慶元年福佑宮建廟的捐輸。另外，懸於該寺門楣上書「嘉慶二年丁巳年（1797）荔月立」，下書「晉水眾船戶仝立船戶金永立、金榮興、金裕興、金裕泰、永長裕、合順發、新達發仝修」的福佑宮古匾來看，更證明了當時船戶林立港區熱絡並且與媽祖信仰緊密聯繫的關係。

分靈自湄州媽祖香火的淡水福佑宮，隨著移民海渡、商賈舟販的腳步在

淡水地區成爲信仰中心。寺廟的建成，除了反應著渡海來臺祈求平安的精神回饋與原鄉信仰的移渡外，從寺廟及街肆、港區的發展看出淡水地區從墾居、商販到港區營運的歷史發展脈絡。不分籍邑的媽祖信仰在淡水地區發展出民間信仰的融通性，在原鄉與渡臺的過程中提供遷渡者的心靈需求，也在山海錯落的淡水河口發展出港區經濟與信仰的聯繫。歷史發展縱向的交錯關係可以從民間信仰建築的歷史刻記得到應證，而區域發展的梗概也在其中見微。

第二節　保生大帝信仰與八庄九角的輪祀

> 我曾經參加過醫藥之神的大祭會，有 200 隻豬作爲祭禮，那是在該神的生日舉行的，他的偶像被放在淡水之北五哩的一個小平原的一所小茅屋中，神像前陳列著豬肉、雞肉、飯、魚、蛋、茶及酒。有個道士唸咒、鞠躬、唱歌，求神降臨享受祭品，同時點起芬芳的香，並時時焚化紙錢。在茅屋許多人在忙著準備供神的盛筵，有 200 隻豬披著紅衣擺在木架上排列成行，每隻豬的口中放著一顆橘子，項背上插著一把刀，豬的重量 50～480 磅。足有 40,000 人參加這個祭會，每個人家都獻出祭品以期獲得最好的福利。晚上還有火炬、音樂、演戲等娛樂。〔註 7〕

一、淡水地區保生大帝信仰的起源

自清代流衍於淡水、三芝地區的大道公信仰，發展迄今大概有近二百年的歷史。時至今日每逢大道公誕辰（農曆三月十五日），各年輪值的祭祀區域都會舉辦隆重的祭祀典禮，本節所引馬偕（Rev. George Lesile Mackay）在《臺灣六記》關於大道公祭儀的記載，可見這項民間信仰活動早在清代時期就是淡水地區重要的祭典。

現今淡水、三芝地區的八庄大道公輪祀信仰系統的形成，據傳始於清嘉慶年間（1796～1820），就目前學術發表與田野調查的資料來看，關於本地此一信仰的起源大致上有兩種說法。其一爲忠寮蔣姓後代口述，其先祖於康熙末年自唐山渡臺所迎請之神像與香爐，原供奉蔣家私宅，因神力靈驗，尤能

〔註 7〕本引文爲馬偕（Rev. George Lesile Mackay）博士紀錄保生大帝誕辰慶典的過程，見氏著，《臺灣六記》（臺北：臺灣銀行經濟研究室，1960 年），頁 54。

除稻作病蟲害，凡奉迎大道公所到處，田園皆能豐收。蔣家渡臺第三代，於嘉慶年間將神像獻出，發起輪庄奉祀的伊始〔註 8〕，歷史學者戴寶村發表於1999 年的〈淡水、三芝地區的大道公信仰〉亦沿用此說。〔註 9〕

另一項起源的說法，爲起自淡水世族忠寮燕樓李家。據曾於行忠堂私塾任教的忠寮李家三房李銅池（字貽芝，渡臺五世，1873～1959）〔註 10〕，於昭和七年（1932）所寫的一篇序中，述及淡水地區的大道公信仰乃源於忠寮李家。該序文言及，大道公信仰的開始是在清嘉慶丙辰年先置（1796）玉爐一罇祭拜，過了六、七年後，於嘉慶丙辰年（1802）再塑金身、金座，威靈神惠遍及八庄。據序文內容所言，八庄大道公祭祀圈的輪值系統是由燕樓李家渡臺四世，二房李諒（字懋嘉，號媽量，例授鄉飲賓，1817～1881）〔註 11〕，於咸豐乙卯年（1855）發起。

以上兩種說法是近十多年來因地方文史工作者，從口述與文獻中，試圖尋找淡水地區八庄大道公祭祀圈形成的起源。雖然兩種說法至今因文獻仍舊不足無以徵明，但一般咸信，淡水大道公信仰在淡水地區是始於清代的忠寮地區，本爲同安籍移民所供奉的祖籍神，因神威顯著庇祐地方，發展成爲八庄輪值的祭祀圈。且因忠寮爲信仰的起源地，此後忠寮李家因農累富且子孫多有功名，因此另外增加爲祭祀中的一角，此後便形成八庄九角輪值大道公信仰的祭祀圈。每隔一年輪值一角，從前清至今流衍於現今的淡水鎮與三芝鄉。

二、保生大帝的過庄

本區域大道公供俸的過庄順序，若以淡水街區爲起點是以東、北、西、南逆時針的方向進行，就清代以來的街庄分佈與現今的行政區域來看，其範圍大致如下：（一）淡水街及鄰街地區、（二）中田寮庄、（三）水梘頭庄、（四）北新庄仔庄、（五）草埔尾庄、（六）土地公埔、後店、（七）小基隆地區、（八）灰磘子庄等、（九）下圭柔山庄等。

（一）淡水街及臨街地區包括：清代淡水街及水碓、北投子、沙崙、油

〔註 8〕張建隆，《尋找老淡水》（臺北：臺北縣立文化中心，1996 年），頁 95。

〔註 9〕戴寶村，〈淡水、三芝地區的大道公信仰〉，參見《淡水學學術研討會——過去、現在、未來論文集》（臺北：國史館，1999 年），頁 374。

〔註 10〕李子成，《重修燕樓族譜》（臺北：祭祀公業李協勝公記，1995 年），頁 306。

〔註 11〕李子成，《重修燕樓族譜》，頁 42。

車口。

1. 淡水街：長庚里、草東里、清文里、中心里、協元里、永吉里、民安里、新生里、文化里。

2. 水碓、北投子：水碓里、新興里、北投里、鄧公里。

3. 沙崙、油車口：沙崙里、油車口里。

（二）中田寮庄，現今淡水鎮之忠寮里，包括：水尾仔、口湖仔、泉州厝、大竹圍、大溪橋、演戲埔腳、破瓦厝仔、桂花樹、大埤頭、後寮等聚落。

（三）水梘頭庄，現今淡水鎮之水源里，包括：山仔邊、南勢埔、白石腳、瓦磘坑、鄒厝崙、社厝坑、大溪、破布仔腳、山仔頂、楓樹湖、埔仔頂、百六戛等聚落。

（四）北新庄仔庄，現今之三芝鄉興華村、田心村、車埕村，包括：田心仔、楓子林、店子街、十八仔腳、龜仔山、菜公坑、車埕等聚落。

（五）草埔尾庄，現今淡水鎮之番薯里、中和里，包括：小中寮、溪底、水碓、安仔內、小坑仔頭、雲廣坑頭、南平、北勢、三角埔、崙頂等聚落。

（六）土地公埔、後店，現今三芝鄉埔尾村、濱海村及二坪村，包括：埔尾、八連溪頭、大湖、大水窟（大小寮）、圓山仔頂、石槽坑、竿尾崙、五腳松、木屐寮、內柑宅、三板橋等聚落。

（七）小基隆地區，現今三芝鄉新庄村、埔平村、八賢村、古庄村、錫板村，包括：小基隆、新庄子、番社後、埔頂、埔頂坑、八連溪舊店、茂興店、四棧橋、山豬堀、車路崎、棟板頭、小坑子、番婆林、海尾、南勢岡等聚落。

（八）後厝庄、大屯庄、灰磘子庄、：現今三芝鄉後厝村、淡水鎮屯山里、賢孝里，包括：

1. 後厝村：番子崙、番社後、陽住村、北勢仔、土地公坑、大片頭。

2. 屯山里：六塊厝、溪口、石頭厝、樹鼻子。

3. 賢孝里：石頭埔、桂竹圍、新埔子、後洲子、番子田、公埔子、八里堆、田心。

（九）興化店庄、下圭柔山庄、頂圭柔山庄及林仔街庄：現今淡水鎮之興仁里、義山里、忠山里及埤島里、崁頂里。

1. 興仁里：前洲子、下田寮、牛埔仔、店仔口、店子口、車路腳、頂田寮、大牛稠、店子後、後洲子。
2. 義山里：土角厝、頂店仔、橄欖仔腳、下庄子、大埔、土地公口、破瓦厝、過溪仔、大牛稠。
3. 忠山里：三塊厝、後坑子、相公山、椿仔林、洪厝、內厝角、水汴頭、番仔厝、草厝、中洲子。
4. 埤島里：下埤頭、頂埤頭、田螺穴、虎頭山、公埔崙。
5. 崁頂里：田寮、羊稠子、大龜崙、二龜崙、崁頂、崁腳、鴨母窟。

三、淡水地區保生大帝信仰的發展

保生大帝信仰在淡水、三芝地區八個庄、九個角頭每隔九年輪值一次。此地的信仰雖是由清代泉州同安人所攜入，但一般認為，八庄九角的過庄與輪祀是為了聯繫此一地區同安籍移民的群聚意識，但因保生大帝神格中具有祛除瘟病醫療護民、逐蟲除害以利農收，以及驅魔降鬼神力，因此在清代後期就成為本地居民所崇祀的神明，並不專以同安籍為地緣關係的移民信仰。並且，在二十世紀中期後（1930 代），更吸納了三芝地區永定客家籍移民後裔成為其信仰圈的分佈之一。〔註 12〕

就本文的田野調查，從 2005 年淡水鎮水源里過庄至三芝鄉興華村、2006 年至淡水蕃薯里、2007 年至三芝鄉土地公埔、2008 年至三芝鄉新庄村、2009 年至淡水鎮賢孝里。此間五年的輪祀，除了是過庄爐主的交接過程與信仰傳統的承繫外，其地景人文風貌在各輪祀角頭的展現上，也會有著不一樣的特色。因淡水地區的大道公並無寺廟祭祀，而是以輪值角頭的爐主尋找一場地作為駐蹕之所〔註 13〕，並在各角頭區域選定一地作為「演戲埔」，以供初二、十六及神明誕辰的祭祀、慶典的會所。每年因值年角頭屬街區或者山間、海埔的不同，或者值年爐主住所是鄉間古厝或是現代社區住屋型態的變化，都

〔註 12〕戴寶村，〈淡水、三芝地區的大道公信仰〉，頁 382。

〔註 13〕淡水地區的保生大帝信仰並無一般的廟宇供奉，而是以祭祀圈所屬角頭輪祀的方式進行。各值年角頭信徒，於輪值前二年至保生大帝駐蹕之地進行擲筊，選出該角頭爐主。

圖 4-1：淡水、三芝地區大道公輪值順序圖

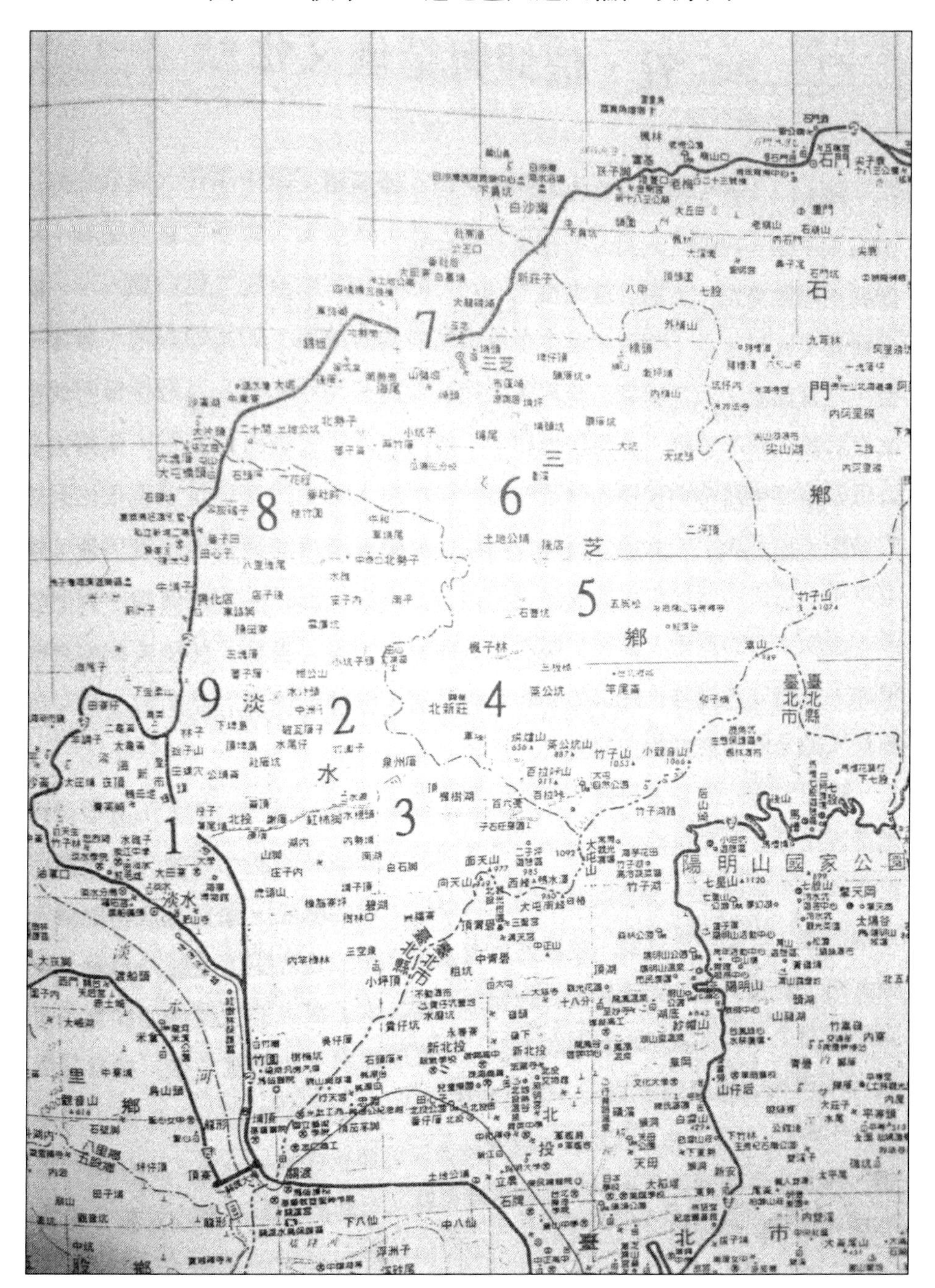

資料來源：戴寶村，〈淡水、三芝地區的大道公信仰〉，收錄於《淡水學學術研討會——過去、現在、未來論文集》（臺北：國史館，1999 年），頁 377。

讓在淡水地區的保生大帝信仰呈現出異於他地的文化特色。不過從擲筊選爐主、「賽豬公」〔註 14〕、誕辰慶典到大道公過庄的祭祀活動與祭儀傳統來看，仍見此一區域信仰的虔誠與傳統信仰的維繫。

第三節　定光古佛信仰與鄞山寺

作爲淡水地區閩屬汀州永定客籍移民信仰中心的鄞山寺，除了供作信仰之地，它還兼具移民起岸、商旅買辦、消息流通的「會館」功能〔註 15〕。從道光三年（1823）開始至今，鄞山寺古樸的廟宇建築形式，不但呈現出汀州永定籍客家移民的文化風格，同時也記錄了清代此邑移民在淡水地區的發展。

一、定光古佛信仰與淡水鄞山寺

就目前所存或可考的文獻資料來看，關於清代臺灣所建的定光佛寺僅有彰化（彰化定光佛廟又名定光庵）及淡水兩間廟宇，其中在淡水的定光佛寺，名曰鄞山寺，兩寺皆爲供奉定光古佛，而信眾的移入亦以汀州永定地區客籍移民爲主。

其中，在《淡水廳志》卷十三〈古蹟考〉，關於淡水鄞山寺的敘述，有云：

> 鄞山寺：在滬尾山頂，道光二年汀州人張鳴崗等捐建，羅可斌施田，咸豐八年重修。〔註 16〕

從《淡水廳志》所述建成年代與廟中碑記內容相互對照來看，事實上是有道光二年（1822）和道光三年（1823）的差異。而從寺廟建物的落款來看，該廟興工與修葺過程據古蹟學者李乾朗的調查，正殿、前殿與兩廊均在道光三即興工，至道光四年才完成，而《淡水廳志》所載「咸豐八年（1858）重修」，應是重修正殿神龕，因此在寺廟右側福德正神神龕上亦有咸豐八年對

〔註 14〕淡水地區大道公聖誕時有著賽豬公的習俗，例來輪值區域的信眾豢養神豬（大豬公），除了是供奉神明的祭品外，也以重量作爲競賽等第的標準。

〔註 15〕會館是一種同鄉的地緣組織，以團結鄉人，保護鄉人，促進鄉人相互濟助爲目的。在臺汀州會館有兩處，一在彰化市，另一爲淡水鎮鄞山寺。參見周宗賢，〈清代臺灣民間的地緣組織〉（臺北：臺灣文獻，1983 年），第三十四卷第二期，頁 2～4。

〔註 16〕陳培桂，《淡水廳志》，頁 346。

聯。另外，《淡水廳志》所言之張鳴崗、羅可斌二人，前者倡建寺廟並為總理，廟內正殿後側柱上掛有張氏敬奉之木聯。此外，供桌腳則有「道光貳拾參年重修葭月吉旦，永邑弟子大學生張英才仝男鳴崗敬奉」〔註 17〕。羅可斌獻地建廟的記載部分，從嵌於鄞山寺左廊落款光緒十九年葵月巳蒲月吉旦的碑文來看，有記：「鄞山寺基業原係山埔前由羅可斌敬獻，經本地紳董等增闢成田以供祀典，將羅公設主配享血食千秋。」寺旁並設有羅氏可斌、可榮兄弟之墓〔註 18〕。由此可見鄞山寺興建之時是由羅可斌所獻地，其後受永邑移裔立碑供俸。

另外，據同治十二年（1843）廟內所刻成的碑記來看，我們可以看到鄞山寺祀廟建成與其發展的梗概：

> ……昔汀人在滬尾后庄子內，於道光三年建造廟宇名為鄞山寺，供奉定光古佛，為汀人會館。並經羅可斌墾獻埔地以充經費。其地段並四至界址均有契券可查，嗣經江日璋、江乾陽、游增上、胡焯焇、胡凍益、江和興，各投巨資，開闢成田作本寺祀費。

從碑文內容來看，我們大略可知建於道光三年供俸定光古佛的鄞山寺，是屬於汀州永定客籍為主的地緣性信仰。並且因閩西的汀人，渡遷來臺的時間與人數相較於泉為慢、漳為少，因此在臺於清代建成的兩座定光古佛寺都兼有「會館」的功能。以淡水的鄞山寺為例，其寺廟兩側護室設有廂房，作為汀人商販客旅和移民起岸的暫歇處。因此鄞山寺除了是汀眾的信仰中心，尚有以寺廟作為同鄉互助的會館功能，凝聚了信仰、同籍認同與移居地發展的移民力量。

二、清代汀州移民在淡水地區的發展與在地化的趨勢

從上引碑文來看，鄞山寺創建之初是由羅可斌獻地捐輸而成。另外，在淡水地區民間文史的調查中，有著更詳盡的敘述：

> 清嘉慶道光間汀州人移民來淡北（臺灣北部）漸增，出入滬尾港，當時在滬尾街開店經商之羅可斌、羅可榮兄弟有鑒於同鄉互助之

〔註 17〕李乾朗，《鄞山寺調查研究》（臺北：臺北縣政府，1988 年），頁 15～17。又張鳴崗於淡水廳建城時捐納工銀一百兩，署名「州同張鳴崗」，可見張氏家族為清代汀州移民在淡北地區的重要世族。見《淡水廳築成案卷》（臺北：臺灣銀行經濟研究室，1963 年），頁 109。

〔註 18〕目前鄞山寺右側建有「羅公亭」，保存道光十二年（1823）「汀郡眾姓」位羅氏兄弟所立的墓碑。

誼，乃發起建造廟宇。由張鳴崗等人聚資建廟，自汀州武平縣巖前恭迎定光古佛來滬尾街供奉，定名鄞山寺，爲汀人會館，並由羅可斌兄弟捐獻埔地以充經費，嗣經，江日璋、江乾陽、游增上、胡焯猶、胡練益、江和興等投資開闢成田，做本寺之祀費。〔註 19〕

由此可知汀州人早於寺廟建成的道光年間，在淡水地區有了一定的發展。另外，淡水福佑宮（建於嘉慶元年，1796）是由永定及其他六邑移民所共同建立，自鄞山寺建成後，永定人方始退出福佑宮的廟務。由此，更說明了汀州移民在淡水地區早在嘉慶年間或更早的乾隆時期就有了一定的勢力。因爲移民者的生活與信仰需求，位於淡水東興街（淡水地區東興街的發展，略見本文第二章第三節，頁 37～39）的羅家商店就成了汀州移民所聚集之處。在經商有成之下羅氏兄弟獻地建廟，並在汀州紳董的集資鳩工與營運下有了現在的鄞山寺。相異於淡水地區的其他寺廟而言，鄞山寺不但具有地緣性的信仰特徵，更有著其他寺廟未有的會館功能。

作爲汀州移民所崇信的定光古佛具有單一原藉地緣性信仰的趨向，並且在鄞山寺建立之時就有著會館的功能，上述的兩項寺廟特質提供了清代汀州移民的需求。不過，從寺內一座同治年間以及兩座光緒年間所立的碑文（參見附錄）來看，發現鄞山寺在同、光時期開始有了廟產維護的爭議，而其最後的論定是在於身分的認同上，在這些碑文中有「汀人」、「在淡汀民」、「內地汀人」、「越縣汀人」、「臺北汀眾」等稱謂。在時代環境的變遷下，鄞山寺漸漸脫離原始的特色，轉爲在地化的發展走向。

首先，在同治十二年（1873）因越縣例貢生張林超等控訴鄞山寺「將帳阮慝」，因此與廟方對簿公堂產生互控的案件。最後因帳目清楚獲得勝判，寺廟除擇地作爲汀人寄葬墳塋，另外也就寺廟經運用定訂章程以示「在淡汀民」。此一案件雖是帳目不清的告官事件，不過也透露出廟產之下，「在淡汀民」與「越縣汀民」在族群意識上的分野（見附錄）。

其後，在光緒十一年（1885）因廟方不堪內地汀民累翻索借或欲取花紅，假借清算廟產進而告官的案件。因此稟告官府而立碑出示，以達「俾內地汀紳不得索借生事，藉端滋累。」的目的，在碑文中則又有了「臺北汀眾」與「內地汀紳」的分別。到了光緒十九年（1893）透過地方官憲的批示，最後將鄞山寺廟務管理歸由「臺北汀眾」經理公議，不許「內地汀紳」越俎（見

〔註 19〕張建隆，《尋找老淡水》，頁 34～35。

附錄）。

從同治到光緒年間的訟端來看，表面上是廟產的清算爭奪，但經由官府判決的過程中，鄞山寺的信仰所有權最後屬於了汀州移裔的臺北汀眾。這與建廟初期，汀州移民藉由宗教信仰凝聚原藉力量、發揮會館功能的初衷，已經產生變相的衍意。此後，淡水地區的定光古佛信仰雖然仍是屬於汀州裔民，但實質上他更是屬於臺北汀眾的鄞山寺。在環境變遷與權力的過渡中，信仰開始轉向了本地化的發展。

第四節　張尪公信仰與集應廟

淡水地區尪公信仰的傳入源自於泉州府安溪縣大坪地區。清代臺北盆地的大坪移民因原籍共同崇信尪公信仰的關係，因此衍生出以高、張、林三姓爲主的臺北地區的尪公信仰。

臺北地區尪公信仰本是以原籍地緣聯繫作爲移民地信仰，以及其聚落關係的凝聚。在移民地從拓墾時期漸次進入本地化的發展之後，臺北盆地的尪公信仰開始分立，從原始以原籍地地緣關係的型態，衍派形成高、張、林三姓以姓氏血緣的分立。其中，淡水的尪公信仰以張姓一系爲主，以血親關係的房系作爲輪祀的依據。因此，臺北盆地的張尪公信仰，輪值、駐蹕於木柵和淡水地區。

一、臺北地區尪公信仰的起源與分立

> ……康熙末葉，閩族墾殖臺北盆地，自此至乾隆初年。濱海漳、泉居民接踵渡來，給墾種植，惟是時先住民族逼近，動輒分爭鬥忿，貽害恐多。我先祖有鑒及此，莫不慨嘆。依賴神靈佑護，時有高、張、林三姓，因同發跡於安溪大平，帶有祖佛保儀尊王香火。遇事禱之必驗。迨開墾就緒，感其神德，塑像置爐，歷年祭祀，一如祖籍之例。經年各族人丁殷繁，社會漸臻複雜，始則閩、粵，繼而漳、泉。分類械鬥叢生，終以異性不睦。高、張、林三姓亦不異志。於是三姓拈鬮自立。高姓拈得老祖，張姓拈得香爐，林姓拈得尪娘。各自鳩資購置祀祖，創建廟宇，歷年祭祀相沿至今。〔註20〕

〔註20〕〈景美高姓集應廟小誌〉，引自范純武，《雙忠崇祀與中國民間信仰》（臺北：國立臺灣師範大學歷史系博士論文，2003年），頁156。

從以上集應廟誌配合安溪移民主要分佈於現今盆地邊緣地帶，如木柵、景美、甚至於深坑、石碇、三峽以致於坪林一代來看，就漢籍移民北臺地區而言，安溪籍移民主要墾居於淡水河流域之盆地的邊緣，並且與原住民產生爭地的衝突，而尪公信仰則凝聚了安溪移民的族群意識。

清代道、咸時期是臺北盆地從移民拓墾進入農業經營與商貿發展的時代，在族裔分派與分權的關係下，屬於原籍安溪大坪的三姓尪公信仰，在道光末年，產生了三姓拈鬮分立的過程〔註 21〕。考察北臺尪公信仰的初始，是以原籍地加之三姓關係而匯聚移民的力量。以尪公爲信仰的高、張、林三姓在臺北地區發展後拈鬮分立，從原始的地緣關係走向以血緣爲主的信仰發展。從此一脈絡來看，也正是在原有地緣與血緣關係的信仰上，後者成爲主要的移民信仰分立的依據。而從此移民者從拓墾初期的共同需求到本地化發展的的轉換。

道光末年，原屬於閩地大坪高、張、林三姓移民的尪公信仰，在拈鬮分立後，張姓派眾拈得香爐，在其後，發展成淡水、木柵地區九年輪祀的尪公信仰祭祀圈。

二、臺北地區張尪公信仰的輪祀

目前木柵、淡水兩地共有三座崇祀尪公的廟宇，即木柵集應廟（保儀七路 76 號）與下圭柔山橄欖仔腳集應廟（下圭柔山 35 之 3 號）和小坪頂福興寮集應廟（小坪頂 18-3 號）。兩地共分爲九個角頭，即木柵七處、淡水兩處。張尪公信仰祭祀圈輪值系統是依族譜昭穆分爲九房，在九個張姓角頭的聚落中進行輪值供奉，也就是俗稱張尪公九年一次大拜拜的由來。

供奉張尪公的安溪張姓移民遷臺過程，據《清溪大坪張氏族譜》載記，該族原籍福建省泉州府安溪縣積德鄉新康里大坪路下，先後兩次渡臺，第一次於清康熙末年（1719），經南安、晉江，從泉州灣乘船出海渡臺灣海峽抵鹿港，沿西海岸北上（當時航線），到達淡水（滬尾）泊岸。其後溯淡水河而上至新莊，再溯新店溪到景美，沿景美溪（霧裡薛溪）北岸，翻山涉水而抵今之木柵。因地廣人稀，派族人返回原籍號召路下的族人來臺。於是第二批先祖，於雍正末年乾隆初，賡續抵達木柵。所以，淡水河流域之淡水、北投、

〔註 21〕參見溫振華，〈台北高姓——一個台灣宗族組織形成之研究〉，《台灣風物》第三十卷第四期（1980），頁 45。

新莊、臺北、景美等地，均有路下張氏族裔。〔註22〕

據張氏祖譜所記，張氏大坪祖爲一世滿進公，淡水地區家族房裔有十二世圭輔公之小坪頂三房三，及下圭柔山之三房一兩支衍派。臺北地區張𧿳公輪祀方式是以木柵七角頭輪祀七年，淡水方面因有小坪頂及下圭柔山之張氏族裔二房，因之𧿳公亦於此駐蹕兩年。與木柵集應廟一樣，淡水兩處亦建廟供奉保儀尊王張𧿳公及𧿳娘，每年的農曆二月初六，爲迎老祖過頭的日期。迎老祖主要移交項目包括：老祖爐、老祖、𧿳媽金身、玉旨、老祖印、武營旗等。民國八十二年𧿳公自義山里集應廟「起馬」，派下信眾與陣頭由淡金公路進入淡水市區，走出市區後，以車隊方式繞境北投，下午二時餘於小坪頂集應廟「落馬」，在一番祭祀與陣頭表演後，於下午三時餘「入廟」。〔註23〕

以安溪大坪地區移民信仰所記來看，該系移民渡臺與𧿳公信仰的進入可上溯至清初，再從三姓分鬮於道光年間來看，安溪大坪地區移民，從拓墾時期以原鄉信仰凝聚族群，其後在族裔衍流與區域發展的情況下，以血緣關係發展成爲臺北盆地𧿳公信仰的三姓系統。淡水地區的張𧿳公信仰以下圭柔山、小坪頂兩個角頭與木柵地區的七個屬於張姓房族分派的輪祀系統。臺北盆地𧿳公信仰從分立到各姓發展過程來看，張𧿳公輪祀系統有著移民者地緣關係信仰及族群力量攏聚移墾需求，到區域發展漸成，信仰系統也隨之分立，成爲以血緣爲主的關係。張𧿳公輪祀祭祀圈，不但維繫該族遷臺各房親族的連絡，也發展出臺北盆地自清代至今少以血緣關係爲主的信仰祭祀圈。

第五節　觀音信仰與淡水龍山寺

就清代臺北盆地漢籍移民與民間信仰的關係來看，觀音是泉州府三邑移民的信仰。在移民地開發與社會發展的過程中，乾隆初年建成的艋舺龍山寺是臺北地區三邑人的信仰中心。因河運的關係，淡水地區的三邑人也就近參拜艋舺龍山寺的觀音佛祖。雖然淡水的龍山寺遲至咸豐年間方始建成，但在建廟的背景因素及其後續的發展上，卻牽繫著淡水的族群關係，甚至影響至臺北地區。

〔註22〕〈景美高姓集應廟小誌〉，頁172～177。
〔註23〕本年遶境紀錄參見張建隆，〈張𧿳公九年一擺大拜拜〉，收入於氏著《尋找老淡水》，頁91～93。

一、觀音信仰與淡水地區的三邑人

於咸豐八年（1858）建廟的淡水龍山寺，相較淡水其他寺廟興建與祭祀圈形成，是屬較爲晚期的。從立於該廟三川殿牆上的龍山寺碑文敘述中，大概了解該廟建成的梗概：

> 仝立公□□人芝蘭三堡滬尾街晉、南、惠三邑眾首事：黃龍安、紀朝陽、黃欽瑞、蔡垂隆、林彩貢、周雲程、吳瑞清、李德陞、蔡文顯、雷檻觀、紀寔遣、王寔觀等。竊我三邑人等往淡水以來，前在艋舺街創建龍山寺崇奉佛祖，英靈赫濯隆幅化偕，由來已久，茲我滬尾三邑眾等，意欲就滬尾街重建廟寺，崇祀佛祖，凡捐提廟資，眾均樂從，祇缺廟地壹所，別無所措。幸有業主洪光海、光城兄弟踴躍倡者，敬獻廟地壹所，共成其事。此等虔誠，協力同心，賓神靈顯赫無既也，眾等念洪江海等，有此誠心善事，此廟若建完成，應立業主獻地祿位，以獎勵樂善之一也。又念廟地年應納課，恐有刻虧。眾議每年此廟凡有做戲，戲棚應歸業主搭棚位。每棚大戲貼出工銀壹員、戲仔八角，應歸獻地業主收入。其前後左右每日生理買賣架仔位等項、執公秤公錢，一切歸洪業主世世掌管、收稅納課。此係眾公堂妥議立約炳據，不准別姓等奪糊混，如違，眾等誅，絕無虛言，口恐無憑，仝立公約字壹帋付執存。
>
> 代筆人周庭瑞
>
> 咸豐八年三月□日仝公約字人三邑眾首事公記

從碑文來看，這是淡水三邑人資金籌措與廟地得以鳩工興建寺廟前所立的公約。其內容可以歸納幾項重點：

首先，觀音信仰是所屬於三邑人的鄉籍民間信仰。從碑文紀錄來看，當時淡水地區的三邑人首事包括，黃龍安、紀朝陽、黃欽瑞、蔡垂隆、林彩貢、周雲程、吳瑞清、李德陞、蔡文顯、雷檻觀、紀寔遣、王寔觀等。〔註24〕

第二，在淡水龍山寺建成前，淡水地區的三邑人以艋舺龍山寺爲信仰中心，崇信觀音佛祖。也就是艋舺龍山寺在淡水龍山寺建廟之前的祭祀圈，擴及淡水地區，並且兩地的三邑人是生息相通的。

〔註24〕從淡水龍山寺建物的落款來看，上述三邑重首事也實際參與了該廟鳩工興建、捐輸。詳見閻亞寧，《台北縣政府三級古蹟淡水龍山寺調查研究及修護計畫》（臺北：中國工商專科學校，1999年），頁15～16。

第三，咸豐時期淡水的三邑人欲就淡水地區建立寺廟供俸觀音佛祖，建廟所需由三邑人樂捐集資，並由洪光海、洪光城兄弟捐獻廟地一所。

第四，從「廟地納課」言及收取每日寺廟周圍「架仔位」之執公秤公錢的敘述，可知建廟之初，此地尚屬臨時性的市集，也是淡水街區正值發展的新興區域。

以上述碑文內容配合歷史文獻，區域與族群的關係有著幾個可供觀察的面向：從信仰需求與建廟年代方面來看，何以淡水三邑人遲至咸豐年間才興建屬於他們的龍山寺，從乾隆三年（1738）的艋舺龍山寺建立到咸豐八年（1858）的淡水龍山寺建成，在一百二十年間產生了什麼樣的變化？若從區域發展與族群對峙的關係，或許可以找到一些答案。

二、民間信仰與族群發展

淡水河下游河岸的艋舺與出海口淡水地區，在清代時期是臺北盆地重要的移民起岸與商業發展港埠。初期，各籍移民從此上岸，在歷史過程中又逐漸成為泉州人為主的發展區域。

觀察淡水龍山寺建廟時間，清咸豐朝正是北臺族群械鬥的高峰期，漳泉械鬥、「頂下郊拼」〔註25〕，各類械鬥於此時炙烈並起。族群抗爭之前勢必先有利益衝突的爭端，而在爭端的過程中也就產生意識凝聚的需求。以此言之，在此一因素之下，更加速了淡水龍山寺的建成。以原鄉移民信仰所建成的寺廟需要信眾的共同捐輸，而在信仰凝聚與寺廟建成過程中，更是凝聚了此一區域三邑漢籍移民的地方勢力。從上述碑文引述的三邑眾首事來看，他們皆是該廟建物落款捐建的信眾〔註26〕。易言之，淡水龍山寺的建立代表的不僅是信仰中的需求，他還包含著以民間信仰為中心的族群意識。其中碑文所記三邑眾首黃龍安之事蹟，參照此一時期的族群械鬥記載的文獻資料，便可知其梗概：

> 黃龍安，官章廷香，乳名雙蘭，號芷船，因生時適其家蘭花盛開，

〔註25〕咸豐三年（1853）艋舺地區的頂下郊拼，當時頂郊人（晉江、南安、惠安三邑人）聯合安溪人對下郊人（同安人）聯合漳州人的分類械鬥，俗稱「頂下郊拼」。此時的頂郊人多居於商業繁榮之處，其大本營設於龍山寺；下郊人居住於八甲庄（今昆明街、貴陽街二段頭與桂林路老松國小附近），以大龍峒保安宮為其本營。械鬥結果下郊人敗北，避走大稻埕。

〔註26〕同註24，頁15～16。

> 故以阿蘭名。藉福建晉江，爲人好義慷慨，濟困扶危，事母至孝。初居滬尾，營泉郊德春行，當咸豐九年，台北泉漳人是搆釁械鬥，發生所謂「漳泉拚」，泉人不支，乃派人赴滬尾。懇求龍安來艋舺指揮，初不允，後設法先求其母允准，始隨眾來艋舺佈置，泉方乃轉敗爲勝。及事平，還艋舺，仍營舊業，後與弟廷青，姪曉潭入三角湧、大料崁等處山地，從事開墾，遂卜居烏塗窟（現大溪鎮永福庄），後遂卒於該地。〔註27〕

咸豐朝正是北臺地區械鬥兵燹災起的年代，族群意識與商業利益的糾葛下產生了一連串的爭鬥。而作爲族群分類與意識凝聚的民間信仰和聚眾商事的寺廟，自然成爲移民者在信仰心理、族群意識構成，以及力量團結的中心。由《台北市志稿》對於淡水地區三邑頭人黃龍安事蹟的敘述，對照於淡水龍山寺的建成，可以見出關於此一區域信仰、移民與區域發展的觀察：

從三邑移民信仰需求方面來看：艋舺龍山寺（乾隆三年，1738）與淡水龍山寺（咸豐八年，1858）建廟年代相隔一百二十年，作爲淡水河流域商業中心與河口港域的移民此時有了在淡水地區建立龍山寺的需求。從清治雍、乾時期的農業拓墾到嘉、道時期發展的港區商業走向，前期的淡水三邑人以艋舺龍山寺爲信仰中心，到了咸豐時期，因淡水街區的持續發展，此一區域的三邑人也就有了興廟的需求，這樣的需求不僅是在信仰上，他還是族群意識凝聚的標示。從上引文對於黃龍安以及咸豐九年（1859）臺北地區漳、泉械鬥可以看出，艋舺與淡水地區三邑人聯成一氣的關係，此時的淡水三邑人，不但在地方上有著舉足輕重的勢力，並且也牽繫著北地區族群關係與區域的開拓和發展。

第六節　清水祖師信仰與清水巖

淡水清水巖祖師廟的建立雖遲至昭和七年（1933），不過，淡水地區的清水祖師信仰的形成，卻可溯至清代。因所供奉神像「落鼻老祖」的神威顯赫，時至今日，淡水清水巖祖師廟更是各方信眾所爭相參拜的寺廟。

一、淡水地區清水祖師信仰的起源

關於淡水地區清水祖師信仰的起源有幾項不一樣的說法，其中的歧異主

〔註27〕王詩琅，《臺北市志稿》（臺北：臺北市文獻委員會，1962年），頁77。

要在於落鼻祖師神像進入淡水的年代及因由。

其一為道光、咸豐年間，安溪清水巖僧恭請清水祖師神像渡臺來滬尾港化緣，寓居庄子內士紳翁姓宅邸。嗣後，僧人告歸，翁氏贖以金留其神像。未幾疫癘四起、舉境惶然，翁種玉同弟瑞玉乃移神像於東興街所營「濟生」號商店內（今中正路 112 號），供鄉民祈拜祭祀。〔註 28〕

其二，為大正四年（1915）總督府調查課，《臺北廳社寺廟ニ關スル調查》對於淡水清水祖師信仰的敘述：

> 淡水東興街的翁冊（現管理人翁權之祖父）在偶然的機會，遇見了來自清國清水巖渡臺僧侶，此僧因旅費被竊而到處化緣。翁冊憐憫其遭遇，召集同志集資百數拾元，悉數讓與僧人，因此僧就帶其攜帶而來的神像讓渡給翁冊。翁冊在東興街一四番地家室中立廟，當地安溪人全體共同奉祀及捐獻寄附金。〔註 29〕

據田野調查訪問翁家後代翁蘇明所述，清水祖師神像傳入淡水地區為同治六年（1867），清水巖祖廟僧侶迎請祖師神像至南洋出巡，神尊為祖廟鎮殿六尊神像之一，船遇颱風翻覆，船隻漂流至岸上被興福寮苦役所奪。翁瑞玉、翁仲玉以淡水地區安溪六姓頭人的名義取得神像，再附巖僧四百元（墨西哥鷹洋），安奉於東興街十四番地住所，及重修完成的艋舺清水巖讓人膜拜，成為淡水地區安溪人信仰所在。〔註 30〕

以上兩項關於淡水清水祖師的不同敘述，主要在時間及與神像起岸過程上略有差異，不過，兩則相同之處在於本尊蓬萊祖師，皆是來自祖廟安溪清水巖。另外，淡水清水祖師為安溪邑移民所信仰，並且與淡水翁氏家族有著密切的關係。

從上段關於翁家後代翁蘇明對於淡水清水祖師的敘述來看，我們發現一個與時代、人物的相連性。整理該項敘述，清水祖師神像傳入淡水的時間為同治六年，並與翁瑞玉、翁種玉有著極大的關係。探查艋舺清水祖師巖，其

〔註 28〕張建隆，《尋找老淡水》，頁 37。

〔註 29〕臺灣總督府調查課，《臺北廳社寺廟ニ關スル調查》（大正四年調查，臺灣分館稿本），淡水公校調查，祖師公宮。本段譯文引自林謂洲《台灣地區清水祖師信仰研究——以台北、台南地區為中心》（台南：成功大歷史語言所碩士論文，1993 年），頁 183。

〔註 30〕本段翁家後代關於清水祖師的信仰口述，引自林謂洲《台灣地區清水祖師信仰研究——以台北、台南地區為中心》（台南：成功大歷史語言所碩士論文，1993 年），頁 174。

前殿石柱即有「同治六年本邑軍功職員翁瑞玉、翁種玉再敬獻」的捐獻落款。考據艋舺清水巖初建於乾隆五十五年（1790），歷年或有重修，不過最大的衝擊是發生於咸豐三年（1853）的「頂下郊拼」，該廟因此一分類械鬥遭三邑人「焚廟借道」。艋舺清水巖於同治六年（1867）開始重修，遲至光緒初年方始竣工〔註 31〕。淡水士紳翁瑞玉、翁種玉昆仲於同治六年（1867）在此一重修過程，或於此之前就曾對該廟大力捐輸，顯見淡水翁家與艋舺清水巖的密切關係。又因翁家為淡水安溪移民的頭人，也可見出淡水、艋舺兩地安溪人之間的關係。

綜合上述，淡水地區安溪移民在落鼻祖師起岸淡水之前（道、同年間）是以艋舺清水巖為信仰中心。其後，自落鼻老祖起岸淡水翁家宅邸後成為淡水安溪人的信仰。自是爾後，逐漸成為淡水地區民眾的共同信仰。

二、淡水地區清水祖師信仰的在地化發展

清代，艋舺清水巖祖師廟是北臺地區安溪籍移民的信仰中心，淡水河下游的淡水地區亦是如此。因河運的發達與族群間的緊密聯繫，讓盆地內的清水祖師信仰聯成一氣。自從上述的蓬萊老祖自淡水起岸後，因神像威能特別顯著，也讓淡水與艋舺兩地的安溪人為此產生爭訟。

相傳淡水落鼻祖師係宋寶皇太后所贈送的沉香木，所雕塑祖師佛像六尊中之一尊。祖師公，佛力靈顯，最奇特之處在於為了指醒蒼生災厄，屢以落鼻示警〔註 32〕，而在志書中也見對於落鼻祖師的敘述，以及其在原籍地的威靈：

> ……今像黧黑，被畲鬼烟薰所致然也。又傳山寇至，斲斷像鼻，僧人取以傳之，了然無跡。如有不愜輒鼻不見。頃之或得諸袍袖中，或得之胸腹前。〔註 33〕

在清水祖師的廟門石柱聯句，也有落鼻祖師在淡水所顯威靈的記載，「祖德施石門昔日震災殫佛力，師勳建沙崙當時制敵顯神通」。此一石柱聯句，記載清水祖師威靈顯著的主要事蹟。其中上聯所記為清同治六年（1867）十一月二

〔註 31〕李乾朗，《艋舺清水巖調查研究》（臺北：臺北市政府，1994 年），頁 24～25。

〔註 32〕落鼻老祖落鼻示警事蹟見吳勝雄，《北門鎖鑰》（臺北：作者自行刊印，1978 年），頁 126～130。

〔註 33〕范正輅，《安溪縣志》，卷九〈仙釋〉（上海：上海書店，2000 年），頁 632～63。

十三，石門鄉迎他去繞境，神像一到港口突然落鼻，莊民大驚爭相走報，在大夥圍觀之時，突然地全村地震屋倒牆塌，由於大家都傾巢而出，因此無人傷亡〔註 34〕。下聯則是記載清光緒十年（1884）清法戰爭一役，祖師大顯威靈，懼退法兵，因獲清廷敕頒光緒御筆「功資拯濟」匾額。是時清守軍提督孫開華亦獻金八百圓以謝神助。〔註 35〕

咸、同年間落鼻祖師起岸淡水後，從原本原籍性之安溪邑移民祖籍信仰，逐漸成爲區域間的共同信仰，並且深受淡水、艋舺地區安溪人及祖師信眾所爭相膜拜的對象。此後，更因清法戰爭戰功捷報的關係，落鼻祖師成爲兩地信眾在供奉祭祀的衝突。昭和九年（1934）日人鈴木清一郎所著的《台灣舊慣婚葬祭と年中行事》載記，可見其發展過程與衝突：

> ……關於清水祖師，原來是供在淡水一個翁姓家裡，可以說是私人所供俸的神。後來中法戰爭時，清陸軍提督孫開華，因爲向祖師禱告而擊退法軍，於是乃奏請朝廷頒賜匾額。可是翁家的房屋很小，沒有地方懸掛這塊御賜的匾額，後來艋舺新建好這座祖師廟，才把這塊匾額正式懸掛在廟裡，而落鼻祖師也就應信徒懇求，而變成一位來往於艋舺與淡水之間的神。不過淡水信徒非常多，因而就經常把祖師像留在淡水，乃惹起艋舺方面信徒的不安，而要求把祖師像正式供在祖師廟內。這時淡水的信徒就紛紛抗議說：『該神本來就屬於淡水之祖師，艋舺人無權奉迎』結果在大正六年六月，淡水的管理人爲了祖師神像的去處寫了一封信道歉。〔註 36〕

清法戰爭後，因祖師顯靈助戰有功獲賜御匾。如引文所述因當時艋舺清水巖重修完成，於是將匾額置於艋舺。兩地對於落鼻祖師相爭的結果，最後議定雙月神像駐蹕淡水，單月則在艋舺。又因淡水以五月初六爲祖師慶典，因之兩相權宜，農曆五月祖師在淡水，六月則在艋舺。自是而後，淡水祖師信仰逐漸從原籍色彩濃厚的私廟，發展成爲淡水地區的重要地方信仰。《臺北廳社寺廟ニ關スル調查》「廟宇ニ對スルト人民歸響的情形」記載了清水祖師信仰在淡水地區的發展概況：

〔註 34〕參見〈清水巖上落鼻祖〉，刊載於《滬尾街》第四期（臺北：滬尾文史工作室），版二。

〔註 35〕張建隆，《尋找老淡水》，同註 8，頁 37。

〔註 36〕高賢治、馮作民譯，《臺灣舊慣習俗信仰》（臺北：眾文圖書公司，1971 年），頁 304。

廟宇對於人民影響的情況：剛開始僅侷限於安溪縣人祭祀，近二十年來（約 1895 年前後）成爲淡水街全部及附近市集部落人民信仰所在，其中以迎祖師公治病的場合最爲盛大。

廟宇的中心團體：主持祭祀及其他庶務的爲翁有權及周金釵兩名安溪人。歸依人民之數目：淡水支廳的全體住民。定期的祭典有舊曆正月初六及同年五月六日（祖師公的誕生日）每年兩回，其費用全市街的信仰者醵出。平時及臨時的祭典由附近居住者及翁權的家族負責朝夕焚香禮拜事宜。建廟基本金，據傳由當時淡水駐地司令官孫開華寄附八百元，另傳部分人士近來提倡建築宏偉壯觀的新廟宇。〔註 37〕

雖然淡水清水巖祖師廟幾經波折後，方於日治昭和七年（1932）竣工，但早在清治末期，清水祖師已經是淡水地區一個重要的信仰。在其後的發展過程中，淡水清水巖祖師廟更具有了「闔港廟」（全境廟）的性質，成爲淡水居民所共同崇信的信仰中心。

三、小　結

本章透過淡水地區六大民間信仰的討論，從祭祀圈的形成和發展過程中，觀察民間信仰在移民地及其在本地化社會構成的互動。以淡水地區媽祖、觀音以及清水祖師信仰爲例，因其神威顯赫護佑滬尾地區，對清法戰爭有功而受朝廷敕封，因之廣受淡水地區甚至其它地方的信眾所信奉。另外，原屬於同安移民信仰的大道公信仰，透過輪値過庄的方式，聚合同安人的族群意識。信仰在地化後，也逐漸吸納了原屬不同籍邑的信眾，祭祀圈涵蓋淡水地區並且擴及於三芝。

在汀州永定客家信仰方面，鄞山寺因寺廟權利爭訟，經由官府諭令後，禁止了內地以及越縣汀民的越俎，成爲屬於臺北汀眾的鄞山寺定光古佛信仰。另外一方面，在臺北地區安溪人所信奉的尪公信仰，也在清道光年間張、高、林三姓分鬮後，由原本以地緣關係維繫的祭祀型態，轉爲血緣關係的祭祀圈。

移民社會與地緣關係，居住地與本地化的發展。淡水的民間信仰在進入淡水的初期，有著地緣的性質，移民透過信仰攏聚族群的意識，而當移民社

〔註 37〕張建隆，《尋找老淡水》，頁 37。

會漸次本地化後，信仰也脫離了地緣色彩，打破族群的隔閡，成為合境所共同奉祀的信仰。〔註38〕

附錄：鄞山寺石碑記

一、

具簽稟鄞山寺董事江滄漢、游夢熊、徐炳昇、江玉河、江之中、李乾葱、練樹山、胡碧海、江開瑞，為神祀攸關，不勘索借擾累，肯恩出示嚴禁，以垂久遠而杜覬覦事。切念汀人來臺營生，仗神呵護，於道光三年公建鄞山寺，崇祀定光古佛寺，在和美街後半山仔。又經羅可斌捐獻星地，再經江日章等增闢成田，以充經費。逐年祭祀慶賀，俱歸實用。帳項則每年結清，所有餘剩據各登帳存，為修繕費，有舉必聞，於公所用皆歸諸實，是以該祀業維持不墜。奈內地汀人由臺甚多，無論何等出身，一到臺北即欲冒取紅花，并向總理借款。況公舉總理又皆家道殷裕誠樸可靠，焉敢將祀項出借，若索借不遂則誣告侵公以快私圖。如同治十一年有越縣例貢生張超林，將帳阮懸反案控公庭，又光緒十一年間有內地汀紳等來臺，亦借算帳捏控公庭。蒙劉憲諭令本地紳士邀同會算□，至期眾皆期集渠等獨不到，經蒙劉憲槙明帳項，批斥銷案并懇出示嚴禁，俾知臺北汀眾公建神祀與越縣汀人無涉，與內地汀紳又便和涉。似此所借多端，將來神祀奚賴，情亟簽乞仁憲大老爺□，優崇神祀俯順輿情，恩准出示嚴禁，以垂久遠。俾內地汀紳不得索借生事，藉端滋累，神人均感切叩。

光緒十八年納月　日

二、

奏調補用府候補清軍府兼襲雲騎尉代理淡水縣翁。江滄漢等稟批鄞山寺係崇拜神祗，凡寺內所存祀產供項，自應為寺內登記香燈及修理寺宇，一切公用

〔註38〕事實上，從寺廟捐贈者的提名上也可以看出一點端睨。例如，光緒二年（1876）淡水安溪頭人翁種玉就對重修的淡水龍山寺進行捐輸，並在聯柱上留下「光緒二年瓜月（七月）重修、軍公職翁種玉再敬獻」的署名。可見當時淡水的民間信仰已不復以往地緣性強烈的特性，而轉向於在地化的發展。這樣的性質也反應在清代後期，寺廟重修或興建的捐輸提名上，已少見書及祖籍的現象。

外來鄉人既不能隨緣樂助，豈可視同利藪，思欲取盈。此當由汝等自行籌議，或於寺中安立條規，以昭信守。無待地方官憲預伸禁約，著即知照，誤違奉憲示禁，謹將鄞山寺公議后章程列左：

一鄞山寺基業，原係山埔前由羅可斌敬獻，經本地紳董等增闢成田，以供祀典。將羅公設主配享血食千秋，但崇德報公久而彌隆。公議嗣後汀民不論羅姓及他姓者，均不得藉口攀引，希冀覬覦。一寺中每年祭祀及一切費用，除遵照舊章辦理外，公議仍將每年所開條目及存剩之款列名清冊，於新年春季祭祀時付諸公閱。既係實款，眾無異言，不許非時索帳，借詞核算致滋擾累。

一鄞山寺係臺北汀眾公建，所有本寺祀業應歸本地汀人辦理公議。有事項商確之處，亦由本地汀眾集合議。決不許內地紳民越俎代謀，庶昭劃一而絕弊竇。

一公議鄞山寺對於各廟本有互助慶賀之舉，自應遵行。至於在地紳董實心辦理，及實有與勞寺中善后各事宜者，若有喜慶應行□恭賀。由董事聞眾集議，妥籌辦理，要應時制宜不得援例。

一公議不論汀紳官員來寺裡掛匾額，祇作敬神而論，不得另給掛匾禮儀，以防混濫。

一公議董事必由汀眾公議遴選殷實老練之人秉公辦理，倘遇有應行改議者，仍由汀眾公舉接辦以垂定章。

一公議每年春季祭典之時，各董事務宜整肅衣冠，早晨參拜汀眾亦然。如有違背時間，概不索取旅費，以防待怠慢。

右碑上係承官憲諭示，並我汀眾公議，善后章程係我汀眾團力所結而成碩。我汀眾率皆由舊章，共維祀典於不墜，永荷神庥於無窮，是則我汀眾之幸，亦我汀眾之榮也，豈不懿哉。

光緒十九年葵月巳蒲月吉旦

勒

新庄子言度逢時謹書

第五章　結　論

淡水地區是清代時期北臺灣移民的重要據點，從移民起岸、墾拓、安居落戶與商業的發展，都顯露著代表臺灣移民史的流續與演變的代表特性。

本文透過文獻考察與田野調查資料，以淡水地區的漢籍移民、自然環境，以及民間信仰三者作爲探討，分析淡水地區變。另外，從研究可得知淡水地區與臺北盆地在清代的互動關係。

淡水在歷史的發展上，雖然歷經了西班牙及荷蘭兩國的統治，但在殖民者主要以商業利益爲考量的情況下，淡水是作爲對中國以及日本貿易的轉運站。到了鄭氏時期，雖然曾有漢人移民的熱潮，但對於臺灣的經營仍以南部爲主。不過，當時對淡水形勢的優良條件已被重視。〔註1〕

康熙二十三年（1684）清領臺灣以至乾隆末年，清朝對移民渡臺的規範或嚴厲或鬆弛，但東南沿海地區的漢籍移民已在渡遷來臺的移民浪潮中進入臺灣。到了康熙末年，原以臺灣南部爲主的移民已漸次向臺灣中部、北部開展。《諸羅縣志》載：

> 於是康熙四十三（1704）年，秩官營汛，悉歸統治。而當是時，移流開墾之眾，已漸過斗六門以北矣。自四十九年（1710）……，蓋數年間，而移流開墾之眾，又漸過半線（今彰化）、大肚溪以北矣。〔註2〕

到了雍正元年（1723），始在淡北地區以竹塹爲廳治，設了淡水廳。

〔註1〕關於相關文獻記述，詳見本論文第二章，頁21～27。

〔註2〕周鍾瑄，《諸羅縣志》，卷七「兵防」（臺北：臺灣省文獻委員會編印，1999年），頁110。

而在臺北盆地的拓墾開方面，雖然在康熙時期或更早之前臺北盆地就有點狀的移民分布，但從目前可見到的最早文獻，官府正式給照付墾爲康熙四十八年（1709），墾號陳賴章以陳天章、陳逢春、賴永和、陳憲伯、戴天樞等爲首，立墾戶陳國起之號開墾臺北平原〔註3〕。位於臺北盆地淡水河西北出海口的淡水地區，成爲了清代漢籍移民渡海起岸、再移往他地，或者是就地開墾、落戶而居形成聚落。

有清一代，臺灣的移民自閩粵一帶移入爲主。在臺灣移民社會初期，主要是以地緣關係凝聚族群。在凝聚族群意識的機制中，民間信仰是其中重要的關鍵，不同祖籍人群大多供奉其鄉土神，並作爲團結之象徵。大體而言，漳州人多奉祀開漳聖王，泉州三邑人多奉祀觀音佛祖，同安縣人多信奉保生大帝，安溪縣人多奉祀清水祖師，客家潮州人多奉祀三山國王。移民的鄉籍常常與神明會或祭祀圈有著密不可分的關係〔註4〕。觀察淡水地區的移民社會，亦有此一趨勢，就淡水移民與其所帶進來的信仰，及祭祀圈的形成探察，提供了淡水地區發展文化的觀察面向。

淡水地區屬清代所建的寺廟頗多，屬於清代時期所興起民間信仰活動亦有不少。本文以淡水地區的六個祭祀圈作爲研究對象，進行移民文化生成及其脈絡發展的討論，其中包括：

一、福佑宮與螺陽（惠安）、武榮（南安）、桃源（永春州大田縣）、清溪（永春州大田縣）、晉水（晉江）、銀同（同安）、永定（汀州永定縣）之移民。

二、保生大帝信仰與同安移民。

三、定光古佛信仰與汀州移民。

四、張玉公信仰與安溪移民。

五、觀音信仰與三邑（晉江、惠安、南安）移民。

六、清水祖師信仰與安溪移民。

從以上淡水地區民間信仰祭祀圈的條列來看，福佑宮的媽祖信仰是屬於淡水各籍移民所共同崇祀，而從神格與信仰需求觀察，也呼應著移民渡遷和淡水港區特質的海神信仰性。除此之外，就淡水地區移民原籍分類和信仰、

〔註3〕尹章義，《臺灣開發史研究》（臺北：聯經出版社，2003年），頁152。

〔註4〕陳其南，《家族與社會——臺灣與中國社會研究的基礎理念》（臺北：聯經出版社，1990年），頁80。

祭祀圈的成立，可觀察淡水地區各族群從移民社會朝在地化發展。移民社會的初期以民間信仰凝聚族群，透過奉祀原籍神明形成各自的祭祀圈。因此，各祭祀圈和淡水地區發展，有著深遠的影響和作用。

淡水地區民間信仰祭祀圈形成主要在於清代道光、咸豐、同治時期，此一時期正是臺北地區各籍分類械鬥最爲激烈之時，而淡水地區也發生了各籍械鬥衝突的紀錄。淡水燕樓李氏家族，在其《重修燕樓李氏族譜》述及該族宗廟因械鬥之害，而重修的事例：〔註5〕

> 1809　嘉慶十四年歲次己巳。漳泉械鬥，草寮被焚。
>
> 1821　道光元年歲次辛巳。祖妣周氏將草寮改建爲土角壁瓦厝，並稱爲祖厝。
>
> 1841　道光二十一年歲次辛丑。晉、南、惠三邑與同安械鬥祖厝又被焚毀。
>
> 1851　咸豐元年歲次辛亥。太平公兄弟將祖厝修復。
>
> 1853　咸豐三年歲次癸丑。晉、南、惠、永、安五縣分與漳、同紛爭祖厝再被焚毀。

族譜「四房史志記略」，更載道光十八年（1838）李家四房分爨，第四房留住宗廟之地（俗稱內厝），族人因祖厝之地常遭紛擾，他遷中寮或圭柔山等地。該族四房留住宗廟之地，其中原因之一，在於第四房山石公之三子火炎（字懋坤，官名慶勳，1832～1878）於同治七年（1868），考得淡水廳武學邑武生（開李氏家族武學第一先），因此將祖厝讓給武秀才留守〔註6〕。可見當時同安李氏家族與淡水地區其他籍邑的緊張關係。另外，若據淡水同安裔李家族遭械鬥兵災的事件，對照淡水保生大帝信仰起源於嘉慶元年（1796）的淡水李家，並且在咸豐五年（1855）由渡臺四世，二房李媽量發起爲八庄大道公的輪祀信仰〔註7〕。如此，透過民間信仰祭祀圈的建立，凝聚此一區域同安人因由有就有跡可尋。尤其是淡水、三芝保生大帝輪祀系統的發起，正是在於各籍分類械鬥最激烈的時期。〔註8〕

〔註5〕李子成纂輯，《重修燕樓李氏族譜》「燕樓宗廟志」（臺北：祭祀公業李協勝公記），頁49。

〔註6〕同上註，頁323。

〔註7〕關於淡水保生大帝信仰的說明，見本論文第四章第二節，頁82～83。

〔註8〕八庄大道公輪祀發起人李媽諒於道光二十一年（1841），因械鬥而亡。「次房史志記略」，載：道光二十一年（1841），發生晉、南、惠三邑人與同安人械

表 5-1：咸豐年間臺北地區械鬥事件

年　　代	類　屬	敘　　述
咸豐元年（1851）	漳、泉	漳泉械鬥，焚八芝蘭林莊
咸豐二年（1852）	漳、泉	漳泉械鬥不止，延至桃仔園、中壢、楊梅一帶，官府控制無力，地方秩序大亂。
咸豐三年（1853）	泉州三邑籍與漳州、同安籍	泉州三邑籍與漳州、同安籍分類械鬥，毀新莊、艋舺縣丞署，海山堡潭底公館、八甲、艋舺祖師廟，同安人敗走大稻埕。（俗稱：「頂下郊拼」）
咸豐九年（1859）	漳、泉	淡水漳泉械鬥熾烈，泉人以黃阿蘭（黃龍安）爲首，而新莊、樹林……等地泉人附之，與枋寮、土城……等地漳人訂期而戰，是日枋寮街火，而港仔嘴、瓦窯、加納仔等莊，奚付一炬。林國芳聞訊，自廈門趕回，率鄉勇反攻泉人、克瓦窯、餘波達芝蘭二堡，縱燬屋房，村里爲墟，其禍之慘，爲北部械鬥之最。
咸豐十年（1860）	漳、泉	淡北漳泉械鬥，旋因農忙，暫停息。九月，淡北械鬥再起，林國芳連破泉人新莊、西盛等處，禍焰延大坪頂及桃仔園，殺傷焚掠，十餘里不絕。十月淡水大地震，日三次。
咸豐十一年（1861）十一月		泉籍廩生李起疇、漳籍廩生潘永清等，調停淡北漳、泉械鬥，乃解兵災。

資料來源：卓克華，《從寺廟發現歷史：臺灣寺廟文獻之解讀與意涵》（臺北：揚智文化出版，2003 年），頁 65。

另外，在三邑人方面，淡水龍山寺的建成也與道、咸之際的械鬥情況嚴重有著密切關聯。淡水龍山寺建廟之需由三邑人洪氏兄弟捐地，在三邑人黃龍安等眾首事的捐輸中，於咸豐八年（1858）年建成。嗣後，該寺成爲三邑人的信仰中心，也鞏固了他們在淡水地區的勢力〔註 9〕。而在寺廟建成的翌年（豐九年，1859），倡建淡水龍山寺的黃龍安，更率滬尾三邑人馳援艋舺，大敗漳州人，成爲了臺北地區三邑人的重要領袖之一。從上述事例的敘述，可以想見三邑人在淡水地區的強勢地位。

鬥，雖四房分爨四房人還住在祖厝。三邑人有備而來眾多，吾方族人只約二、三十人迎敵。吾方猛勇戰退三邑人至雙圳埔（今外環道與水源路交岔處），三邑人反身復戰，不幸長生公之次子扶助被圍困核心陣亡，時二十二歲。同註 5，頁 191。

〔註 9〕關於淡水龍山寺建廟過程與三邑人參與臺北地區「頂下郊拼」的經過，見本論文第四章第五節，頁 97～99 之說明。

在淡水地區有關於汀州永定邑文獻記載，主要在於內地汀紳與越縣汀民對於廟產的爭議。關於此項爭奪之戰，經過官府憲諭後，終歸臺北汀民所有，而淡水鄞山寺也從建廟之初具有會館功能的寺廟，逐漸發展成屬於臺北汀民的信仰中心〔註 10〕。淡水汀州移民與其他族裔的互動關係上，雖未有明確的文獻可資佐證。但從該廟正殿主奉定光古佛，左側小港間配祀觀音佛祖來看，似乎透露著其透過信仰加強與淡水主要勢力，即與三邑人的關係。另外，就日治時期《台灣在籍漢民族鄉貫別調查》資料來看，1926 年淡水地區汀州移民未見登錄（該紀錄以百人爲一個基數，淡水的汀州人可能未及百人而不錄），但鄰近的三芝庄卻有二千九百人，佔臺北地區汀州人口百分之三十點二一。其次，石門庄的汀州裔也有五百人，佔臺北地區汀州人口百分之七點〇四〔註 11〕。由人口分布數據來看，淡水地區汀州移民群聚於北海岸一地的分布狀況，這或許是大淡水地區族群之間的強弱排擠的發展趨勢。

淡水地區屬於安溪邑移民的民間信仰，主要有二系，即張尪公信仰與清水祖師信仰。其中，張尪公信仰的祭祀圈以小坪頂和義山里（下圭柔山）兩處爲主，而此二地各建有集應廟〔註 12〕。淡水張尪公信仰源自於清代臺北地區安溪籍大平地區高、張、林三姓的原籍信仰移入，藉由地緣關係共同崇祀尪公，一如祖籍之例歷年祭祀。到了道光年間，因各姓丁口繁生，三姓自是拈鬮分立。淡水與木柵地區張姓一脈自成張尪公信仰系統，並以各房頭爲角，發展成九年一次的輪値體系，駐蹕於淡水與木柵兩地〔註 13〕。臺北地區尪公信仰自傳入之始，是以原籍地地緣關係形成尪公祭祀圈，自三姓分立後，張尪公一系轉爲在臺張氏血緣形式的宗族信仰，成爲淡水民間信仰發展上特殊的一例。

淡水地區清水祖師祭祀圈的建立和該地區翁姓世族有著密切的關係，而淡水翁家一直以來也參與著淡水和艋舺兩地的寺廟捐輸。就淡水福佑宮來看，道光十九年歲次己亥（1839）重修時，即見該宮三川殿龍、虎邊門柱及

〔註 10〕關於淡水鄞山寺汀州移民爭奪廟產經過及其說明，見本論文第四章第三節，頁 88～91。

〔註 11〕臺灣總督府官防調查課編纂，《台灣在籍漢民族鄉貫別調查》（台灣時報發行所，1928 年），頁 4～5。

〔註 12〕坪頂集應廟位於淡水鎮小坪頂 18-3 號；義山集應廟位於淡水鎮義山里 5 鄰下圭柔山 35-3 號。

〔註 13〕關於淡水張尪公信仰經過，見本論文第四章第四節，頁 92～95 之說明。

門楹上屬名清溪科榜弟子翁有來、翁有麟的捐建落款，而關於翁有來事蹟早在嘉慶年代艋舺清水巖建廟時就有記述。艋舺清水巖鳩工興建之時，由泉州安溪之下郊人捐資三萬元，推翁有來爲董事，於乾隆五十二年（1787）開始籌建，於乾隆五十五年（1790）建成。其後，嘉慶二十二年（1817）該巖因暴風雨所毀，再由翁有來向鄉人募捐五千元重修，由此可見翁家當時在淡水與艋舺地區舉足輕重的地位〔註 14〕。咸豐三年（1853）因艋舺三邑人與同安人發生頂下郊拼分類械鬥事件，該廟遭焚毀。十四年後（同治六年，1867）艋舺清水祖師巖重修，又見翁氏家族署名本邑（安溪）翁瑞玉、翁種玉昆仲的落款，而翁氏昆仲即是淡水地區落鼻祖師遷駐淡水的關鍵人士，並且開始了屬於淡水地區清水祖師祭祀圈發展的伊始〔註 15〕。而從另外一個文獻資料的面向觀察來看，翁種玉昆仲也在光緒二年（1876）於淡水龍山寺重建時捐修，並在聯柱上書「龍脈遙通著蹟海濱渾南北」、「山穹環拱舉頭天外象萬千」，署名軍功職員翁種玉再敬獻的落款。身爲安溪籍的翁種玉，捐修信仰分類屬於三邑籍的淡水龍山寺，從地方的發展來看，這個時期（光緒年間）的民間信仰似乎已逐漸脫離了分類藩籬，也代表著淡水地區從移民社會過渡至本地化社會的發展。

從以上淡水地區民間信仰的觀察來看，此一區域祭祀圈的形成主要在清代道光、咸豐之際，而這時期也是區域內族群衝突最劇烈的時候，各籍移民的民間信仰於此時起了凝聚移民社會力量的功能。其後，在臺北盆地經濟勃發的發展，加上移民社會逐漸褪去各籍分類的色彩，民間信仰也漸脫離鄉土神的性質。

從本文針對淡水地區民間信仰祭祀圈的觀察來看，此一區域與臺北地區的民間信仰有著密切的關連。其中，鄞山寺是臺北地區汀州人的信仰中心。艋舺龍山寺祭祀圈涵蓋淡水地區，在淡水龍山寺建成後始有分立的現象，並且淡水三邑頭人黃龍安，更在械鬥的過程中成爲泉州三邑人的領袖。而在安溪籍的原籍民間信仰方面，臺北地區尪公信仰自三姓分立後，張尪公以宗族血緣組織輪祀於木柵與淡水兩地，形成宗族性的祭祀圈。清水祖師信仰發展於艋舺地區，其祭祀圈亦涵蓋於淡水，雖在日治時期淡水建立清水祖師巖而

〔註 14〕李乾朗，《艋舺清水巖調查研究》（臺北：臺北市政府，1994 年），頁 24。

〔註 15〕關於淡水清水祖師祭祀圈的發展經過及其說明，見本論文第四章第五節，頁 100～104 之說明。

分立，但因落鼻祖師神像的爭議，時至今日該神像仍隔月駐蹕兩地。淡水同安人所供俸的保生大帝起自於淡水李家，並以庄頭輪祀的方式爲淡水、三芝同安人所崇祀。不過在日治時期文獻資料中的載記中，淡水地區亦屬於臺北大龍峒保安宮祭祀圈的一環，爲該宮三堡輪祀的第一堡。〔註16〕

供奉媽祖的福佑宮，在清乾、嘉時期就是淡水地區各籍移民所共同崇祀的民間信仰。在該宮文獻的紀錄中，除了可見移民社會對於信仰的崇祀的紀錄外，從落款者的身分中也透露著當時漁業、行商的商業需求，而此一需求是對應於媽祖信仰神格的特質。從該宮嘉慶元年（1796）有蚶江弟子捐建虎邊石堵與前簷柱〔註 17〕，可見當時兩岸海運發展的商業經貿關係已擴及淡水。到了嘉慶二年（1797），福佑宮廟匾有淡水眾船戶捐獻的落款，顯示出當地港運的發達。另外從道光二十年（1840），福佑宮龍邊次間神龕署名晉水張德寶的落款來看〔註 18〕，顯見艋舺行郊與淡水地區的密切關係，並且也透露著，當時淡水是北部的重要樞紐。從同治年間纂成的《臺灣府輿圖纂要》，對於淡水港區與艋舺地區關係的敘述，即見當時淡水港興旺的程度。

> 滬尾港海口，該溪海口寬有三里許，深有二丈餘，而五、六百石之船均得隨時出入，五、六百石以上大船滿載者，須俟漲潮出入；爲各路商船經商之所。港內分南北中三溪，名曰內港。自滬尾至艋舺，計水程三十里。但潮水直抵艋舺以上，三、四百石商船儘可滿載而乘潮出入，即大號商船，亦可半載而隨潮進出。滬尾商舖眾多，居民稠密；有與艋舺各行郊生氣相通，彼此得以救援。〔註19〕

從上述淡水民間信仰的脈絡觀察，本區域在祭祀圈的發展，是與臺北盆地有著疊合的關係，並且與移民原籍息息相關。道、咸時期移民社會分類械鬥緊張的情勢，到了同治時期稍解。此時臺灣的經濟也從南向北開展，形成以臺

〔註16〕臺北大龍峒保安宮三堡輪祀中的第一堡地區包括：大龍峒街、牛埔庄、西新庄子、下埤頭、後港墘、社子、葫蘆堵、崙仔頂、溪州底、劍潭、大直、北勢湖、山仔腳、北投、唭哩岸、嘎嘮別、關渡、滬尾、雞柔山、水頂頭。參見謝德錫，《百年祭典巡禮——八庄大道公的世紀拜拜》（臺北：財團法人淡水文化基金會，2005 年），頁 62～65。

〔註17〕蚶江位於泉州灣口，爲清代對外航運的重要港户。乾隆四十九年（1784）成爲官方開放的正口，與臺灣鹿港對渡。

〔註18〕張德寶爲清代的大行商，鼎盛於艋舺地區。當時有艋舺俗諺稱：「第一好張德寶、第二好黃阿祿嫂、第三好馬悄哥」。

〔註19〕《臺灣府輿圖纂要》第三冊（臺北：臺灣銀行經濟研究室），頁 279～282。

北地區爲中心的經濟發展形勢。以咸豐三年「頂下郊拼」爲例，雖然三邑人戰退同安人，不過以林右藻爲首的同安人在其後開啓了大稻埕的發展，並且取代了艋舺的商業優勢。其後更吸引艋舺泉郊金晉順、北郊金萬利來附，並立林右藻爲三郊總長〔註20〕。從同治時期開始（同治元年 1862），臺北地區鄉黨主義式微，族群分立的移民社會特徵逐漸淡去，而以商業的發展主軸。作爲扼守臺北盆地港運輸出樞紐與臺北商業重鎭緊密聯繫的淡水，自然地也在這樣的趨勢之下，開始了移民社會朝向本地化發展趨勢。〔註21〕

在臺灣晚清時期以經貿關係作爲發展主軸的淡水，就其社會基底的民間信仰觀察來看，也隨之有了型態上的變化。本論文所述及的淡水地區民間信仰，於此一時期的發展上，其大者，成爲淡水居民所共同的信仰；小者，則爲宗族式的信仰〔註22〕，但不論何種變化，在歷時性的觀察中，祭祀圈皆見信仰不再以原籍的分別。這樣的情況，尤其在清法戰爭後更爲顯著。淡水的主要民間信仰，已經成爲此一地區合境所共同的信仰。

光緒十年（1884）清法戰爭於淡水一役，戰功捷報，據傳戰況激烈之時媽祖、觀音菩薩、清水祖師皆曾顯靈助陣，戰後由巡劉銘傳奏報朝廷，上述神尊由光緒帝分別敕頒「翌天昭佑」、「慈航普渡」及「功資拯濟」匾額以感神恩，因著神明威靈的顯靈，淡水地區的民間信仰與其祭祀圈，打破了籍邑的傳統藩籬朝向合境發展。

從淡水的民間信仰來觀察，從初始移民對於原籍信仰的精神寄託，到移民社會對於凝聚族群意識的功能，以至於轉化成護國佑民、合境平安的區域性共同信仰。本文所討論淡水地區的六個民間信仰系統，皆是由漢籍移民從原籍地所攜入。從移民遷渡至移居地，它是移民對原鄉的感情依繫與信仰的精神寄託，也是各籍移民意識合聚的公眾場域。渡海來淡水的鄉土神是不同鄉貫移民的象徵，它提供了族群排外與內聚認同的標識。當移民社會脫離地緣意識的色彩，居住地的社會組織成爲生活重心，移民社會也開始朝向本地

〔註20〕《臺灣私法商事編》（臺北：台灣銀行經濟研究室，1964 年），頁 28～29。

〔註21〕咸豐十年（1860），臺灣開放淡水、打狗（高雄）作爲對外貿易的通商口岸，在貿易對向方面以茶、糖、樟腦爲主要輸出，商貿全球；在島與發展上，因產物生產與經貿行銷的關係，臺灣發展重心向北移動。臺北地區在晚清時期，成爲臺灣商貿發展的中心。參見林滿紅，《茶、糖、樟腦與臺灣之社會經濟變遷》（臺北：聯經出版社，2004 年），「序言」，頁 i。

〔註22〕前者如福佑宮、龍山寺、清水祖師巖、大道公輪祀；後者如鄞山寺、尪公信仰。

化的發展。進入此一階段後，族群分類型態消融，而其所屬的民間信仰也應之成為了區域合境所共同的信仰。

從清代淡水地區在移民、民間信仰與環境的文獻資料彙整與現地的觀察，它供給了歷史發展的研究縱線，而從族群關係、民間信仰的聯繫與社會組織的建立，則更提供了此一區域文化脈絡的研究面向。

參考資料

一、方志、遊記

1. 蔣毓英，《臺灣府志》，南投：國史館臺灣文獻館，2002 年。
2. 高拱乾，《臺灣府志》，南投：國史館臺灣文獻館，2002 年。
3. 周鍾瑄，《諸羅縣志》，南投：臺灣省文獻委員會，1999 年。
4. 陳培桂，《淡水廳志》，南投：臺灣省文獻委員會，1993 年。
5. 余文儀，《續修臺灣府志》（上、下），南投：臺灣省文獻委員會，1993 年。
6. 臺灣省文獻委員會（編），《臺灣省通志稿》，臺北：臺灣省文獻委員會，1951 年。
7. 臺北縣文獻委員會（編），《臺北縣志》，臺北：臺北縣文獻委員會，1960 年。
8. 白惇仁（總纂），《淡水鎮志》，臺北：淡水鎮公所，1989 年。
9. 郁永河，《裨海紀遊》，南投：臺灣省文獻委員會，1999 年。
10. 黃叔璥，《臺海使槎錄》，南投：臺灣省文獻委員會，1999 年。
11. 馬偕（George Leslie MacKay），《臺灣六記》，臺北：臺灣銀行經濟研究室，1960 年。

二、中文資料

（一）專　書

1. 方豪，《方豪六十自定稿（及補編）》，臺北：著者自印，1969 年。
2. 方豪，《臺灣早期史綱》，臺北：臺灣學生書局，1994 年。
3. 方豪（等著），《臺灣史蹟研究料輯要》，臺中：臺灣省文獻會。

4. 王曾才（主編），《臺灣史研討會記錄——中華民族在臺灣的拓展》，臺北：臺大歷史系，1978 年。
5. 王詩琅，《臺灣社會生活》，臺北：東方文化書局，1974 年。
6. 王世慶，《臺灣研究中文書目》，臺北：環球出版社，1976 年。
7. 王世慶，《清代臺灣社會經濟》，臺北：聯經出版事業公司，1994 年。
8. 王世慶，《淡水河流域河港水運史》，臺北：中研院社科所，1996 年。
9. 王世慶，《臺灣史料論文集》（上、下），臺北：稻鄉出版社，2004 年。
10. 王見川、柯若樸（主編），《民間宗教》，臺北：南天出版社，1995～1996 年。
11. 王見川、李世偉，《臺灣的宗教與文化》，臺北：博楊文化事業有限公司，1999 年。
12. 王見川、李世偉，《臺灣的民間宗教與信仰》，臺北：博楊文化事業有限公司，2000 年。
13. 尹章義，《臺灣近代史論》，臺北：自立晚報，1986 年。
14. 尹章義，《臺灣開發史研究》，臺北：聯經出版事業公司，1989 年。
15. 尹章義，《張世箱家族移民發展史：清初閩南世族移民臺灣之一個案研究（1702～1983）》，南投：臺灣省文獻委員會，2001 年。
16. 江樹森（編譯），《熱蘭遮城日記》，臺南：臺南市政府，2000 年。
17. 伊能嘉矩（著）、江慶林等（譯），《臺灣文化志》（上、中、下），臺中：台灣省文獻委員會，1985～1991 年。
18. 艾馬克（著）、王興安（譯），《十九世紀的臺灣北部：晚清中國的法律與地方社會》，臺北：播種者文化有限公司，2003 年。
19. 李國祁，《清代臺灣社會的轉型》，臺北：教育部社會教育司，1978 年。
20. 李乾朗（主持），《艋舺清水巖調查研究》，臺北：臺北市政府民政局，1994 年。
21. 李乾朗（主持），《淡水福佑宮調查研究》，臺北：臺北縣政府，1996 年。
22. 宋增璋，《臺灣撫墾志》（上），臺中：臺灣省文獻委員會，1980 年。
23. 周宗賢，《臺灣的民間組織》，臺北：幼獅文化事業公司，1983 年。
24. 周宗賢，《血濃於水的會館》，臺北：行政院文建會，1985 年。
25. 周宗賢（主編），《臺灣史國際學術研討會社會、經濟與墾拓論文集》，臺北：國史館，1995 年。
26. 周宗賢（主編），《淡水學學術研討會：過去・現在・未來論文集》，臺北：國史館，1999 年。
27. 林衡道，《臺灣開拓始話》，臺北：青文出版社，1976 年。

28. 林衡道，《臺灣史蹟源流》，臺北：行政院文建會，1984 年。
29. 林衡道（主編），《臺灣古蹟概覽》，臺北：幼獅文化公司，1997 年。
30. 林再復，《閩南人：1621～1895》，臺北：知音出版社，1984 年。
31. 林美容，《臺灣民間信仰研究書目》，臺北：中研院民族所，1991 年。
32. 林美容，《臺灣人的社會與信仰》，臺北：自立晚報社文化出版部，1993 年。
33. 林美容，《臺灣民間信仰研究文獻目錄》，1998 年。
34. 林美容，《鄉土史與村庄史：人類學者看地方》，臺北：臺原出版社，2000 年。
35. 林美容（主編），《信仰、儀式與社會》，臺北：中研院民族所，2003 年。
36. 林偉盛，《羅漢腳——清代臺灣社會與分類械鬥》，臺北：自立晚報社文化出版部，1993 年。
37. 林天蔚，《方志學與地方史研究》，臺北：南天書局，1995 年。
38. 林淑慧，《臺灣文化采風：黃叔璥及其臺海使槎錄研究》，臺北：萬卷樓，2004 年。
39. 卓克華，《清代台灣的商戰集團》，臺北：臺原出版社，1990 年。
40. 卓克華，《從寺廟發現歷史：台灣寺廟文獻之解讀與意涵》，臺北：揚智文化出版社，2003 年。
41. 卓克華，《從古蹟發現歷史》，臺北：蘭臺出版社，2004 年。
42. 松浦章（著）、卞鳳奎（譯），《清代臺灣海運發展史》，臺北：博楊文化事業有限公司，2002 年。
43. 施添福，《清代在台漢人的祖籍分布漢原鄉生活方式》，臺北：師大地理學系，1987 年。
44. 翁佳音，《臺灣通史類著作題解與分析》，臺北：業強出版社，1992 年。
45. 翁佳音，《大臺北古地圖考釋》，臺北：臺北縣立文化中心，1998 年。
46. 徐泓，《清代臺灣天然災害史料彙編》，臺北：行政院國科會，1980 年。
47. 張勝彥，《臺灣史研究》，臺北：華世出版社，1981 年。
48. 張炎憲（主編），《臺灣和人移民史研究書目》，臺北：中研院三民主義研究所，1989 年。
49. 張炎憲、曾品滄（主編），《楊雲萍藏臺灣古文書》，臺北：國史館，2003 年。
50. 張建隆，《尋找老淡水》，臺北：臺北縣立文化中心，1994 年。
51. 曹永和，《臺灣早期歷史研究》，臺北：聯經出版事業公司，1979 年。
52. 曹永和，《臺灣早期歷史研究續集》，臺北：聯經出版事業公司，2000 年。

53. 曹永和，《中國海洋史論集》，臺北：聯經出版事業公司，2000 年。
54. 陳亦榮，《清代漢人在臺灣地區遷徙之研究》，臺北：東吳大學。
55. 陳紹馨，《臺灣的人口變遷與社會變遷》，臺北：聯經出版事業公司，1979 年。
56. 陳紹馨、傅瑞德（Morton H. Fried），《臺灣人口之姓氏分佈》，臺北：臺大社會系，1968 年。
57. 陳其南，《臺灣的傳統中國社會》，臺北：允晨文化，1987 年。
58. 陳其南，《家族與社會：臺灣與中國社會研究的基礎理念》，臺北：聯經出版事業公司，1990 年。
59. 陳其南，《傳統制度與社會意識的結構：歷史與人類學的探索》，臺北：允晨出版社，1997 年。
60. 陳捷先，《中國的族譜》，臺北：行政院文建會，1984 年。
61. 陳捷先，《清代臺灣方至研究》，臺北：學生書局，1996 年。
62. 陳秋坤、洪麗完（主編），《契約文書與社會生活（1600～1900）》，臺北：中研院臺史所籌備處，2001 年。
63. 許雪姬，《清代臺灣的綠營》，臺北：中研院近史所，1987 年。
64. 許雪姬，《北京的辮子：清代臺灣的官僚體系》，臺北：自立晚報社文化出版社，1994 年。
65. 淡江大學歷史系（主編），《淡水學學術研討會 2001 年：歷史、生態、人文論集》，臺北：國史館，2003 年。
66. 黃富三等（主編），《臺灣史檔案文書目錄》，臺北：臺灣大學，1997 年。
67. 連橫，《臺灣通史》，臺北：眾文圖書，1979 年。
68. 程大學，《臺灣開發史》，臺中：臺灣省政府新聞處，1986 年。
69. 程紹剛（譯註），《荷蘭人在福爾摩莎》，臺北：聯經出版事業公司，2000 年。
70. 楊熙，《清代臺灣：政治與社會變遷》，臺北：天工書局，1981 年。
71. 溫振華、戴寶村，《淡水河流域變遷史》，臺北：臺北縣立文化中心，1998 年。
72. 臺北市文獻委員會（編），《中原文化與臺灣》，臺北：臺北市文獻委員會，1971 年。
73. 臺灣銀行經濟研究室（編），《清代臺灣大租調查書》（上、下），南投：臺灣省文獻委員會，1994 年。
74. 廖慶六，《族譜文獻學》，臺北：南天出版社，2003 年。
75. 潘英（編著），《同宗同鄉關係與臺灣人口之祖籍及姓氏分布的研究》，臺中：臺灣省文獻會，1987 年。

76. 潘英（編著），《臺灣拓殖史及其族姓分布研究》，臺北：自立晚報社文化出版部，1992 年。
77. 葉振輝，《清季臺灣開埠之研究》，臺北：標準出版社，1985 年。
78. 溫振華，《清代新店地區社會經濟之變遷》，臺北：臺北縣文化局，2000 年。
79. 劉澤民、陳文添、顏義芳（編譯），《臺灣總督府檔案平埔族關係文獻選輯》，南投：臺灣省文獻委員會，2001 年。
80. 劉澤民，《臺灣總督府檔案平埔族關係文獻選輯續編》，南投：國史館臺灣文獻館，2004 年。
81. 劉枝萬，《臺灣民間信仰論集》，臺北：聯經出版事業公司，1983 年。
82. 戴炎輝（主編），《淡新檔案選錄行政編初集》，臺北：臺灣銀行經濟研究室，1971 年。
83. 戴炎輝，《清代臺灣之鄉治》，臺北：聯經出版事業公司，1979 年。
84. 戴寶村，《清季淡水開港之研究（1860～1894）》，臺北：師大史研所，1983 年。

（二）期刊、論文

1. 中村孝志（著）；賴永祥（譯），〈近代臺灣史要〉，《臺灣文獻》第六卷第二期（1955），頁 55～66。
2. 尹章義，〈中國現代化的實驗室——臺灣〉，《臺灣文獻》第三十六卷第三、四期（1985），頁 11～14。
3. 方豪，〈中原文獻與臺灣研究〉，《臺大歷史學報》第三期（1976），頁 225～226。
4. 毛一波，〈臺灣社會的發展〉，《臺北文物》第九卷第一期（1960），頁 69～72。
5. 王世慶，〈臺灣地區之族譜調查研究〉，《臺北人文》第一期（1978），頁 20～32。
6. 王世慶，〈臺灣地區族譜編纂史及其在史料上的地位〉，《臺北文獻直》第五十一、五十二期（1980），頁 207～248。
7. 王世慶，〈蔡牽〉，《臺北文獻直》第六十一、六十二期（1983），頁 1～20。
8. 白長川，〈臺灣人的血緣地——安溪各鄉鎮之姓氏分布〉，《臺北文獻直》第六十七期（1983），頁 55～72。
9. 李國祁，〈清代臺灣社會的轉型〉，臺灣史研討會記錄，臺北：臺大歷史系，1978 年，頁 55～64。
10. 李棟明，〈臺灣早期的人口成長與漢人移民之研究〉，《臺北文獻直》第十

三、十四期（1970），頁 134～161。
11. 李棟明，〈臺灣居民籍貫別姓氏研究〉，《臺灣文獻》第二十七卷第四期（1976），頁 64～77。
12. 李棟明，〈臺灣人口籍別與姓氏研究〉，《臺北文獻直》第三十九期（1977），頁 21～78。
13. 李添春，〈臺北地區之開拓與寺廟〉，《臺北文獻》第一期（1962），頁 67～76。
14. 林衡道，〈臺灣史譚〉，《臺灣文獻》第十五卷第三期（1964），頁 90～102。
15. 林衡道，〈臺灣開拓史話〉，《臺灣文獻》第二十二卷第四期（1971），頁 38～42。
16. 林美容，〈從祭祀圈來看臺灣民間信仰的社會面〉，《臺灣風物》第三十七卷第一期（1987），頁 53～81。
17. 邱奕松，年〈臺灣人之根——臺灣根源之探討〉，《臺灣文獻直》第七十六期（1986），頁 47～83。
18. 周宗賢，〈清代臺灣的地緣組織〉，《臺灣文獻》第三十四卷第二期（1983），頁 1～14。
19. Le Gendre, C.W.（著）；周學普（譯），〈廈門與臺灣〉，《臺銀》第十二卷第一期（1961），頁 249～286。
20. 姜道章，〈淡水之歷史發展〉，《大陸雜誌》第二十三卷第九、十、十一期（1959），頁 24～29、24～27、23～26。
21. 姜道章，〈淡水之今昔〉，《臺灣文獻》第十二卷第三期（1961），頁 111～141。
22. 姜道章，〈臺灣淡水之歷史與貿易〉，《臺研叢》第九十期，臺北：臺銀經研室，1963 年，頁 155～179。
23. 施振民，〈祭祀圈與社會組織——彰化平原聚落發展模式的探討〉，《中研院民族所集刊》第三十六期（1973），頁 191～208。
24. 施振民，〈祭祀圈與社會組織——彰化平原聚落發展模式的探討〉，《中研院民族所集刊》第三十六期（1973），頁 191～208。
25. 胡世明，〈淡水的一頁滄桑史〉，《臺北文獻直》第三十八期（1976），頁 233～242。
26. 凌純聲，〈臺灣的航海帆筏及其起源〉，《中研院民族所集刊》第一期（1956），頁 1～23。
27. 唐羽，〈清代臺灣移民生活史之研究〉（上、中、中續），《臺灣文獻》第三十八卷第一期、第三十九卷第一、二期（1987～1988），頁 1～88、85～194、55～112。

28. 張勝彥，〈臺灣古名考略〉，《臺灣文人》第三期（1978），頁 17～25。
29. 張淑芬，〈清代安溪縣移民臺灣之研究〉，《高雄文獻》第五、六期（1980），頁 217～246。
30. 張建隆，〈田野調查與淡水史研究〉，《淡水學學術研討會：過去・現在・未來論文集》，臺北：國史館，1999 年，頁 317～338。
31. 張建隆，〈看見的，和看不見的・淡水——十七世紀初，西、荷及清人對淡水的記述與認知〉，《淡水學學術研討會 2001 年：歷史、生態、人文論集》，臺北：國史館，2003 年，頁 47～79。
32. 莊吉發，〈清世宗禁止偷渡臺灣的原因〉，《食貨》第十三卷第七、八期（1983），頁 21～29。
33. 莊吉發，〈從故宮檔案看清代的淡水〉，《淡水學學術研討會：過去・現在・未來論文集》，臺北：國史館，1999 年，頁 49～74。
34. 莊吉發，〈歷史與地理：清代淡水海域的自然生態與經濟活動〉，《淡水學學術研討會 2001 年：歷史、生態、人文論集》，臺北：國史館，2003 年，頁 191～189。
35. 莊金德，〈清代嚴禁沿海人民偷渡來臺始末〉，《臺灣文獻》第十五卷第三、四期（1964），頁 1～21、40～62。
36. 莊英章，〈臺灣漢人宗族發展的研究評述〉，《中華文化復興月刊》第十一卷第六期（1978），頁 49～57。
37. 陳忠華，〈閩人移殖臺灣史略〉，《臺北文獻直》第一至四期（1968），頁 69～81。
38. 陳漢光，〈明末清初北臺武備〉，《臺北文獻直》第一至四期（1968），頁 37～55。
39. 陳國棟，〈西班牙及荷蘭時代的淡水〉，《臺灣人文》第三、四期（1978），頁 27～38、25～34。
40. 陳國棟，〈淡水聚落的歷史發展〉，《臺大建築與城鄉學報》第二卷第一期（1983），頁 5～20。
41. 曹永和，〈鄭氏時代之臺灣墾殖〉，《臺灣銀行經濟研究室》第六卷第一期（1953），頁 192～207。
42. 曹永和，〈早期臺灣的開發與經營〉，《臺北文獻》第三期（1963），頁 1～51。
43. 曹永和，〈臺灣水災史〉，《臺研叢》第七十六期，臺北：臺灣銀行經濟研究室，1963 年，頁 16～55。
44. 曹永和，〈臺灣水災史——清代臺灣水災與風災〉，《臺灣研叢刊》第九十一期，臺北：臺銀經研室，1967 年，頁 154～193。
45. 曹永和，〈荷據時期臺灣開發史略〉，《臺灣文獻》第二十六卷第四期、第二十七卷第一期（1976），頁213～223。

46. 曹永和，〈臺灣早期歷史研究的回顧與展望〉，《言與思》第二十三卷第一期（1985），頁3～17。
47. 盛清沂，〈宋元兩代本省開闢史料之探討〉，《臺灣文獻》第二十二卷第四期（1971），頁1～15。
48. 盛清沂，〈說上淡水溪之內外港〉，《臺北文獻直》第六十一、六十二期（1983），頁135～152。
49. 盛清沂、林興仁、吳基瑞，〈臺北縣氏族略〉，《臺北縣文獻叢輯》第二期（1956），頁141～352。
50. 陳紹馨，〈姓氏、族譜、宗親會〉，《臺灣文獻》第九卷第三期（1958），頁15～32。
51. 陳紹馨，〈中國社會文化研究的實驗室——臺灣〉，《中研院民族所集刊》第二十二期（1966），頁9～14。
52. 陳漢光，〈臺灣移民史略〉，《臺灣文化論集》第二期，臺北：中華文化出版事業委員會，頁47～74；《中原文化與臺灣》，臺北：臺北市文獻會，1954年，頁331～353。
53. 陳漢光，〈日據時期臺灣漢族祖籍調查〉，《臺灣文獻》第二十八卷第三期（1972），頁113～126。
54. 許嘉明，〈祭祀圈之於居臺漢人社會的獨特姓〉，《中華文化復興月刊》第十一卷第六期（1978），頁59～68。
55. 黃富三，〈清代臺灣開發史研究的回顧與展望〉，《思與言》第二十三卷第一期（1985），頁18～24。
56. 黃富三、翁佳音，〈清代臺灣漢人墾户階層初論〉，《近代中國區域史研討會論文集》，臺北：中研院近史所，1986年，頁117～149。
57. 黃秀政，〈清代臺灣的分類械鬥事件〉，《臺北文獻直》第四十九、五十期（1979），頁339～414。
58. 黃典權，〈蔡牽朱濆海盜之研究〉，《臺南文化》第六卷第一期（1958），頁74～102。
59. 黃啓文，〈分類械鬥與艋舺〉，《臺北文物》第二卷第一期（1953），頁55～58。
60. 溫振華，〈淡水開港與大稻埕中心的形成〉，《師大歷史學報》第六期（1978），頁245～270。
61. 溫振華、江慈，〈清代淡水地區平埔族分布與和人移墾〉，《淡水學學術研討會：過去‧現在‧未來論文集》，臺北：國史館，1999年，頁27～47。
62. 楊錫福，〈臺灣開發史〉，《臺灣文化論集》第二期，臺北：中華文化出版事業委員會，1954年，頁75～90。

63. 趙忠玉，〈明清兩代臺北的保安措施〉，《臺北文獻》第八期（1965），頁68～96。
64. 臺南縣文獻委員會（編），〈臺灣史料：清代的官制〉，《南瀛文獻》第二十六期（1981），頁63～91。
65. 廖漢臣，〈臺北縣的開發〉，《臺北縣文獻叢輯》第一卷第一期（1953），頁308～320。
66. 漢聲雜誌社（編），〈臺灣的泉州人專集・三邑篇〉，臺北：漢聲雜誌社，1989年。
67. 蔡淵絜，〈清代臺灣社會領導階層性質的轉變〉，《史聯雜誌》第三期（1983），頁34～64。
68. 蔡淵絜，〈清代臺灣的移墾社會〉，《臺灣社會與文化變遷》，臺北：中研院民族所，1986年，頁45～67。
69. 蘇同炳，〈蔡牽始末〉（上、下），《臺灣文獻》第二十五卷第四期、第二十六卷第一期，頁1～24、1～16。
70. 賴永祥，〈淡水開港與設關始末〉，《臺灣風物》第二十六卷第二期（1976），頁3～17。
71. 賴子清，〈清代北臺之考選〉（上、下），《臺北文獻直》第九至十二期（1969），頁166～183、43～61。
72. 薛棟樑，〈臺灣拓殖史略〉，《臺北文化》第八卷第四期（1960），頁14～32。
73. 戴寶村，〈淡水、三芝的大道公信仰〉，《淡水學學術研討會：過去・現在・未來論文集》，臺北：國史館，1999年，頁367～387。
74. 饒穎奇，〈大陸移民來臺路線文稿〉，《南投文獻叢輯》第二十六期（1971），頁10～11。
75. 鍾秀清，〈艋舺的街市形成與民間信仰〉，《民俗曲藝》第四十四期（1986），頁4～42。
76. 王志文，〈淡水河岸同安人祖公會角頭空間分布——以燕樓李、兑山李、西亭陳、郭子儀會爲例〉，臺南：南師大鄉土所碩士論文，2001年。
77. 王志文，〈臺閩同源宗族空間組織差異研究——以臺北淡水河岸與廈門環西北海域地區爲例〉，臺北：文化大學地研所博士論文，2004年。
78. 江樹生，〈清領以前臺灣之中國移民〉，臺北：文化史研所碩士論文，1966年。
79. 官宥秀，〈臺灣閩南語移民歌謠研究〉，花蓮：花師民間文學研究所碩士論文，2001年。
80. 范純武，〈雙忠崇祀與中國民間信仰〉，臺北：師大史研所博士論文，2003年。

81. 許瑞浩，〈清初限制渡臺政策下的閩南人活動〉，臺北：臺大歷史系碩士論文，1988 年。
82. 黃有祿，〈推力與吸力：明清閩南的海外移民（1567～1840）〉，暨南大學史研所碩士論文，2000 年。

三、外文資料

1. 臺灣總督府調查課，《臺北廳社寺廟ニ關スル調查》，臺灣分館稿本，1915 年。
2. 臺灣總督府官防調查課，《台灣在籍漢民族鄉貫別調查》，台灣時報發行所，1928 年。
3. 白非利（Baity, Philip Chesley），《Religion in a Chinese town》，臺北：東方文化供應社，1970 年。
4. 林美容、三尾裕子（編），《臺灣民間信仰研究文獻目錄》，東京都：風響社，1998 年。
5. 增田福太郎著，黃有興中譯，江燦騰主編，《臺灣宗教信仰》，東大圖書，2005 年。

靈山仙境：
論淡水無極天元宮的空間神學

李峰銘　著

作者簡介

李峰銘，私立天主教輔仁大學宗教學碩士、目前就讀於國立政治大學民族學系博士班。曾於國立空中大學從事殯葬相關學科教學，目前於國立高雄大學通識教育中心兼課。研究領域為臺灣民間宗教中的降神、通靈與靈修等諸身、心、靈之現象，並觸及臺灣新時代靈性運動。感興趣的學科則跨越宗教學、神祕學、殯葬科學、文化人類學及精神分析。

提　　要

此篇論文所論及的空間神學，是先將無極天元宮廟宇建築空間加以分類，提出「天」、「人」、「地」的三種類型。此三種類型主要針對無極天元宮，在「神靈界」、「靈乩」與「靈脈」所展開的空間型態為主。對於無極天元宮空間神學的三種類型論述之後，即以三種類型說明無極天元宮所成立的三大道場的空間佈置。從第一道場：「天元」（南天考核臺），說明靈乩至此如何藉由空間的佈置規劃，經過儀式性的作用，對於來此靈修者產生莫大的影響。從「梅花五龍池．無上真」啟開靈修者的靈性，經過「天聖門．玄靈一」的由俗轉聖過程，至第一道場，向諸神靈告知願加入靈修會靈的行列，以獲得生命的內在真實解脫。之後，至第二道場：「真元」（考核歸元臺），也就是五層樓仿北京天壇的圓塔建築。五層樓由不同的神靈進行對元靈的考核與試煉。從第一層樓真元中殿開始，透過「靈山會母」的儀式性行為，讓靈修者了知靈修的目的。接著進入第二層樓真元三佛殿，由自性三佛開啟，元靈的自在本體，明晰自身的元靈為何，以作為進入引領天命的開端。然後至真元玉皇殿，向象徵無極界的金光玉皇領取天命，以進入最後隸屬於靈乩靈修體系「一炁化三清、三清化五老」的神秘靈修系統。此靈修系統分別分置在第四層樓的真元五老聖上殿，以及真元三清殿。靈乩至此大致完成靈修的儀式，之後即可至天山聖境領取金衣玉帶，重返仙境家鄉。未來無極天元宮即將興建的第三道場：「聚元」（龍華宴），即象徵萬靈各歸其本位，齊聚一堂，大開龍華聖宴，以慶祝靈乩渡化眾生有功，修行圓滿，進入太平盛世的仙境家鄉。整個無極天元宮的空間佈置規劃，即依其神學教理的意涵，付諸實現。

謝　詞

本書的出版感謝亦師亦友的李世偉老師之大力推薦與幫忙；感謝十多年來在學術上啓蒙我的老師：王鏡玲老師，無論在宗教、哲學、藝術與田野調查等各個領域上的啓迪；感謝許洋主老師在佛學及佛教語言的諄諄教誨；感謝許麗玲老師將我推向體驗宗教內在核心的神祕世界，使我就此轉向直探「生命的本來面目」與「靈性的奧義殿堂」。

感謝在我面臨生死交鋒與恐懼叩門之時，陪我一起渡過難關的師長、朋友〔註1〕與家人。感謝翁師姑的點化與天和愚士的傳法。感謝生命中過往傷痛的遭逢與種種愛恨糾纏的焠鍊。感謝張慧端老師持續地在學術專業上與精神力上，不斷地鼓勵、關心與全面性的支持，並給予我寬廣遼闊的學術自由，以及探索生命的絕對空間。〔註2〕

最後，
願以此書記念2012年10月12日午夜時分，
靈師Osho的造訪與無情的震攝，
擾動了我那沉睡已久的幻影人生。

作者筆述於楠梓坑之下鹽田 2012/12/3

〔註1〕這群朋友是：玉杵、凡、秀惠、明政、素蘭、Sawa、阿忠、Debby、寶咖咖。
〔註2〕也感謝目前在學術上一直鼓勵我的林美容老師、鄭志明老師、丁仁傑老師與林曜同老師。

目次

第一章　導　論

1.1　淡水無極天元宮在宗教學研究上的定位

欲探討淡水無極天元宮時，首先馬上牽涉到於宗教學研究的定位問題。事實上，當我們研究每一間宮、廟、祠、寺時〔註1〕，則只能將每一間廟宇，以研究個案的方式，先視爲單一的信仰形態，以作研究。定義的用意，其實是爲了探討，當淡水無極天元宮被研究學科視作爲一個所謂的民間宗教信仰時，是否擁有一個本質的存在。這個所謂的本質，到底是如何追隨時代的巨輪，依然深伏於當代的社會脈絡之中，以不同的形態展現。〔註2〕以下就從「民間信仰」一詞的定義開始探討，繼之說明「民間信仰」雜而多端的信仰形態爲何，以顯示淡水無極天元宮作爲「來自民間的宗教」的特質。

1.1.1　淡水無極天元宮的「民間」特質

「民間信仰」與「民俗宗教」抑或「民間宗教」的稱呼，向來在台灣宗教學研究上難以定義。〔註3〕「民間」一語的相對詞是「官方」，這種詞意相

〔註1〕在台灣地區的宗教建築物，其中以道教或民間信仰的宗教建築物爲主的廟宇，有稱爲：宮、寺、殿、壇、庵、亭、廟……等等。瞿海源（編篡），《重修台灣省通志・卷三・住民志宗教篇・第二冊》（南投：台灣省文獻委員會，1992），頁1042～1054。

〔註2〕謝世忠，〈漢人民間信仰研究的本質、體系、與過程理論——英文論述中的幾個主要結構論模式〉，《文史哲學報》43（1995）：1～28。

〔註3〕有些學者將「民間宗教」一詞與較無明顯教義、教派的「民間信仰」相對應起來。參閱鄭志明，《台灣民間宗教論集》（台北：學生書局，1988）。

對性的產生，從華人宗教史來看，即可知道華人的宗教其實隱含著政治性。或許我們可以說「來自民間的宗教」基本上指涉的是一種不屬於制度化宗教（an institutionalized religion）或被官方認可的官方宗教，如國教的設立、中國史上曾被視為的道教、佛教。也許我們可以說，「來自民間的宗教」其信仰的內涵與信仰的民眾，就不僅僅侷限於一個所謂民間的社會階層，甚至它可以隸屬於任何一個社會階層之中。〔註4〕它可以如制度性宗教那樣，把人類生存的最高目的，置放在國家機器的權力結構之下，成為既得利益者操弄的宗教意識型態。〔註5〕它也是可以擁有儒釋道三教制式化的宗教型態，或是以非佛、非道、非儒、非教派的民間之擴散性宗教信仰型態展現。〔註6〕民間宗教信仰打破官方的、既得利益者的、制度化宗教形態的藩籬，成為社會各個階層民眾暫時進入全民共享、自由、平等與富足的烏托邦異想世界。淡水無極天元宮，即作為此種宗教形態的樣貌，活躍於台灣當代的眾多宗教信仰之中。

也因為民間宗教信仰非屬於單一的制度性結構與非單一階層的信仰價值，所以民間宗教信仰提出的神學教義理念，大都符合人們的現世利益的目的。民間宗教信仰反映每個時代各種社會機制的分工與整合，因應不同時代的民眾需求，脫離既有的階級、制度性宗教、國家機器的道德價值、規範、禁令的固定性、不變性和永恆性，使民眾可以安身立命於現世世界。從個人趨吉避凶的安身立命之道，到國家民族整體命運之道，民間宗教信仰不斷地徘迴在既有的傳統時代價值觀念，與新時代的價值體系之裂縫中，相互碰撞拉扯，開出自己所屬的神學教義理念。如此地理解民間宗教信仰的形態，才不失其多樣性的當代論述之可能性，直接指向民間宗教信仰內在的價值意識與運作邏輯。

1.1.2 雜而多端的宗教信仰形態

華人宗教向來雜而多端，從道教的成立過程，就可得其一二。〔註7〕紛雜

〔註4〕 Rolf A. Stein, Religious Taoism and Popular Religion from the Second to Seventh Centuries, in Holmes Welch and Anna Seidel, *Facets of Taoism: Essays in Chinese Religion*, New Haven and London: Yale University Press, 1979,p54.

〔註5〕 Karl Max，〈《黑格爾法哲學批判》導言〉，收入《馬克思恩格斯全集3》（北京：人民出版社，2002），頁199～200。

〔註6〕 林美容，〈台灣民間信仰的分類〉，收入氏編，《台灣民間信仰研究書目〔增訂版〕》（台北：中央研究院民族學研究所，1997），頁Ⅶ。

〔註7〕 有學者以道教作為華人宗教信仰文化的基礎，把民間信仰視為道教的延伸，

的論述體系，讓人眼花撩亂，也是民間宗教信仰的特質。民間宗教信仰的成立過程，是由地方群眾依據所處的時空環境背景，產生出來的。它不像一般制度性宗教，有一位偉大的思想性人物，提出人在現世世界應有的生命價值立場，而形成一個宗教組織。宗教組織爲了適應不同的時代背景，因而產生了分化的現象，出現了宗教教派的信仰形態。也因爲民間宗教信仰的產生，是源於當時的環境需求而有所發展。這種對於環境的適應性，就是構成民間宗教信仰龐雜的最土要原因。教義的爭辯，完全是爲了個人與集體能夠在人世間安身立命的最大價值爲取向。需求性的價值取向，隨著時代環境的變異，產生不同適應環境的利益方式。也就是說，民間宗教信仰的民眾不把自身排除在不斷生成的世界整體之外。他們是未完成的、也是生生死死，不斷更新的。〔註8〕

因此當我們進入民間宗教信仰場域研究時，不免從當代社會環境出發，嘗試理解民間宗教信仰如何地爲了適應當代社會環境的需求，所因應而生的神學教義論述。有時民間宗教信仰，甚至只是作爲文化再生產的模式，傳播著古老文化的價值信念。這些信念也隨著時代的需求，以不同的方式包裝呈現，其內在運作的方式依然是古老的。看起來「雜亂」，其實只是「現象」。所以，當我們若只從民間宗教信仰的外在形態作觀察時，很容易被外在這看似雜亂的現象所困惑。其實民間宗教信仰形態，只是作爲某一特定時空背景的展現，將所有當時社會文化現況，以自身的詮釋方式加以論述，而融塑出一套對應於當代社會文化背景的神學教義體系。這種看似雜亂無章，而又無所不包、且附有彈性的鬆散架構，正是民間宗教信仰者爲了適應每一時代社會文化環境，所孕育而生的宗教信仰之價值信念。也就是說，究其內在價值信念運作的方式，才是我們發現民間宗教信仰自身價值的究竟。

1.2 「空間」的意識取向

空間向來就不只是一個不具人類價值的物理（physical）形態場域，也絕

甚至把民間信仰與道教幾乎等同起來。參閱劉枝萬，《台灣民間信仰論集》（台北：聯經，1983）。若從道教集結的典籍《道藏》中，也可以發現與民間信仰相關的資料。參閱施舟人，〈《道藏》中的民間信仰資料〉，收入氏著，《中國文化基因庫》（北京：北京大學出版社，2004），頁 84～100。

〔註 8〕 Mikhall Bakhtin，《拉柏雷研究》（*Tvorchestvo Fransua Rable i narodnaia kultura serdnevekovia i Renessansa*），李兆林、夏忠實（等譯）（石家莊：河北教育出版社，1998），頁 11。

非來自形上學（metaphysics）的、先驗（priority）的預設。它本身即是反映人類面對外在環境時，意欲表達的處所。人在經驗空間之後即能了解，每個人爲的社會文化空間的意涵。空間成爲人類意識的載體，同時也是人類權力流動的地方。以下說明空間如何被人類意識加以塑造，形成一個具有象徵意義的空間，以及運行於其中的權力機制。

「空間」一詞本身即是一個非常抽象的、中性的概念，由概念組合而構成（constitutive）〔註 9〕。但「空間絕不是一個價值中立的存在或是人們活動的背景，它一方面滿足人類遮蔽、安全與舒適的需求，一方面更展現了人們在某時某地的社會文化價值與心理認同」〔註 10〕。也就是說「空間」（space）可以是完全經由人的主觀經驗體現而出。這樣的說法使得空間擁有某些特性，「空間」的產生也就隨著人類慾望的投射與賦予，變的有所新／心意。但這裡所談的絕對不是單單一個人的慾念，而是來自那完全不是自我的集體意識（collective consciousness）以及宇宙意識（cosmic consciousness）。〔註 11〕產生一種人與外在環境（即空間）相互連結的互動關係。也就是說，自我慾念的產生本身伴隨著每個代時空文化脈絡的變化而產生（也就是一種大環境趨勢的變化而產生），〔註 12〕這種慾念是一種文化集體意識的塑造，同時也把整個社會環境空間建造成集體意識所認知的形態。

這種形態在華人民間宗教信仰中，即由具有通靈特質的人物，將此集體意識以神權之名，將之賦予空間，空間就成爲集體意識展現的象徵場域。與此同時，空間所凝塑的價值意識也反過來影響信仰民眾，成爲人與空間、人與外在環境相互證成的因果連結關係。因此，每一個民間宗教信仰的空間，就是一群集擁有相同宗教價值意識者，所共同形構的神聖場域。空間開始充滿著價值的取向，其價值的意識取決，則導向於依時代性的集體意識所創發的社會文化價值系統。這也就是人與外在環境互動之間，共同建造的集體意識場域。

〔註 9〕 Gaston Bachelard，《空間詩學》，龔卓軍、王靜慧（譯）（*La poétique de l'espace*）（台北：張老師文化，2003），頁 38。

〔註 10〕 畢恆達，《空間就是權力》（台北：心靈工坊，2001），頁 2。

〔註 11〕 參閱余德慧，〈詩意空間與深廣意識〉，收入 Gaston Bachelard，《空間詩學》，龔卓軍、王靜慧（譯）（*La poétique de l'espace*）（台北：張老師文化，2003），頁 6。

〔註 12〕 就像資本主義的時代，會有資本主義時代所產生的問題。如：社會福利問題、婦女的工作權問題……等等。

1.3　淡水無極天元宮的空間神學

座落在淡水北新莊的無極天元宮會成為一座「靈乩〔註 13〕道場」，是因應台灣當代，由民間教派的宗教精英份子所興起的「會靈山」〔註 14〕潮流下，所衍生的。此座廟宇氣勢宏偉，依山勢而立，前後分成三大部分，以建立三大道場。三大道場的形成，依據的是傳統民間教派運行已久的時間觀——「三期末劫」。從這裡可以窺見，淡水無極天元宮與一般傳統民間信仰的廟宇在信仰的時間觀上有所不同。淡水無極天元宮為民間宗教菁英份子所籌建的廟宇，在廟宇的建造模式上相當特殊。從外觀上初看，與一般傳統民間信仰的廟宇並無多大差別，但若細看則可發現許多有別於一般傳統民間信仰廟宇的建築佈置。觀察這些建築佈置，可以發現淡水無極天元宮的形式，是依據傳統民間教派所以為的教理神學建造而成。但這裡的教理神學絕對不是如西方基督教神學體系般的系統化神學架構，而是雜糅中國文化兩千年來所孕育的宗教神話系統、儒家的人文精神體系、人神交感的巫術傳統與自然的陰陽五行概念會合而成。

中國文化兩千多年的精神文明，隨著時代的變遷，在傳統民間宗教精英份子的轉化底下，變現成一套龐大的神學教理譜系。但這麼龐大的神學教理譜系，絕對沒有辦法把中國兩千多年來的精神文明通通容納或濃縮的無懈可擊。勢必有所刪減，融會貫通之後，才能營造出每一個時代下所關切的核心教義。而這個神學教理譜系就在民間宗教精英份子的引領與提倡之下，慢慢地形成民間底層人民的普遍信仰價值。這些普遍信仰價值則一一地被信仰者以自身體會實踐而出，也因此造就出多向度（dimensions）的信仰內涵。

因此，若要探究淡水無極天元宮絕對不能只是從整體物理空間上的建築學（architectural）結構探求，這甚至不是筆者在此所要凝視的焦點，而是以

〔註 13〕鄭志明認為：「靈乩」這個詞是偶然產生的，原先這一類的乩有的稱為「童仔」、「通仔」，與乩童是有關聯。參閱鄭志明，〈「乩示」的宗教醫療〉，收入氏著《宗教與民俗醫療》（淡水：台灣宗教用品有限公司，2004），頁 192～193。

〔註 14〕依據丁仁傑的推論：「會靈山」雛形的出現，大約在西元 1980 年代前後，而其盛行於全島是在 1990 年以後的事，至於各種記述相關活動應遵守之形式的「會靈山手冊」之文本，最先出現時期大約在 2000 年左右。參閱丁仁傑，〈會靈山現象的社會學考察：去地域化情境中民間信仰的轉化與再連結〉，發表於國家科學委員會社會科學研究中心．中央研究院民族學研究所（主辦），「宗教教義、實踐與文化：一個跨學科的整合研究學術研討會」（台北：中央研究院民族學研究所，2004），頁 7。

更寬廣視域，說明「一間」當代的「靈乩廟」〔註 15〕——淡水無極天元宮，如何在整個中國文化與台灣文化的時空脈絡下，孕育而生，並於如此大的時空環境中，體現於空間上。也就是說民間宗教精英份子如何帶領民間底層人民，將其共同信仰價值理念建築在這個現實的世界之中，打造出一個跨越時空（人為的、物理的空間觀與時間觀）的神聖境域——「靈山仙境」。

如何打造「靈山仙境」？就牽涉到每個教派領袖，尤其是那些宗教菁英份子，如何定位自身於傳統宗教文化脈絡之中或之外；如何吸收傳統古典知識領域與當前現代知識領域。因此每個宗教菁英份子皆可說是一位民間宗教文化的思想家與藝術家。為何如此稱呼他們？是因為他們把自身所思考到的、感受到的，將這些構築出一套計劃，並付諸實現。這是一種夢想家的自我創作與實踐，也是一種集體（其實是某部分的人，信仰者）文化創造的表現。神學教義是宗教精英份子所設想出來的一張完美藍圖、一套健全的原理，在實踐的最大公約數之中，由宗教菁英份子與信仰者共同創造、編織偉大不朽的歷史傳奇，並以具體的方式，創建一座聳立於群山環抱的巍峨聖殿，以回到人神共處的原始鄉愁之中。

如此地再造與創新，把自身生命關懷的慾望，直接地投射在現世世界之中。於是新的概念產生，造就了一個新時代英雄式的人物，這個人物他來自民間底層，匯聚了傳統民間底層的力量，以其無限的感應能力，擁有捕捉來自天廳的訊息，他就是當初草創無極天元宮的核心人物——黃阿寬〔註 16〕。從無極天元宮的空間佈置研究，將有助於我們了解目前台灣當代通靈者，也是目前活要於台灣民間教派的重要人物黃阿寬，如何將中國兩千年來傳統文

〔註 15〕「靈乩廟」為筆者指涉參與「會靈山」活動的宮廟神壇。

〔註 16〕黃阿寬是籌建「淡水無極天元宮」與「石碇龍虎山無極天明宮」重要的核心人物，也是籌辦「靈乩協會」的關鍵人物。三十九歲始至通靈，承受天命，與汪萬癸、汪楊玉英、楊清標、李克照、高玉霞、何振源、王諸回等八位為淡水無極天元宮的開山基幹。參閱財團法人淡水無極天元宮（編印），《中華民國九十四年歲次乙酉 雞年 農民曆》（淡水：財團法人淡水無極天元宮，2005）。因此，黃阿寬成為無極天元宮主要的靈乩之一。整個無極天元宮的空間設計規劃，都是經由黃阿寬的通靈之後，依據上天神靈的指示建造而成。除了傳遞上天旨懿建造無極天元宮之外，黃阿寬還經由通靈傳遞上天神靈欲在人間開啓救渡眾生的「靈山心法」，並提出一套靈乩修煉的法門，帶領各個靈乩通往靈性之道。目前黃阿寬已由靈乩轉向聖乩，也就是說黃阿寬在靈乩中是居於要首之位，許多無極天元宮的大大小小法會，都是由黃阿寬代表上天神靈於人間施行。由此可見黃阿寬在無極天元宮所在的地位之重要。

化所孕育的宗教神話系統、儒家的人文精神體系、人神交感的巫術傳統與自然的陰陽五行概念，透過自身靈感神秘經驗的體會與對傳統宗教文化知識概念的掌握，融受出一套屬於自身宗教文化的信仰價值體系，並藉由實踐（奉行）此體系，打造一個多重內涵的神聖場域。

宗教菁英份子就是由自身體會到神學教理的創建，無非皆來自內心慾望的無限渴求。生命的執著，靈魂的變現，想像讓「他者」（other）的視域無限開顯（hierophany〔註17〕）〔註18〕，讓人神共組神聖的歷史詩篇。現在就讓我們體現台灣當代重要的「靈乩道場」之一：「淡水無極天元宮」，如何透過空間的佈置規劃，以接連那遙遠的、亙古的、不變的、精神上的人間原始的情感與鄉愁。

1.3.1　何謂淡水無極天元宮的空間神學

由淡水無極天元宮的空間佈置來看，則不免透露著中國兩千多年來與台灣自身所孕育而生的宗教文化因素。這些宗教文化的因子，在無極天元宮的空間佈置上處處清楚可見。從最小的瓷磚、瓦片設計，到「靈乩道場」三進落整體規劃的超大建築──「無極天元宮」、「無上旨無極眞元天壇」與「無極聚元三聖殿」〔註19〕，甚至連天元宮的公園裡花草樹木的園藝造型，皆透露著靈乩在台灣當代所奉行的神聖使命（即「天命」）。

因此本篇論文，想藉由對淡水無極天元宮空間佈置的探索與分析，以瞭解台灣當代民間教派目前所流行的神學教理體系，所以筆著將之稱爲：「空間神學」。此意即是把淡水無極天元宮的空間佈置型態，作爲承載淡水無極天元宮教義神學的具體展現方式。因此，以「空間神學」界定之，無非是想就台灣民間教派運行以久的傳統神學教理，藉由民間教派空間佈置的研究，加以耙梳其流變。當然這個認識，也只能是當前台灣廣大民間教派信仰體系，或是台灣民間宗教信仰系統的其中一個現象而已，而無法泛指台灣所有民間教

〔註17〕「hierophany」一詞在 Mircea Eliade 的用法中，指的是「神聖向我們顯示他自身的意思」。參閱 Mircea Eliade, *Patterns in Comparative Religion*, translated by Rosemary Sheed, New York: Sheed & Ward, 1958, pp7.

〔註18〕許多宗教精英份子用其無限的感應能力，將上天建構出許多的神聖世界，每個神聖世界又隨著時空的變化與不同宗教教派信仰的宗教精英份子的重構，使神聖世界的眾神們不斷地開顯，幻化出更多的神學教理體系。

〔註19〕台灣當代聖乩黃阿寬，將其自身所籌建創立的「無極天元宮」、「無上旨無極眞元天壇」與「無極聚元三聖殿」合稱爲「三大道場」。

派的現象。雖然淡水無極天元宮的靈乩們，擁有總收圓台灣目前現行民間教派的氣勢，甚至對中國在台灣的傳統本土宗教道教，也有輕視之意。但目前還是作爲台灣民間教派的其中一員。若要發展成全台大型的宗教，勢必要與傳統中國固有宗教（道教、佛教、民間信仰〔註 20〕）、台灣民間教派〔註 21〕（夏教、正宗書畫社、一貫道〔註 22〕……等）與新興宗教〔註 23〕（山達基、青海無上師世界會、眞佛宗……等）相互競爭。

淡水無極天元宮的空間神學所包含的內容有哪些呢？又具體的呈現在哪些象徵符號呢？也就是說，要如何對淡水無極天元宮那無所不包的空間神學

〔註 20〕筆者將民間信仰放入固有宗教的範疇中，主要是由於民間信仰多半沒有獨立自主的神學教理（尤其指「入教儀式」），而是以神明的「靈驗性」爲主，吸引信仰者，因此多以組織的型態出現。但其奉行的宇宙觀還是依據中國傳統固有的「天」的概念，及其開展出來的神明譜系，與地方神話傳說作一結合，孕育出多元內涵的信仰價值。早期研究民間信仰的學者大部分皆認爲，民間信仰只要是指欠缺：「創教教主」、「教理體系」、「教團組織」與「經典儀禮」的信仰型態。參閱劉枝萬，余萬居（譯）〈臺灣的民間信仰〉，《臺灣風物》39／1（1989），頁 79～107。

〔註 21〕王見川認爲：民間信仰可分爲「民間信仰」及「民間宗教」（或稱民間教派）兩部份，這和「既成宗教」有很大的區別。所謂「既成宗教」是指制度化或正統的宗教，如佛教、道教、回教等。而「民間信仰」則是指常民的信仰型態，如媽祖、王爺等神明信仰；至於「民間宗教」就像一貫道、慈惠堂（二者是戰後臺灣本土最具實力的教派），含有既成宗教的某些基本成分，例如明確的教義、教主、經典、執事等，但卻不被官方承認，只能在民間求生存。若再細分，在民間信仰和民間教派之間，另一種叫做「鸞堂」的宗教信仰，它可以被歸類爲民間信仰，也可以被視爲民間教派。參閱王見川，〈臺灣民間信仰的研究與調查——以史料、研究者爲考察中心〉，收入張珣、江燦騰（合編），《當代臺灣本土宗教研究導論》（台北：南天書局，2001），頁 84。筆者認爲，若以是否擁有明確的教義、教主、經典、執事等事項，來界定一個信仰是否爲制度不制度化，則將只是用西方基督宗教一神觀的信仰來看待華人的宗教信仰型態，而無法對華人宗教信仰型態作有效的界定。

〔註 22〕一貫道，是「新興宗教」還是「民間教派」，抑或是「傳統宗教」。早期董芳苑將一貫道視爲新興宗教，是以「戰後」作爲判定新舊的分水嶺，以切卻的時間界定，並將新興宗教分成三個類型。一貫道在董芳苑的分類下屬於第二種類型，即「戰後來自中國大陸及國外的教門與近代宗教」。參閱董芳苑，〈台灣新興宗教概觀〉，收入氏著《認識台灣民間信仰》（台北：長春文化，1986），頁 320～321。另外，有關討論「民間信仰」一詞的內容與界定，可參考林美容（編），《台灣民間信仰研究書目（增訂版）》（台北：中央研究院民族學研究所，1997），「民間信仰」條，頁 39～44。

〔註 23〕有關「新興宗教」與「傳統宗教」的定義問題，參閱鄭志明，〈臺灣「新興宗教」的名詞界定〉，《台灣史料研究》6（1995.8），頁 42～52。

的內容，加以整理、分類與分析呢？以下將對淡水無極天元宮的空間神學提出三個主要類型，並說明此三種類型各自所在的脈絡，作爲探討。

1.3.2 淡水無極天元宮空間神學的三種類型（靈乩、靈脈與靈界）

「整體」、「一體」的觀念，是華人社會主要思想架構。在「一」（One or all）的架構下，同時開展出「多重」、「並列」與「平衡」的觀念。也就是說，在華人社會裡所認爲的「一」，並不是如西方「猶太——基督宗教」的（Judeo-Christian）「一神」（God）下的「唯一」、「獨一」的絕對性概念。所以，在西方的「人——神」關係通常是斷裂的，「人」永遠都不可能成爲「神」（God）。但在華人文化中，「人——神」關係是，「人」（human being）可以變成「神」（god），而且許多的人可以變成許多的神，形成「眾神」（gods）。因此，「神」在華人的宗教信仰文化中，並不是「獨一」、「唯一」的觀念。既然不是獨佔的觀念，則天神也可能成爲凡人，如中國唐朝李白，則自命爲「天上謫仙人」，就是一個例子。其背後則蘊藏著華人宗教信仰關於「人．神．鬼」的動力學（dynamic）關係。此動力學的關係以「人」的存在狀態爲主軸，以此向「神」與「鬼」兩種狀態延伸，且「人、神、鬼」三者有時也在相同的時空脈絡與相異的時空脈絡下呈現出不同的樣態，〔註 24〕而構成三者可以相互溝通變化的循環動力。人死可以變成神，也有可能變成鬼，但鬼也可以經由一定的修成或因功過投胎爲人或變化成神，而神的自由空間最大，可以降凡爲人，也可能因觸犯天條淪落人間或地獄之鬼。

藉由東西方觀念的對照，使我們可以清楚地認知自身所奉行卻不自知的核心概念。但這裡將會更深入地探討華人信仰中「人」（「主體」，subject）與「物」（「客體」，object）關係，因爲這將會牽涉到本篇論文所採取的分類類型方式。「物我一體」，主客關係的消融，是華人文化的一個信仰基礎。人不只可以與神互通，與神相接連，甚至可以變成好的神、仙、佛……等等，或是變成華人社會中認爲不好的鬼、魔、精、妖……等等。這基本上還是圍繞在以人爲中心所開展的「人．神．鬼」關係系統裡。但如果牽涉到物質性的東西時，那麼「物我合一」與「萬物一體」概念，將使以人爲中心的「人．神．鬼」關係系統裡增添更多的內涵。在「一體」的觀念下，中國文化曾提出「氣」的概念以作解釋，認爲所有宇宙萬物齊發的源頭就是那「氣」，或

〔註 24〕這有點像科學裡所說地，一種物質因結構的改變，產生不同的型態。如：「水」的三態變化，「固體、液體、氣體」。

「一氣」。因此，天有天的氣象，土地裡含有地氣，人呢？就如《莊子．知北遊》提到「人之生，氣之聚也；聚則爲生，散則爲死」。〔註 25〕「氣」的概念，這基本上已構成華人宇宙發生學的根本動因。所謂「氣變而有形，形變而有生。」〔註 26〕

「氣」竟然成爲宇宙發生學的關鍵因子，在台灣目前現行的許多民間教派，大都採取這個古老宇宙發生學的論述立場，雖然在論述上有所不同，但大抵大同小異。以淡水無極天元宮爲例，其主要宇宙的開闢說，就是那宇宙中的「玄玄一炁〔註 27〕」或「玄元一炁」。所謂「一氣（炁）化三清，三清化五老」，形成無極天元宮的宇宙圖示，而掌理宇宙的至上神則是原本無形無相的「無極先天聖祖」。因此筆者認爲在華人寺廟空間的建築形式，通常隱藏著「天」、「地」、「人」三種類型合而爲一的型態。此型態即是華人空間文化中，人與外在環境的關係（即：「天」與「地」），但這三種類型的背後，畢竟還是必須要以「氣」（或「炁」）作爲開展宇宙圖示的核心概念，以致可以消泯彼此主客之間的二元邊際，達到「天人合一」的終極性隱含目標。

所以，筆者認爲淡水無極天元宮的建築空間，基本上也隱藏著「天」、「地」、「人」此三種類型，也就是說，無極天元宮的空間本身，即象徵「天地人」三者。這三種類型的內涵會隨著不同民間教派的宗教菁英份子，對傳統宗教文化的內涵加以擷取改造，以致提煉出一套適合於當前民間教派信仰者的神學教理。但要對這三種類型中的內涵多做改變，其實並不容易，因爲這可是共組華人宗教文化的重要根源。因此，本篇論文的前三章即以「天」、「人」、「地」這三種類型說明構成淡水無極天元宮空間神學的源流，而對這三種類型內涵的論述，一方面將會扣緊中國傳統的宗教文化背景，畢竟民間教派的宗教精英們，就是吸取這兩千多年來的宗教文化的知識，加以擷取改造；另一方面則是會說明淡水無極天元宮的靈乩們（尤指聖乩黃阿寬），把中國傳統的宗教文化知識改造後所呈現的型態，而這些型態又和中國傳統宗教文化知識有多大的區別。以下先就淡水無極天元宮空間神學的三種類型，加以界定。

〔註 25〕 黃錦鋐（注譯），《新譯莊子讀本》（台北：三民書局，1998），頁 253。

〔註 26〕 《新譯莊子讀本》，頁 212。

〔註 27〕 「炁」此字的意思，代表先天之「炁」，爲宇宙創生之氣；與後天之「氣」，爲宇宙萬物運行之氣有別。

第一種類型：「天」

這裡所要談的天的類型，基本上已經脫離自然形態的天的概念，而成為宗教信仰上的天界神靈形態，更成為無極天元宮靈乩們接應天上神靈指令的天命形態，而構成淡水無極天元宮空間神學展開的第一種類型下所談論的神話思維（即：宇宙觀）——「靈界」。「萬靈朝元」是淡水無極天元宮的靈乩們常使用的宗教術語。「萬靈」，通常是指從母娘（瑤池金母）身邊墮落紅塵的原靈。而「神靈」則是無極天元宮的靈乩們稱呼眾神明的專有宗教術語。如此地這樣稱呼神明，似乎有總把眾神明的元靈與人的元靈，通稱在同一「靈」的概念底下。把人與神的界線變得曖昧不清，以致人與神皆由靈變化而來。但這裡將會探討支配眾神靈的神話思維，這些神話思維是運行於中國傳統宗教文化由來已久的神話傳說，也是開展民間教派信仰文化宇宙觀的神話傳說。靈乩藉由這些原有的傳統神話傳說加以體會改編，變現出一套屬於淡水無極天元宮特有的宇宙神話時間觀與空間觀。因此，從淡水無極天元宮的空間佈置可以很清楚的意識到，無極天元的宇宙觀同時擁有多套的神話體系相互並行，構成多重的宇宙圖示，且這每一套神話體系，如：三期末劫的龍華三會、母娘救劫的神話體系、真空家鄉……等等，在台灣民間教派的信仰文化中都擁有其各自奉行的教派團體，如：台灣的齋教〔註 28〕、一貫道、慈惠堂、鸞堂……等等。

第二種類型：「人」

這裡所要談的人的類型，絕非泛指一般人，而是具有通靈能力的亦神亦人的「神人」人物〔註 29〕。在淡水無極天元宮空間神學展開的第二種類型下所界定的此種特殊人物——即：「靈乩」。靈乩，基本上是中國傳統宗

〔註 28〕據日據時代的官方報告，日本人將「龍華派」、「金幢派」與「先天派」，三派歸稱為齋教。參閱丸井圭治郎，《臺灣宗教調查報告書．第一卷》（台北：捷幼出版社，1993），頁 7，第十章〈齋教〉。其實此三派各有其發展的背景，尤其是先天派的研究，經林萬傳考證提出源於全眞教之說，使得是否適宜將此三派繼續以「齋教」稱呼之，則有待考量。參閱林萬傳，〈台灣齋教：先天道源流考〉，收入江燦騰、王見川（主編），《台灣齋教的歷史觀察與展望——首屆台灣齋教學術研討會論文集》（台北：新文豐，1994），頁 113～144。另外鄭志明認為林萬傳對於先天道源出全眞教的說法，證據薄弱，並以予論辯。參閱鄭志明，〈臺灣先天道的宗教本旨研究〉，《東方宗教研究》1（1987），頁 203～226。

〔註 29〕此種「神人」的稱呼，也可泛指一般薩滿（shaman）現象、靈媒、巫祝、乩、通靈者（spiritual medium）……等等。

教文化下與台灣宗教文化下產生對於通靈者的新稱呼。在華人的宗教文化裡頭，通靈者的出現是有其遠流的。靈乩只能作爲台灣當代對通靈者的稱呼，而這個稱呼又是來自某種政治性的要求。若將靈乩放進傳統的靈媒系譜裡，其中會發現此種通靈現象與其他通靈現象，是有其階序性的。但這通通還是來自整個華人通靈文化的普遍現象，因此隨著時間的推移，華人的宗教文化對這些通靈者，是賦予不同的稱呼與內涵，而且其指涉的內涵，又有廣義與狹義的界定。華人所使用的語詞、語意通常擁有很大的詮釋空間，在詞意的運用上較有彈性。所以當我們聽到民間底層人民在使用「道」或「氣」（或「炁」）的概念時，會有其一套的自我說詞。又如在中國的古典文獻中有「巫」或「巫覡」的稱呼，但對每個時代所作的解釋就會隨著詮釋者的理解，而產生不同的內涵。這也就是爲什麼，當筆者要說明「靈乩」一詞時，需要把他放進整個台灣靈媒譜系中來談，這樣才能經由職能上的不同以作區別。

第三種類型：「地」

這裡所要談的地的類型，以超越地理空間上的地景形態，而成爲一種抽象式的地理圖示，隱藏著地理空間的延伸意涵，形成宗教信仰上人間天堂的地理形態。這種形態即是在淡水無極天元宮空間神學展開的第三種類型下所談論的風水觀——「靈脈」。淡水無極天元宮所談的靈脈空間位置的看法，基本上不脫中國傳統文化中所談論的風水地理學的觀點。淡水無極天元宮的建造過程從不需要專業的風水地理師，請他們來看看風水之後，才建造廟堂。而是靈乩們自己以通靈的方式，直接由神靈點選神聖的宮廟住所。在民間信仰的區塊裡，專業的術數師〔註30〕常與通靈者互別苗頭、相互攻擊。主要是因爲對民間信仰的信仰者所從事的服務項目、內容，多所重疊，所以才會造成相互競爭的情形。無論如何，靈乩在面對台灣宗教文化現象時，總是可以提出一套新看法，以區別其他傳統宗教文化現象，這也就可以從淡水無極天宮所座落的位置上來作探討，看看靈乩們如何將淡水無極天元宮的靈脈觀念與中國傳統風水地理學的龍脈觀念相互接連、轉移，成爲台灣——中國大陸——與世界的中心。因爲靈乩是經由通靈的緣故，所以每一間「靈乩廟」，所認爲的、或所接承的靈脈分部位置也有不同，這些靈脈，也就是會靈的聖地，

〔註30〕這裡的術數師指專行：山、醫、命、相、卜，五術的專業老師。這些專業老師大都不會通靈，而是經由師徒授受，學有所成。

都是由神明直接諭示，然後編印成冊。〔註 31〕若從每間靈乩廟所印製的會靈手冊中查看，就可認識目前台灣當代靈乩現象下所認爲的靈脈分布位置。〔註 32〕但本篇論文只侷限於淡水無極天元宮的靈脈源流作深入的探討與分析。

以上先大致界定，淡水無極天元宮空間神學所開展出來的三種類型的基本內涵。如此的界定，對於這三種類型內涵的探討，將有助於後來說明淡水無極天元宮整體空間佈置的因由。也有助於探討當前台灣民間教派發展的趨勢，及其基本的神學內涵。這樣才不會對淡水無極天元宮的探討，有脫離時空脈絡的可能性。

因此，本論文希望能作爲未來建構台灣三大學說〔註 33〕的前哨戰，並盡可能地將淡水無極天元宮空間神學的三種表現類型，分別把第一種類型：「天」，也就是「靈界」的探討放在，「台灣民間神話學」的脈絡來談；把第二種類型：「人」，也就是「靈乩」的探討放在，「台灣靈媒系譜學」的脈絡來談；把第三種類型：「地」，也就是「靈脈」的探討放在，「台灣風水地理學」的脈絡來談。如此地探討主要還是想盡可能地、全面地把「淡水無極天元宮」成立的可能性完整地論述。

〔註 31〕「會靈手冊」到底是由神靈降示，還是由靈乩自己編印成冊，值得關切。因爲這可能有助於探討會靈山風潮與傳統一般民間信仰信仰者，到四處廟宇拜拜（參拜）的文化有所關連。而且「會靈手冊」的造作方式與傳統鸞書製作的方式，也有很大的不同，整個編印過程有待研究。

〔註 32〕如高雄市無極皇天宮（恭印），《靈修手冊》（高雄：無極皇天宮，2005），頁60～61，中就記載著淡水無極天元宮爲台灣會靈山的聖地之一。另一本作者未詳，《台灣靈山會母概要》（新莊：宏昇印刷有限公司，未詳），頁 84，也同樣紀錄著淡水無極天元宮爲會靈要地。從這些《會靈手冊》大致可以看出哪些宮廟是重要的會靈廟宇，這些廟宇有的是一般傳統的民間信仰廟宇，有的則是屬於會靈現象所興起的「靈乩廟」。「靈乩廟宇」與一般傳統民間信仰廟宇，在廟宇的空間建築上有很大的區別，從這裡可以看出雖然兩種廟宇所依據的神學教理有所不同，但在靈乩會靈山的風潮底下，有些傳統的民間信仰廟宇與神壇以轉型成「靈乩廟」的型態。至於型態上的差別到底差了多少，還須透過田野調查作長期觀察。

〔註 33〕「台灣民間神話學」、「台灣靈媒系譜學」與「台灣風水地理學」是筆者未來欲意建構的研究體系。

第二章　無極天元宮的神靈界

華人對於神靈的崇拜，大多數人都是由神靈的數目作爲判斷神靈崇拜的特徵，而認爲：華人的神靈崇拜是屬於「多神信仰」。這種以量化、數據的方式作爲判斷華人對於神靈崇拜的標準，常會流於表面、形式上的認識價值，很難讓我們可以眞正地理解，華人對於神靈崇拜的終極目的，及其神話象徵中對神靈刻劃的豐富意涵。這裡無極天元宮是一很好的例子，可以幫助我們理解，華人的宗教信仰是否爲表面層次看來的多神信仰？還是其背後擁有一種統攝於「一」、獨尊於「一」的概念？而這個「一」的概念在神靈的神話象徵中，所揭示的意義又是爲何？進一步探討無極天元宮如何使每個神話象徵系統，透過「一」的概念統攝之下構成自身龐大的神學教義體系，及每個神話象徵系統間相互連結的關係。〔註 1〕

2.1　「至上神」的類型概述

「至上神」(high God) 的出現，象徵某種不同、分離的關係之上，尋求一個共主。共主隱含著一種統攝的整體性，有不可分割、分裂的意涵，即在「一」(One) 的原則之下，包含所有，也就是「多」(all)。既然是「一」，何來的「多」呢？在這裡，我們將看看無極天元宮裡的眾神們如何透過如人間的春秋戰國時代，經過一番神話系統的爭戰，把萬有的神靈納置於同「一」

〔註 1〕這裡我們將不細究無極天元宮裡每尊神靈的歷史源由。因爲這將會使我們侷限於每尊神靈的歷史資料介紹，並陷於龐大的歷史材料之中，忽視了每尊神靈在神話象徵系統中的意涵，及其當代民間教派對於神話象徵體系的建構意義。

個新的神話詮釋系統中，形成一套井然有序的神話體系，且經由整套神話體系的運作，成為營造救贖空間理論的依據，作為拯救人類心靈的處所。

2.1.1 「一」與「多」的神觀辨証

從概念上來談，「一」可以是絕對的、獨特的；是難以分割的、不可取代的，如此界定，即代表著「一」概念的完整性、整體性。相對地，「多」的概念，為無法被統一於「一」之中，但每一個「一」都想包含其他每一個「一」，成為一個「整體」。〔註 2〕要以某一個「一」整合、統一其他的「一」（即：「多」）以達到整體性的圓滿過程，常常是經過長遠的時間才產生「獨一」、「唯一」。

在成其「一」的過程，大致有兩種方式。一種是以排除的方式、另一種是以統攝的方式。在西方的猶太——基督宗教（Judeo-Christian），是以排除其他神靈信仰，確立「獨一」（One）「唯一」（only one）的「至上神」觀。例如希伯來人很早就有一神觀（Monotheism），獨尊雅崴（Yahweh）為至上神，且經歷了一段長遠的歷史時間之後，至高獨一神的觀念才大致成立。〔註 3〕在雅崴成為至上神的過程中，不斷地警示信奉祂的子民，要獨尊於祂，排除其他異族或異域神靈的信仰。

> 現在你們要敬畏耶和華，誠心實意的是奉祂，將你們列祖在大河（約旦河）那邊和在埃及所侍奉的神除掉，去侍奉耶和華。但你們若不願侍奉耶和華，今天就可選擇你要侍奉的神，不論你們列祖在大河那邊所侍奉的神，或是你們現在所居住的雅摩利人（Amorites）的神。〔註 4〕
>
> 如今你們應知道，我，惟有我是神（God），除我之外，別無他神。〔註 5〕

反觀華人的「至上神」觀則是透過不斷地融合、篩選與拼湊的過程，把歷史上其他宗教或教派的神靈信仰通通統攝在同一個教派之內，在這之內慢慢地形成一個共主，創立自身教派的「至上神」。無極天元宮即以這樣的方式，運

〔註 2〕王鏡玲，〈神聖的顯現：重構艾良德宗教學方法論〉（台北：國立台灣大學哲學研究所博士論文，2000），頁 7。

〔註 3〕Karen Armstrong，《神的歷史》（*A history of God*），蔡昌雄（譯）（新店：立緒文化，1996），〈太初〉與〈一神〉兩章。

〔註 4〕《聖經》，〈約書亞記〉24：14～15。

〔註 5〕《聖經》，〈申命記〉32：39。

用歷史上其他宗教或教派的神靈信仰元素，逐步地形成自身教派的「至上神」——「至聖先天聖祖無極至尊」。

然而在多個宗教或教派的「至上神」融合過程中，難免會造成每個宗教或教派間的「至上神」難以井然有序重新整合在同一套系統之內，因而造成多個「至上神」並列於同一個教派之內，形成擬似「多重至上神觀」〔註6〕的情形。但我們發現，雖然是多個「至上神」同時並列於同一個教派之內，也不會妨害唯一「至上神」的提出，因爲他們將會提出一個新的「至上神」，把其他宗教或教派的「至上神」合併在新提出的「至上神」之下，說明新舊「至上神」在同一體系中的關係，以合理化新的「至上神」如何可能地將其他舊的宗教或教派的「至上神」整合在同一體系之中。新的「至上神」通常以作爲最後創造宇宙萬物的神靈形態出現，統攝其他舊有的神靈體系，而構成一套新的神學架構，以說明新的「至上神」出現的合法性。無極天元宮的「至上神」——「至聖先天聖祖無極至尊」，就是以這種姿態出現，統攝其他傳統宗教與教派的「至上神」（如：道教的三清道祖、民間信仰中的玉皇大帝、佛教或齋教中的彌勒信仰……等等。）於自身創造的宗教信仰體系之內，形成一種新的、當代的信仰系統。

2.1.2　「至上神」的三種表現類型

在論及華人宗教信仰的「至上神」觀之後，接下來我們將看看華人宗教信仰的「至上神」，以何種型態顯現其自身。每一種「至上神」型態的顯現皆蘊藏華人宗教信仰對於「至上神」觀的基本看法。這裡將以無極天元宮內所崇祀的神靈爲主要論據，提出筆者對華人四種「至上神」的表現類型。這四種分別爲（1）「至上神」的自然運行象徵；（2）「至上神」的宇宙抽象象徵；（3）「至上神」的社會制度象徵；（4）「至上神」的個人崇拜象徵。本節僅以前三種作說明，第四種較爲複雜，所以獨立於下一小節說明。

第一種「至上神」的類型屬於對於自然運作的崇拜。天體的運行、四季的交替，人們感受於自然節氣的變化，萬物隨著季節的變化而滋長生滅，逐漸於自然循環變化之中，體認到某種自然運作的規律性。這種規律性使得人們開始思索自然變化的背後是否以某種力量作爲依據，萬物的生長消滅也因而可能。於是從對自然界規律力量的感受，人們開始賦予自然萬物某種神秘

〔註6〕鄭志明，〈從「多重至上神觀」論東西宗教對話〉，收入氏著，《台灣傳統信仰的宗教詮釋》（台北：大元書局，2005），頁67～88。

的神聖力量，而產生對自然物崇拜的可能性。有時是石頭，有時是樹木、山川、雷電、日月星辰……等等自然現象的表徵，不管這些表徵如何地被人們感到驚奇，每個自然物在人們經驗的背後皆指向神聖性，轉化爲具體的石神、樹神或山神的象徵，呈現聖俗並存的弔詭。〔註 7〕在無極天元宮裡，我們依然可以看到聖石崇拜的遺跡，只是這些石頭不再作爲崇拜的對象，而是作爲廟宇空間定位的風水座標。據天元宮的人員表示，中國人是屬於萬物有靈（the animism）的崇拜，所以石頭的本身也具有靈性，是可以當作某種神靈崇拜。但我們不僅僅只限於天元宮人員的說明如此而已，還可以看出透過石頭崇拜，重新揭示自然運行的神秘力量，回到自然運行本體的神聖性。從自然運行的神聖性，顯示人們對強大力量的敬畏與渴望。〔註 8〕除了把自然運行的力量投注於自然界的物的象徵之外，還有對於自然規律運行的時間性象徵的崇拜。四季交替規則的時間性，不只作爲一種自然時間，同時也顯示著宗教信仰上的神聖時間（sacred time）。自然運作的時間，不僅僅是自然時間運作本身，還預示著人類命運本身，及其歷史事件興衰原由的宇宙時間（cosmic time）。宇宙（cosmos）的創生與毀滅的神話，暗示著宗教信仰者的命運。〔註 9〕無極天元宮的宇宙時間，主要以傳統民間教派「三期末劫」的時間觀爲週期，作爲信徒回歸自然本體的神聖時間。

第二種「至上神」的類型屬於宇宙抽象型態的認知。對於宇宙抽象性的認知，主要來自中國傳統老子對「道」認知概念的提出與詮釋。

> 道可道，非常道；名可名，非常名。無、名天地之始；有、名萬物之母。
>
> 道冲，而用之或不盈。淵兮四萬物之宗。
>
> 道生一，一生二，二生三，三生萬物。〔註 10〕

〔註 7〕 Mircea Eliade & L. E. Sullivan. “Hierophany”, in M. Eliade ed. *Encyclopedia of Religion*. New York: Macmillan. 1987.

〔註 8〕 Feuerbach 認爲：自然是宗教的最初原始對象。Ludwig Feuerbach，《宗教的本質》（*Das Weaen der Religion*），王太慶（譯）（北京：商務印書館，1999），頁 2。

〔註 9〕 Mircea Eliade，《宇宙與歷史：永恆回歸的神話》（*Le mythe de l'éternel retour : archetypes et répétition* ），楊儒賓（譯）（台北：聯經，2000），頁 47～86。Mircea Eliade, *The myth of the eternal return or, Cosmos and History*, translated by Willard R. Trask. New Jersey: Princeton University Press. 1954. pp.49～92.

〔註 10〕 以上三句老子的話引自：余培林（注譯），《新譯老子讀本》（台北：三民書局，2001）的標點版本，頁 1、9、89。

抽象的「道」的概念被運用作爲宇宙創生的本源，萬物生化的源頭，「道」成爲最終眞實的假設。中國傳統宗教道教、民間信仰或民間教派，大都採取這種抽象性極高的宇宙本體的假設，以「道」爲中心建構整套神靈架構。〔註11〕如：無極天元宮對「道」的認知，產生一炁化三清、三清化五老的神靈架構，讓每個人的元靈透過這個神靈系統的接引與考核，在「道」所化的自然世界裡（即：萬物），重回「道」的本體。「道」因此轉變爲「至上神」的象徵，人們開始信奉「道」，以道的子民的自稱爲「信道者」或「奉道者」，所有日常生活的一舉一動都要合乎這種抽象「道」的概念。「道」不僅僅支配著道者日常生活，也使他們擁有一種回歸生命本質的想像。因此，在回歸「道」的本體時，「道」也就成爲一個神聖象徵向祂的子民顯現。自然就是「道」顯現，因此自然等於「道」；萬物皆是「道」所化，因此萬物無一不是「道」的顯現。所以「道法自然」，尊崇自然也就是尊崇「道」，要回到「道」本體的總體性時，也就是依持自然、回到自然的生活，使自身生命達到「與道合眞」徹底的完整性。〔註12〕

第三種「至上神」類型屬於對社會制度的反射。每個歷史階段「至上神」的出現，依其社會制度的改變而有變化。在帝王政治制度的社會情境結構底下，人們會認爲：天上眾神靈的世界與人間的帝王政治制度相同，所以天上眾神靈的世界也有一位如人間帝王般的統治者，統領著整個世界。天上眾神靈的世界，即是人間世界的翻版。當現代的社會制度已經變成民主政治制度時，總統選舉制取代帝王世襲制，天上的至上神也就不再由同一個神靈獨占千年，「至上神」成爲一個位子，隨著時代輪替、更換。〔註13〕人們從自身對於社會制度的認知，產生對於「至上神」的認知。尊崇某個「至上神」時，

〔註11〕道教重要的道派之一「天師道」（早期稱「五斗米道」；近代名「正一派」）就是以「道」的化身「太上老君」（又名「道德天尊」）作爲祀奉的對象。Ninian Smart，《劍橋世界宗教》（*The world's religions*），許列民、朱明忠、單純、楊海濤、德遠、金澤、唐均、瞿旭彤、王宇潔、高師寧、何可人（譯）（台北：商周出版，2004），頁124。

〔註12〕Georges Bataille 認爲：徹底的整體性，同樣包含一種對“自然”的回歸，但是我們應該一開始就想到，“回歸的自然”不像表面看上去的那麼自然。它回來了，但是它被一開始就打擊它的詛咒改變了模樣：它不再是“自然的”，因爲它受到了“詛咒”。Georges Bataille，《色情史》（*L'histoire de l'érotisme*），劉暉（譯）（北京：商務印書館，2004），頁185。

〔註13〕渡邊欣雄，《漢族的民俗宗教：社會人類學的研究》，周星（譯）（台北：地景，2000），頁58～61。

也就是對人間社會制度的尊崇。這時「至上神」的象徵完全建立在，人們對自身社會制度的型態。「至上神」成爲當代某群相同社會制度結構人們的信仰圖騰。〔註 14〕法律成爲他們的禁忌，一如傳統社會的道德、原始部落的禁忌。當某群人對於當代社會制度結構不滿時，宗教信仰成爲他們組織不同於當代社會制度結構的理想原鄉、夢土。等他們的宗教組織壯大到一定程度時，具有控制社會制度結構、或到具有改變社會制度結構時，他們就以神之名、君權神授之稱，合法地顛覆當代社會制度結構。這也是爲何中國歷代政權對宗教秘密結社、節慶集會特別敏感的原因。〔註 15〕

2.1.3 「人／神」關係的倒轉與合一：「至上神」的個人崇拜象徵

談完前三種類型之後，接下來第四種類型是華人宗教最具特色的「至上神」崇拜，即對「至上神」的崇拜，等於對個人崇拜的象徵。這種隱藏在「至上神」崇拜的個人崇拜象徵，是經過一段複雜人神關係的辨証過程。這個過程主要透過傳統的修行、修煉方式，逐步由「人」的形象轉向「神」的象徵。因此，我們以三個步驟依次說明，「人」的形象如何轉向「至上神」的象徵。這三個步驟分別爲：（1）人／神關係的倒轉；（2）人與神的合一；（3）人即是「至上神」。

第一步驟，人神關係的倒轉。人對神完美化的想像，其實就是人對人自身完美化想像的顯現。人確立的神的同時，即是人對自身的確立。於是人開始追求成爲自身的方式，把對一切最完美的想像的追求，投射在對神完美性的想像。神對我們來說成爲一個對象，人要成爲神的過程基本上就成爲人的過程。神成爲一個可供追求與信仰的目標之後，人便開始一步步朝向通往與神合一的步驟。第二個步驟在第一個步驟的基礎上繼續發揮，即人如何經由修煉成爲神的可能，在人成爲神的前哨戰，爲人如何可能地與神合而爲一，人要與神合一必須透過一定的修行方式，修行的方式則依照每個宗教或教派而有所不同。但重要的是，在修煉的過程中，人爲了達到自己所設想的完美自身，常已去除人性的基本欲求爲要點。創建無極天

〔註 14〕此觀念是依據 Émile Durkhein 對於圖騰制度（le totémisme）的研究。Émile Durkhein，《宗教生活的基本形式》（*The Elementary Forms of the Religious Life*），芮傳明、趙學元（譯）（台北：桂冠圖書，1998）；Émile Durkhein, *Les formes élémentaires de la vie religieuse*. Paris: Le liver de poche. 1991.

〔註 15〕巫仁恕，〈節慶、信仰與抗爭——明清城隍信仰與城市群眾的集體抗議行爲〉，《中央研究院近代史研究所集刊》34（2000）：145～210。

元宮的首腦黃阿寬，即提出一套「自性靈山」的修煉法門，作爲人通往神的道路的修煉方法。藉由禁欲清修的方式，挖掘含藏在我們人心中的靈山脈點，以此脈點會通神靈世界的先聖仙佛。當我們會通先聖仙佛之時，也就是人自身會通自身元靈之時。人的內在元靈與外在世界的眾靈，不斷地溝通融會，達到萬靈朝元的境地。每個人都是由萬物本元所化，人即是萬物本元，通向外在的本元，同時是通向自身元靈的一切。所以，人與外在神靈合而爲一，回歸本元。〔註16〕

透過一定的修煉方式，人與神達到合一的狀態，不斷地剔除自身構成人基本愛欲生死的元素，穿透自然宇宙的法則，使原本達到人神合一的境界，再度往上提升到人即是神的境界，甚至使自身成爲「至上神」的可能。這是華人神靈信仰文化的一個極爲顯著的特色。然後成爲一種神性人性同時聚足的完整性主體。神靈世界的變現不只是人對於外在自然世界的崇拜，或人自身建構社會秩序的崇拜，抑或人對自身建構的抽象知識的崇拜而已，還有對人自身對構成人自身完整性的崇拜。無極天元宮的聖乩黃阿寬本是被神靈所用的被動性主體，這個主體慢慢地經由一種修煉術之後，逐漸轉向主動性的主體，不再爲外在神靈驅使，反而可以役使神靈、成爲神靈，繼而成爲主宰宇宙萬物的「至上神」象徵。原本擔任神靈使者的靈乩，卻變爲神靈，甚至變成「至上神」，成爲信徒崇拜的對象。這種對於個人可以爲「至上神」的合理化方式，充斥著「獨我論」的宗教文化現象，把自我意志無限地擴張至外在的宇宙世界，成爲一套自我解釋世界的神學價值觀，並以神之名加強自我論述世界價值的效力。

〔註16〕Georges Bataille 認爲：凡是行動者，都用他或她的整個存在替代了一個特定的目標……每一個行動作爲行動是受限制的，因此也是特殊化的。Bataille 的說法給我們一個很好的想法，即宗教修行者把自身定立在一個宗教的修行目標之上，而把宗教修行目標作爲一種整體性的生命目的，並特殊化自身，使自身達到與整體性的生命合而爲一時，這時的自身其實只是生命的片段，只是人爲了達到一種整體性生命目標的一種異化自身（d'abord l'aliéner）。Georges Bataille，〈《論尼采》序〉（Sur Neutzsche, Préface），陳永國（譯），收入汪民安（編），《色情、耗費與普遍經濟》（長春：吉林人民出版社，2003），頁 125～142。Georges Bataille, *Sur Neutzsch*, dans *Georges Bataille, Œuvres complètes V I*. Paris: Gallimard. 1973. pp.1～24.

2.2 華人神話（宇宙論）〔註 17〕

談過「至上神」顯現型態的絕對性象徵之後，接下來要說明的是象徵構成的神話。神話或許可以看成象徵的一類，把象徵的意涵作為一種詮釋，構成如故事形式般的情節。〔註 18〕神話藉由象徵的揭示，展現神話本質性的意涵。以下所談論的是關於華人神話的意義，及無極天元宮的幾種神話類型。藉由對於神話象徵體系的說明，以瞭解無極天元宮幾則重要神話類型的運用。這幾則神話類型，是直接影響整個無極天元宮成立的時間觀與空間觀，也是構成整個無極天元宮空間神學的重要依據。

2.2.1 華人神話的意義

神話在華人語境中，是古時候的人對宇宙自然萬物等所有的現象，歸於神的行為，而產生種種傳說。〔註 19〕傳說似乎是構成神話，一種敘事故事的先河，然後透過故事的不斷地流傳，輾轉建構神話的多樣性。神話可能是經過時代變遷而不斷傳誦之後自然形成，〔註 20〕但也有些神話的形成是經由個人的神諭之後，構成神話的基本原型。若我們要給神話一個充分的意義的話，那神話的底蘊是含有一種象徵的表達、一種故事體裁的內容，或寓意著超越界的臨現、或蘊藏著莊嚴而深奧的訊息；〔註 21〕是個人創作，也是集體交織的書寫。

當神話成為一種宗教信仰時，神話即成為某種真實，向信仰者顯現背後的真實意涵，所有對自然世界崇拜的神話、人自身建構社會秩序崇拜的神話、人對自身建構的抽象知識崇拜的神話、或人自身對構成人自身完整性崇拜的神話，皆成為一種信仰體系與信仰價值。在華人的宗教信仰世界中，這種現

〔註 17〕雖然「神話」（myth or mythology）與「宇宙論」（cosmology）時有相通之處，但筆者認為，在華人的民間宗教信仰裡頭，神話是構成宇宙觀的基本元素，也就是說先有神話傳說，之後才逐漸發展成一套具有結構性意涵的宇宙圖譜。比如：西王母信仰的發展，是先由西王母的神話傳說開始，後來才逐漸成為一套母娘與元靈（孩子）創世的神話宇宙觀。

〔註 18〕Paul Ricoeur，《惡的象徵》（*The symbolism of evil*），翁紹軍（譯）（台北：桂冠圖書，1992），頁 18。

〔註 19〕臺灣商務印書館編審委員會，《增修辭源・下冊》（台北：台灣商務印書館，1991），頁 1541。

〔註 20〕柯志明，《談惡——呂格爾《惡的象徵》簡釋》（台北：臺灣書店，1997），頁 82～85。

〔註 21〕關永中，《神話與時間》（台北：臺灣書店，1997），頁 9。

象是非常常見的。隨著時間的推移，神話體系不斷地豐富自身，並兼及採納、轉化與其相關的神話內容。無極天元宮的神話體系，即是整編台灣當代流行的神話內容，而形成的一套龐大神話系統。這套龐大的神話系統，攸關於一個信仰者如何透過神話系統的認知與實踐，達到自身的救贖。神話不再是一個傳說故事而已，它是可被理解的、實踐的、運用的理念系統。

2.2.2　無極天元宮對幾個神話的運用

無極天元宮的神話系統，主要來源於中國傳統文化的神話內容。這些神話內容在歷史長河之下，已發展出巒大規模且複雜神話體系。我們很難說明是否有一個眞正原始的神話，是經過歷代的傳誦自然形成的。但我們可以理解，無極天元宮對於每一則神話的運用，主要是出於自身對於傳統神話的再詮釋過程，把神話內容重新組合，按照自身的信仰，提出一套可供信徒實踐的神話系統。這套偉大可供信徒實踐的的神話系統，是依循著傳統華人對於「至上神」信仰的崇拜，而開展出的神話體系。因此從神話內容，可以逐漸地窺知華人對於「至上神」崇拜所隱藏的象徵意涵。隨著象徵意涵的揭示，信仰者依循神話所暗示的象徵意涵，得已在信仰的過程中獲致救贖的可能。

這幾個可使信徒獲致救贖可能的「至上神」神話，時常會不經意地使我們看到傳統神話內容的影子。這些傳統華人神話的影子，是無極天元宮建構其自身神話系統的原始神話元素。在這裡，我們將不去追究這些元素的歷史演變，因爲這無益於幫助我們理解無極天元宮爲何運用這些神話的意義，反之我們所要了解的是無極天元宮如何將這些傳統的神話元素編整之後，呈現於信眾面前的「至上神」神話類型。〔註22〕這幾個「至上神」神話的類型爲：「彌勒信仰的末世救劫神話」、「瑤池金母的失樂園神話」、「『炁』的宇宙生成神話」與「統御萬物秩序神話」。每一種「至上神」神話類型，其內涵包含多種傳統神話象徵元素。這些類型的內容經過一定的編整之後，使之可以運用，置於無極天元宮的整套空間神學救贖計畫的體系之下。

〔註22〕此四種類型雖然與華人傳統儒釋道三教有其深厚的淵源，但在此筆者只能概略性的論即這四種類型的各自行成的大致淵源，以及說明此四種類型在無極天元宮中如何將之轉爲運用到自身的神學教義之中。

2.3 無極天元宮「至上神」神話的四種類型

這四種「至上神」神話類型在傳統華人的神話裡，已有長遠的歷史，無極天元宮則將這些傳統神話，依序整編成一個較爲有體系的的信仰系統，並在這四種傳統的「至上神」神話類型之後，重新提出一個新「至上神」統御的神話體系。也就是說，在這四種「至上神」神話類型的背後隱藏著，某種新「至上神」神話類型的形成，隱含透露出某種「至上神」的個人崇拜的象徵。這個人物似乎就由這種新神話類型的氛圍被隱射出，以作爲當代人類的救世主。以下將這四種「至上神」神話的類型依次說明、分析，並闡述各個神話類型各自的關係，以及之間相互關係，如何形成一套屬於無極天元宮自身神話象徵系統的類型。

在論述的次序上，筆者將「彌勒信仰的末世救劫神話」放在此四種類型的首位，是因爲彌勒信仰的末世救劫神話，在無極天元宮的神學教義中象徵宇宙運行的時間觀，此時間觀的預示說明，爲何無極天元宮的靈乩在浩瀚的宇宙中爲何需要經歷修煉承接上天神靈使命的依據，之後才需要藉由「瑤池金母的失樂園神話」解釋靈乩修煉的原理，在藉由「『炁』的宇宙生成神話」說明如何透過層層的修煉模式，成就靈乩之身，以致最後透過「統御萬物秩序神話」理解整個承受天命的過程。〔註23〕因此已下將依此順序闡述此四種類型。

2.3.1 彌勒信仰的末世救劫神話

彌勒信仰的末世救劫神話，是構成無極天元宮主要的救贖時間觀。這套救贖時間觀，是來自於中國傳統佛教之漢譯大乘經典，《彌勒上生經》〔註24〕與《彌勒下生經》〔註25〕的傳統。在《彌勒上生經》裡，提到釋迦牟尼（śākyamuni）預言彌勒（Maitreya）菩薩，又名「阿逸多」（Ajita）爲「次當作佛」（即「未來佛」）。祂在十二年後會上生到「兜率天宮」（tusiṭa），人們若是「不厭生死，樂生天者，愛敬無上菩薩心者」，只要「持五戒、八齋、具足戒，身心清靜，不求斷結，修十善法」，死後就可以到彌勒菩薩的兜率天宮，得其解脫。在五

〔註23〕此順序並非依照中國古代傳統信仰，與道教的成立，及佛教傳入的歷史進程排列其神話類型的先後順序。而是以無極天元宮的靈乩們所提供的次序說明爲依據。

〔註24〕《彌勒上生經》，原稱《佛說觀彌勒上生兜率天經》（一卷，劉宋・沮渠驚聲譯），於《大藏經》卷14，頁418～420。

〔註25〕有關《彌勒下生經》的漢譯大乘佛典的內容與考證，可參閱楊惠南，〈漢譯佛經中的彌勒信仰〉，《文史哲學報》35（1987）：119～182。

十六億年後，彌勒菩薩將從兜率天下生到人間——「閻浮提」（jambu-dvīpa），「如彌勒下生經說」。接下來，在《彌勒下生經》中裡，繼續說明彌勒「出家學道」，在「龍華」〔註26〕（有些版本譯作：「龍花」〔註27〕）樹下修行，「即於其夜成無上道」。成佛後的彌勒，在龍華樹下說法，「最初之會，九十六億人皆得阿羅漢」，「第二會時，有九十四億人皆是阿羅漢」，「第三之會，九十二億人皆是阿羅漢」。〔註28〕也就是說，彌勒說法的每次龍華之會，必有人可得智解脫。〔註29〕有些版本直接述即，「彌勒住世六萬歲」，「滅度之後，法住於世亦六萬歲」，隱含著「末法」的思想。〔註30〕佛教的彌勒信仰的確提供給華人一個很好的救贖時間觀，華人眾多的民間教派的救贖時間觀，無一不是依照此時間觀運作。本爲彌勒於龍華樹下說法三次，度化世人，後來遂逐漸形成一套以「彌勒—龍華三會—三期末劫」的救贖時間觀。〔註31〕這套以彌勒信仰爲主的時間觀，展開了「一會龍華燃燈佛，再會龍華釋迦尊，三會龍華彌勒佛」，且「燃燈佛掌理青陽期」、「釋迦尊掌理紅陽期」、「彌勒佛掌理白陽期」，「青陽、紅陽、白陽」三期的救劫時間，合稱「三期末劫」。〔註32〕現在正值白陽時期，所以其救世主爲——「彌勒」。在黃阿寬扶寫的「玄文」中也說明了此點。

> 天降聖務八八天命，元玄下世彌勒尊稱，復命娑婆造化金蓮，聖域道光照徹大千，彌納乾坤轉運白陽，滿天星斗共協運行。〔註33〕

〔註26〕可參閱《佛說彌勒來時經》（一卷，失譯人名），於《大藏經》卷14，頁434～435；《佛說彌勒下生成佛經》，於《大藏經》卷14，頁423～425。

〔註27〕《佛說彌勒下生經》的譯法。《佛說彌勒下生經》（一卷，西晉・竺法護譯），於《大藏經》卷14，頁421～423。

〔註28〕《佛說彌勒下生經》（一卷，西晉・竺法護譯），頁422。

〔註29〕也有「第一大會度九十三億眾生之類，第二大會度九十六億，第三大會度九十九億」與「初會，九十六億人得阿羅漢；第二會時，九十四億人得阿羅漢；第三會時，九十二億人得阿羅漢」之說，前段引自《賢愚經（卷12）・波婆離品》（元魏・慧覺等譯），於《大藏經》卷4，頁432～436；後段引自《增壹阿含經（卷44），十不善品》，第三經（東晉・瞿曇僧伽提婆譯），於《大藏經》卷2，頁787～789。

〔註30〕《佛說彌勒下生成佛經》（一卷，姚秦・鳩摩羅什譯），頁425；《佛說彌勒下生成佛經》（一卷，唐・義淨譯），於《大藏經》卷14，頁426～428。

〔註31〕有關華人其他民間教派對於彌勒信仰的時間觀，可參閱：莊吉發，《眞空家鄉：清代民間秘密宗教史研究》（台北：文史哲出版社，2002），頁411～428。

〔註32〕宋光宇，《天道鈎沉：一貫道調查報告》（台北：作者自印，1983），頁87～88。

〔註33〕黃阿寬扶寫：靈山玄文之一，〈天元復聖〉，收錄在《中華道宗協會聖歌（台語）》（淡水：中華道宗協會，未詳）。

佛說彌勒救苦經，彌勒下世不非親，領寶齊魯靈山地，拈花印證考三乘。〔註 34〕

黃阿寬的彌勒救劫想法，雖然與《彌勒下生經》些許不同，但還是不出傳統彌勒救劫思想的用語。

燃燈古佛，係過去佛，在青陽期應於伏羲時代，名爲「龍漢水劫」……紅陽期應於周文王時代，名爲「赤明火劫」……釋迦牟尼掌教，……至本會白陽期，……名爲「罡風劫」三災八難齊降臨，九九八十一大劫，謂之「三期末劫」，……彌勒佛掌教係未來佛。〔註 35〕

三期末劫：〔上古〕青陽期——燃燈古佛；〔中古〕紅陽期——釋迦牟尼；〔下古〕白陽期——彌勒佛。〔註 36〕

三陽開泰，大道天命，四五轉人九。〔註 37〕

三期末劫所劃分的時間大致如此，古今無多大改變，但到最一個時期白陽期結束之後（也就是目前我們所屬的時代之後），在無極天元宮的神學系統認爲，三期教主將會一起共治白陽期結束之後所開創的新時代。所謂的「三陽開泰」即是此意。〔註 38〕在彌勒掌理的白陽期期間，將依次辦理龍華三會，以收回最後的九二億元靈，完成靈乩「復古、普渡、收圓」的使命。此三會無極天元宮已經舉辦過兩會了即：「龍華福圓盛會・初會」，天運歲次癸未年（民國 93 年，西元 2004 年）農曆九月九日〔註 39〕與「龍華福圓盛會・二會」，天運歲次甲申年　（民國 94 年，西元 2005 年）農曆十月十日。第三會，將等待上天的最後啓示，完成渡化九二億元靈的最後使命。

我們注意到，在無極天元宮的神學系統中，「彌勒」已作爲一種救贖時間上的暗示，並以「劫」作爲救贖時間的單位。「彌勒」雖然具有救世主的地位，與某種預示神聖時間性「至上神」的象徵，但其「至上神」的地位，在無極

〔註 34〕《彌勒救苦眞經》，收錄在《經典・聖訓合編》（台北：正一善書，2002），頁 2。

〔註 35〕《中華民國九十四年歲次乙酉雞年農民曆》（淡水：財團法人淡水無極天元宮，2005）。

〔註 36〕靈山玄文，手稿。

〔註 37〕靈山玄文，手稿。

〔註 38〕此頁的第二則引文，不只顯示神聖的〔先天〕救贖時間觀，也對應於另一組無極天元宮認爲的〔後天〕歷史時間觀，即「上古、中古、下古」對應「天皇、地皇、人皇」。

〔註 39〕《九九萬法歸宗大法會手冊》（淡水：道盤行政中心，2004）。

天元宮統攝性「一」的神觀架構底下，逐漸逝去「至上神」的色彩。所以關於彌勒信仰在無極天元宮的神學系統下，我們只能說祂似乎已成為一套既成的救贖時間觀，提供無極天元宮的信徒們在應劫、救劫過程中的神聖時間座標。彌勒即是時間的代言神，掌理自然天體運行的宇宙時間——「天盤」，向人們開顯神聖時間，顯示人類命運的終結與開始、毀滅與創新，同時也支配著人類歷史事件發生。

2.3.2 瑤池金母的失樂園神話

瑤池金母，全稱「無極瑤池大聖西天金母」，簡稱「母娘」，俗稱「金母」或「王母」，在台灣的慈惠堂系統奉為「至上神」。〔註 40〕在無極天元宮的瑤池金母神話裡，瑤池金母不再具彌賽亞式的下生象徵，只作為回收墮落元靈的母親的象徵。

> 老母天宮放聲悲、淚流不止濕雲裳。皆為佛子迷世上，九六皇胎不還鄉。差你臨凡治世界，講明三綱與五常，三從四德教婦女，溫柔謙雅要端莊。那知迷了假色像，貪戀妻子日夜忙；酒色財氣是羅網，九六佛子裏邊亡。……是人皆是我兒女，兒女遭劫娘悲傷。差下仙佛臨凡世，設立大道化八方。老娘哭的肝腸斷，何法喚兒回家鄉。三教歸一同舟渡，誰來修道誰免殃。萬教道祖同護佑，免劫免難得吉祥。〔註 41〕
>
> 玫花盛開九紫光芒，瑰城育納母子會面，慈愛關懷母子連心，母心發出無數光能，懷抱靈兒日思夜夢，念念不忘靈兒歸宗，靈光點點慈母金光，兒見玫瑰如母團圓。〔註 42〕
>
> 慈母望子回懷抱，面在三山坡池前，領回天衣金玉帶，天命三陽八八命，衣冠整齊過南天，回到無極坐九蓮，故鄉清澈炁凜然，鄉光金玉蕊蕊蓮。〔註 43〕

其神話內容大致為：瑤池金母在家鄉思念迷失於紅塵世界中的兒女，日夜思念，於是屢遣使者下凡，救渡兒女。這裡的使者，亦稱「天地使者」，即靈乩

〔註 40〕姜憲燈（編），《瑤池金母發祥卅週年紀念冊——慈惠堂史》（花蓮：聖地慈惠堂，1979），頁 13～17。

〔註 41〕《家鄉書信》，收錄在《經典．聖訓合編》（台北：正一善書，2002）。

〔註 42〕靈山玄文之一，〈玫瑰慈母懷念靈兒〉。

〔註 43〕靈山玄文之一，〈三山坡〉。

本身，要救渡的兒女爲人的「元靈」。因此構成一套「元靈墮落——歷劫——還鄉」的失樂園神話。〔註44〕

在此從瑤池金母的神話已牽出一條「母親與孩子」的親情救贖路線。「母」、「母親」象徵「本源」、「源頭」，元靈會母，象徵回到母親的懷抱之中，回到人類最原始的家鄉源頭，一種生命的來源，一種生命力量的孕育的場所。母親的地母象徵與天上父親的象徵，正好構成一套中國傳統「天父地母」的概念。這套「天父地母」的概念，在無極天元宮的神靈信仰即以「虛空地母」的形象直接刻劃而出，也就是從瑤池金母的陰性女神地位衍生出的另一組母親的形象。無極天元宮是一個父性象徵極強的信仰場域，以天父〔註45〕的「八八（爸爸）天命」繼承爲主，因此母親的象徵變爲父親象徵的一個配套過程。這種配套過程大大削落瑤池金母作爲「至上神」的地位，變成陰性之至極、眾女仙之王的地位而已。〔註46〕雖然瑤池金母的地位稍有減弱，但在無極天元宮所處的神學位置依然備受重視，這可從瑤池金母神像的數目與以瑤池金母神話原型佈置的空間場域得到證實。另外，「九天玄女」的信仰，在無極天元宮的神學系統中，也以「母親」的象徵出現，稱作「九天玄母」。女與母雖然通稱爲陰性或女性的象徵，但這裡把「女」轉爲「母」更深一層地刻劃「母親與孩子」的母子關係，構成元靈會「母」的神學論述。

從元靈會母的觀點出發，無極天元宮的瑤池金母神話，從對瑤池金母的信仰，派生出以九天玄母爲「天母」；以虛空地母爲「地母」；以瑤池金母爲「人母」，形成天地人三元結構的「三母」信仰。〔註47〕母性的力量在無極天

〔註44〕鄭志明，〈台灣瑤池金母信仰研究〉，收入鄭志明（主編），《西王母信仰》（嘉義：南華管理學院，1997），頁437～470。

〔註45〕有時無極天元宮的靈乩，將天上的父親，直接稱爲「天父」，或「爸爸」。「爸爸」象徵「八八天命」。「爸爸」與「八八」諧音相通，皆代表天上的父親，即「天父」。

〔註46〕對於「陰性／神、母性／神、女性／神」的信仰，在華人文化一直受到很大的壓抑，瑤池金母是一個很好的例子。在早期「東母／西母」神話變成「東王公／西王母」神話中，東母被東王公取代與西王母並置，瑤池金母（即西王母）的地位已有逐漸下滑的趨勢。再透過道教神學體系的確立，瑤池金母的神格位置大致被定在「西華之至妙，動陰之極尊」。參閱饒宗頤，〈談古代神明的性別——東母與西母〉，收入氏著，《中國宗教思想史新頁》（北京：北京大學出版社，2000），頁109～114；與《墉城集仙錄》，於《正統道藏》第30冊（台北：新文豐，1995），頁465下。

〔註47〕鄭志明，〈臺灣西王母信仰的起源發展〉，收入鄭志明，《台灣傳統信仰的鬼神崇拜》（台北：大元書局，2005），頁165。

元宮的神學系統裡，再度起著重要的地位。這裡有種神學上難以解決的問題，即對母性神靈力量的恐懼。元靈會母的神學論述雖然一直是一個主要的主軸，卻無法擺脫男性神靈象徵的掌控，但也依然在男性的神學框架中被保留下來，這可能是源於一種對於母性「孕育、創造、生」力量的不可否認之感，因爲我們都是被母親所生。或許所有的男性都在這種孕育力量下患了恐女症吧！而她卻是一個孕育我做爲主體存在的他者，但在男性建構的世界（包括神靈世界），成了一種缺席。

2.3.3 「炁」的宇宙生成神話

「炁」的宇宙生成神話，是建立在中國傳統老子對「道」概念提出之後，形成的一套宇宙生成神話。無極天元宮認爲「道通過『一』以化生萬物」，「道是萬物之源，實際上是透過『一』去執行」。從意義上來說，「道即一」；「一即道」，「一」是數字的開始，萬物的極至，「道」是萬物之宗，「以萬物之始」代替「萬物之宗」，因此構成「道」等於「一」的神學邏輯。道的整體，稱爲「道體」，是「一」與「炁」發生作用而產生。「炁」是說明混沌未分的道體現象，「一」則是表明具體的道體現象。因此，「炁」即「一」，「一」又等於「道」，所以「炁」等於「道」。「道」是本質的、隱藏的；「炁」是「道」的隱藏的外顯。「炁」構成推動整個宇宙道體的顯現。整個宇宙道體的完全顯現，由靜而動的過程，就是由這「混元一炁」化生。〔註48〕又稱「玄玄一炁」。所謂：

> 玄之又玄造化宇宙大千，玄妙生育萬象生生不息，一而開天億載萬世存定，炁轉不息玄玄運轉天經。〔註49〕

「混元一炁」，化生了萬物，也包含化生整個無極天元宮的神靈體系。這套神靈體系整個皆由這「一炁」建構完成，形成「一炁化三清、三清化五老」的神靈譜系。「三清」即「三清道祖」，爲「玉清聖境無上法王元始天尊」；「上清眞境太上大道君靈寶天尊」；「太清仙境十方導師混元皇帝道德天尊」。傳統道教對三清的說法頗多，〔註50〕無極天元宮採取傳統較完整的說法，並附上

〔註48〕賴宗賢，〈「一炁眞元」之論說〉，收入《九九萬法歸宗大法會手冊》（淡水：道盤行政中心，2004），頁33～42。

〔註49〕《九九萬法歸宗大法會手冊》，頁11。

〔註50〕有關道教三清的說法，可參閱卿希泰，〈道與三清關係芻議〉，收錄在四川大學宗教研究所（編），《道教神仙信仰研究》上冊（台北：中華大道文化，2000），頁9～25。

新的詞彙，給予三清更新、更符合自身神學體系的論述。在道德天尊的名號上新加了「十方導師」與「混元皇帝」的稱號。這兩個新加的稱號，前者是要表達目前的十方元靈導師是道德天尊，彌勒是負責掌理白陽期整個自然天體運行的「天盤」，而在整個自然天體運行以下的元靈世界規劃、人間的道德倫理秩序，由道德天尊負責掌理，稱爲「道盤」；後者則表示道德天尊是混元一炁之主，因爲道德天尊就是老子，是中國闡述「道」的大思想家；是「道」的理論的創建者；是奠定「混元一炁」生成理論的重要人物，因此老子是「混元」世界的皇帝、掌理者。所謂：

> 以「道」爲宗天下平，以「德」爲光普化靈，以「天」爲體合人耕，以「尊」爲師替天行。〔註51〕

「靈寶天尊」的名號沿襲傳統道教的說法。「元始天尊」的稱號以「無上法王」賦予新意，意思是無極天元宮遵從的法旨爲「無上法」以「元始天尊」爲王、爲代表。元始天尊的重要性大幅提升，爲「元始天尊」成爲無極天元宮最高、最終「至上神」象徵的伏筆。〔註52〕

「五老」即「無極五老大天尊」，亦稱「五帝」，爲東華帝君（木公），西華帝君（西方金母），南華帝君（赤精子），北華帝君（水精子），中華帝君（黃老）。「五帝」的全稱則是依據傳統道教經書《靈寶領教濟度經書》卷三百六的記載爲主，名爲「東方安寶華林青靈始老九炁天君，南方梵寶昌陽丹靈眞老三炁天君，西方七寶金門皓靈皇老七炁天君，北方洞陰朔單鬱絕五靈玄老五炁天君，中央玉寶元靈元老一炁天君」。〔註53〕在另一本道書《元始無量度人上品妙經四注》卷二，則是對五老的由來作了另一番說明，

> 五老帝君皆天眞自然之神，故曰元始五老，自受符命各至一方。東方清靈始始老天君號曰青帝，其精歲星，下應泰山神仙；南方丹靈眞君老天君，號曰赤帝，其精熒惑，下應衡山神仙；中央元靈元老君，號曰黃帝，其精鎮星，下應嵩山神仙；西方皓靈皇老天君，號曰白帝，其精太白，下應華山神仙；北方五靈玄老天君，號曰黑帝，

〔註51〕 靈山玄文，手稿。

〔註52〕 「元始天尊」（一說「元始天王」）的地位，從上清經派陶宏景的重整神譜之後，就一直居於三清的首要地位。參閱《洞玄靈寶眞靈位業圖》，於《正統道藏》第5冊（台北：新文豐，1995）。

〔註53〕 《靈寶領教濟度金書》，於《正統道藏》第14冊（台北：新文豐，1995），頁665。

其精星辰，下應恆山神仙。〔註 54〕

五老的整體信仰，以中國傳統的五行、五方、五色，與地理空間上的五座山岳，及河圖洛書上的神秘數字，抽象地與具體地說明整個無極天元宮的宇宙圖式，以作爲五老收圓空間配置上的向度。

「炁」的宇宙生成神話構成整個無極天元宮的神靈譜系的主幹，在「一炁化三清，三清化五老」的神靈序位的架構底下，重新編整多尊神靈在中國歷史上「至上神」的位置，尤其是「元始天尊」與「道德天尊」的關係。自從元始天尊的出現之後整個道教似乎還是以「元始天尊」居於三清的「至上神」位置，把道教最早的道教教團五斗米道的「至上神」——「道德天尊」擠身於後，而一直居於首要地位。無極天元宮在吸收傳統道教信仰的神靈譜系，建立自身的神學系統時，基本上沿襲道教傳統神靈信仰的模式，保留了「元始天尊」的強勢位置，把宇宙創生代表「道、炁、一」之主的道德天尊安排爲掌理道德倫理秩序的神靈，道德天尊的「至上神」地位在當今依然處於弱勢的位置。無極天元宮除了沿襲道教傳統神靈信仰的模式而保留「元始天尊」強勢地位的原因外，還有另一原因，即「元始天尊」與「元始天王」的雙生關係。因爲「元始天王」即「盤古」，是「元始天尊」的前生。在「一炁」尚未分化之時，「元始天王」與「元始天尊」是爲「元始祖炁」，「炁」化後宇宙開始生成，開闢世界之人爲「元始天王（盤古）」；主持天界之祖爲「元始天尊」。〔註 55〕也就是說，「元始天王」是轉爲開創人間世界之主，其另一眞身「元始天尊」則是執掌天界之祖，「元始天尊」即作爲「元始天王」下生「彌賽亞式」的後設依據。當「元始天尊」作爲無極天元宮的「至上神」時，隱含某種「至上神」有下生成人的可能，這時便以「元始天王」引出，影射居於教團中領導地位者，即是「元始天王」所下生，並集人性與神性於一身的完整性與合法性的救贖領導地位。除此之外，天界的「元始天尊」逐漸地轉出另一個「至上神」形象，慢慢地脫離道教傳統的神靈譜系，形成另一尊「至上神」的出現，最後居於無極天元宮「至上神」的地位。在此我們可以發現一種結構正在發生，即一尊神靈一分爲二，一個不斷地向上提升；另一個不斷地往下降生，各自在天界與人界居於首要地位，在天界成爲「至上神」；

〔註 54〕《元始無量度人上品妙經四註》，於《正統道藏》第 3 冊（台北：新文豐，1995），頁 32～33。

〔註 55〕張檉（總策劃），《中國道教大辭典》（台中：東久企業，1999），〈元始天王〉條，頁 221；〈元始天尊〉條，頁 221～222。

在人間成為符應了宗教上轉世降生宗教領導者。這尊神靈並未因一分為二而斷除二者間的關係，反而相互連結，證成彼此間人神關係的地位。隱含著從「至上神」的宇宙抽象象徵，轉向「至上神」的個人崇拜象徵。

2.3.4 統御萬物秩序神話

無極天元宮關於統御萬物秩序的神話，主要有三尊神靈的神話所構成。這三尊神靈分別為玉皇大帝、關聖帝君與玄天上帝。我們將以玉皇大帝為中心，說明這三尊神靈如何在無極天元宮的神話系統中相互結合。玉皇大帝的形象主要脫胎於中國傳統的天帝信仰。「帝」在詞意學上的意思是「來源」與「根基」的意思，「天」是古人對在上之物的稱呼。因此，「天帝」的意思，就是表示「天」是萬物產生的根本。〔註56〕慢慢地這尊神靈與天上星辰信仰相互結合，以北極星（又稱「北辰」、「太一」〔註57〕）代表天帝神靈的具體象徵。當天帝的信仰與星辰信仰產生關係時，「天帝」一詞的稱呼就開始轉向另一稱呼北極星的「太一」〔註58〕之名取而代之。這是玉皇大帝信仰與玄天上帝信仰第一次的邂逅。因為玄天上帝的出現與北極星亦有很大的關係。〔註59〕等到漢代五行之說盛行，五方五帝神靈的產生之後，「太一」神逐漸殞落，起而產生影響力的神靈是五帝的中央黃帝，黃帝變為展現天帝信仰的核心神靈。以黃帝為核心的五帝信仰，在無極天元宮的神學系統裡，被安置在「一炁化三清、三清化五老」的神靈譜系之中。因為接下來的黃帝信仰與傳統玉石崇拜逐漸合一，形成「玉皇」或「玉帝」的稱呼出現，〔註60〕玉皇似乎又成一尊新的神靈，後來中國宋代以政治力將「玉皇大帝」的信仰推向高峰，使「玉皇大帝」正式走上民間信仰「至上神」的中心地位，成為人民心中信仰世界——「天庭」的最高神靈。

〔註56〕陳建憲，《玉皇大帝信仰》（台北：漢揚，1996），頁17～20。

〔註57〕「太一」，亦稱「太乙」或「泰一」。在《莊子・天下》中有記載「建之以常無有，主之以太一」。黃錦鋐（注譯），《新譯莊子讀本》（台北：三民書局，1998），頁373。

〔註58〕有關「太一」信仰的盛衰，請參閱胡其德，〈太一與三一〉，《東方宗教研究》新三期（1993），頁77～96；顧頡剛，〈三皇考〉，收入氏著，《顧頡剛古史論文集》第三冊（北京：中華書局，1996），頁1～253。

〔註59〕簡榮聰，〈玄天上帝信仰發展及其人文考辨〉，《臺灣文獻》46第2期（1995），頁121～131。

〔註60〕陳建憲，《玉皇大帝信仰》（台北：漢揚，1996），頁25～29。

「玉皇大帝」的信仰一直與中國的政治力有著緊密的關係，雖然宋朝以「玉皇大帝」作爲統領人間秩序的重要神靈，但尚有其他的神靈依然非常活耍於民間，等到明朝朱元璋尊奉「玄天上帝」時，「玉皇大帝」的地位再次與「玄天上帝」發生緊張的關係，爲了解決二者關係，「玄天上帝」遂在民間神話的作用底下成爲「玉皇大帝」三魂之一的化身投胎，修化成的神靈。據《北遊記》記載：

> 玉皇將自己的三魂之一，化身投胎于淨樂國皇后，厭惡塵世，捨位入武當修行，功成飛昇，眞守北方，號曰玄武。〔註61〕

自此之後「玄天上帝」的神靈地位在華人的神靈信仰體系裡，就一直居於「玉皇大帝」之下，成爲「玉皇大帝」從屬地位。「玉皇大帝」並未因爲打敗「玄天上帝」而能穩坐「至上神」的寶座，另一個強勁的挑戰者，則是由眞實歷史人物轉變成神靈的「關聖帝君」。「關聖帝君」的信仰始於華人文化中對於忠孝節義人物道德性的崇拜產生。〔註62〕隨著關於關羽記載的文學、小說的傳播，「關聖帝君」的信仰也隨之發酵。「關聖帝君」信仰眞正開始在政治影響力下發生作用，是在滿清入主中國政權之後。〔註63〕其主要原因是藉由對關羽的崇奉，以合理化滿清入主中國政權的歷史事實。〔註64〕在這樣政治情勢底下，「關聖帝君」信仰也隨之開始興盛，〔註65〕並且逐漸地強大起來，對「玉皇大帝」信仰的地位造成嚴重的衝擊。加上以扶鸞爲主的鸞堂體系，以關聖帝君作爲主宰之神（即「至上神」），大量造作善書〔註66〕宣傳「關公作天公」〔註67〕之說，使得玉皇大帝的地位，轉爲一個官職稱位的頭銜，讓「關

〔註61〕《四遊記》（四川：岳麓書社，1994），頁189～192。

〔註62〕黃華節，《關公的人格與神格》（台北：臺灣商務印書館，1995），頁1～78、86～103。

〔註63〕滿族尚未建立清朝之前就已有從奉「關聖帝君」。李福清，〈關帝傳說與關帝信仰——關帝研究的新探索〉，《宗教哲學》2，第三期（1996），頁147～164。

〔註64〕蔡東洲、文廷海，《關羽的崇拜研究》（成都：巴蜀書社，2001），頁148～155。

〔註65〕官方的提倡也對民間掀起「關聖帝君」信仰普及的效用。莊吉發，〈從薩滿信仰及秘密會黨的盛行分析清代關帝崇拜的普及〉，收入林富士、傅飛嵐（主編），《聖跡崇拜與聖者崇拜：中國聖者傳記與地域史的材料》（台北：允晨文化，1999），頁205～222。

〔註66〕「善書」內容多半是以勸人爲善，或是勸人從事宗教方面的修書。宋光宇，〈眾善奉行．諸惡莫作：有關台灣善書的研究及其展望〉，收入是著，《宋光宇宗教文化論文集【上】》（宜蘭：佛光人文社會學院，2002），頁309。

〔註67〕王見川，〈轉變中的神祇——臺灣「關公當玉皇」傳說的由來〉，收入李豐楙、

聖帝君」登上統御萬物秩序的「至上神」寶座。「玉皇大帝」不再作爲一尊具有具體形象的神靈型態出現，其型態終於被華人其他神靈信仰的衝擊之下所架空，成爲一個有名無實的「至上神」。

在無極天元宮的神像雕塑中，我們可以看到關於「關聖帝君——玉皇大帝」的兩種形象出現。一種是維持「關公作天公」的傳統，即「南天玄靈高上帝」；另一種繼續「玉皇大帝」的神靈身分，並有加以提升的現象，即「無極金光玉皇大天尊」。無極天元宮會允許這兩種現象的產生，是基於把「南天玄靈高上帝」繼續作爲統御物萬秩序的存在，另一方面把傳統「玉皇大帝」的身分保留並大大提升其地位至「無極金光玉皇大天尊」，是爲了加強地與合法地說明「元始天王」統御萬物秩序的位置。

> 「無極金光玉皇大天尊」乃元始天王所化法身，居昊天金闕，彌羅天宮，統御諸天，綜領萬里，主宰宇宙，開化萬天，造化萬物，濟度群生，權衡三界，總御萬靈。〔註 68〕

這裡「玉皇大帝」統御萬物的形象又與元始天王的形象拉上關係。讓我們不得不警覺到一種合法論述即將把降身的救世主的身分與職權，以一種具體的形象不斷地重複出現，讓信仰者知道，某些宗教領導者是具有神性的地位。另外「玄天上帝」的神靈位置，則被賦予於「關聖帝君——玉皇大帝」實際上某種政治神話的意向，一種人間主權的轉移。玄天上帝腳踏龜蛇二精，蛇精爲毛澤東；龜精爲蔣介石，二者下凡作亂將孫文所建立的中華民國的道統一分爲二，形成現在的政治局面，中國大陸與台灣分立。中國大陸經過文化大革命之後道統斷盡，獨留中國五千年來的道統於台灣。〔註 69〕也就是說，台灣保留了中國五千年來的道統，是眞正傳承於天上的道統使命的復興基地。就是以這樣的方式，隨玄天上帝腳踏龜蛇的政治神話發展，於民間繼續訴說「關聖帝君——玉皇大帝」或另一身份「無極金光玉皇大天尊」作爲華

朱榮貴（主編），《性別、神格與臺灣宗教論述》（台北：中央研究院中國文哲所籌備處，1997），頁 121～139；鄭志明，〈臺灣民間鸞堂儒宗神教的宗教體系初探〉，收入氏著，《台灣民間宗教論集》（台北：學生書局，1988），頁 108～112。

〔註 68〕《九九萬法歸宗大法會手冊》（淡水：道盤行政中心，2004），頁 9。

〔註 69〕玄天上帝腳踏龜蛇二精的政治神話在民間流傳以久，靈乩只是將其說法整套搬進來，以作爲華人救贖神學在人間的歷史基礎。參閱蔡怡佳，〈歷史書寫與自我技藝——靈乩協會創立初期之宗教實踐〉，中央研究院民族學研究所「週一演講」（台北：中央研究院民族學研究所，2004）。

人統治萬物秩序的合法性地位。再加上「無極金光玉皇大天尊」具有彌賽亞式降生的特質，所以未來（？；還是早已出現）即將有一個由上天派遣下來統理人間的宗教領袖出現。這號人物將如同上天的「玉皇大帝」一樣，統領著人間萬物。

無極天元宮整套統御萬物秩序神話，主要扣著整個華人歷史現況與台灣社會發展結構的脈絡產生變化。當中國大陸與台灣分立時，無極天元宮就以玄天上帝腳踏龜蛇的神話說明當代台灣與中國大陸政治現實處境的神話原由；當整個社會從一人（或一黨）獨大的封建體制逐漸走向自由民主開放的總統民選階段時，天上的玉皇大帝的至上權威也開始鬆動，猶如人間，而有「天公輪流作」的民主神聖思維。我們發現人類世界不再是諸神的仿效，相反地，諸神世界的嬗變是人類社會制度變遷的影子。當人類社會制度發生變化，信仰者們所信仰的社會制度的「至上神」象徵也隨之發生變化。我們還可發現，神話的雜成依政治力量的介入多寡與現今當代社會的情況，影響著眾神靈間彼此的關係。當「至上神」是依據地面上的當權者所決定、所賦予時，宗教信仰與政治勢力的關係遂緊密結合，一方面政治人物以宗教作爲其統治人民合法權威，另一方面宗教領導者則藉由政治勢力將自己的救苦救難的形象加以強化，賦予統領救贖人類的神聖權威。

2.4　四類神話的循環關係：神話動力學

接下來我們將探討無極天元宮將如何可能地，把這幾種「至上神」神話體系逐漸地建構成一整套龐大的神學系統，讓每種神話間的關係更加緊密，形成一種動力學。此四種神話的動力學基礎源自象徵宇宙時間觀的彌勒信仰之中，從此時間觀的象徵開始，推延至瑤池金母救劫〔註 70〕靈乩元靈神話體系之中，而繼續推延元靈回歸「母」的「一炁化三清、三清化五老」的修煉神話之中，最後才推延至統馭神靈的神話之中，象徵元靈修煉有成而可以領取上天所派下的使命。但此種動力學的推延模式其實是圍繞在一個更深的象徵隱性模式之中，而這個模式即是我們尚可發現於此套神學系統中，以一種相當古老的隱喻，欲在每一種神話象徵的背後，若隱若現地揭示一個「彌賽

〔註 70〕有關台灣瑤池金母（西王母）信仰的救劫運動，可參考鄭志明，〈台灣西王母信仰的起源與發展〉，收入氏著，《台灣傳統信仰的鬼神崇拜》（台北：大元書局，2005），頁 165～169。

亞式」的人物。而這個「彌賽亞式」的人物會同「至上神」的型態一並出現，讓我們有種「校長兼打鐘」（台語），分別、差異，卻無二至的主客關係消融為「一」的精神錯亂之感。這個「一」，「一」飾三角，同時是「人」、同是天地使者、同時是「至上神」，同時把多個「至上神」統攝於下形成「一」個強力救贖的權威性法西斯式的個人崇拜的救贖神學系統。以下將就此種救贖神學系統探索四種神話的動力學關係，如何揭示無極天元宮在新「救世主」與新「至上神」的提出過程中，隱含著個人崇拜的救贖神學系統。

2.4.1 誰來當「救世主」？多個「至上神」統合配置問題

在彌勒的信仰的末世救劫神話裡的「彌勒」、瑤池金母的失樂園神話中的「母娘」、「炁」的宇宙生成神話裡的「元始天王」與統御萬物秩序神話中的「金光玉皇」，四類「至上神」神話的共通特質，是皆有「彌賽亞式」降生的「救世主」形象出現。只是這四類神話透過不同的方式相互連結形成三條主要降生的路線，最後再由這三條路線開展出第四條路線，造就出無極天元宮的新的至上神的出場。雖然這四類神話皆有「彌賽亞式」的降生傾向，但在無極天元宮的神學系統中，母娘的降生傾向早已引退為「會靈山」靈修實踐、作為修行之用的神學主軸裡去。母娘僅僅是派遣天地使者，屢傳金線點化元靈的執行官，已大大失去「救世主」的地位。因此在無極天元宮的神學系統中，母娘的地位是基於「靈山會母」（也就是「會靈山」）修行實踐過程的依據，也可說是一種外在的、後天的修行實踐的手段。〔註 71〕

除了母娘以外，其它擁有「彌賽亞式」降生的「救世主」地位的三類神話，多為男性神靈。第一條擁有最明確的降生路線是彌勒信仰的末世救劫神話，這條路線在無極天元宮的神學系統中，主要扮演宇宙的與先天的神聖救贖時間觀，即「三期末劫」，而在歷史上的、後天的神聖救贖時間觀則座落在「三皇」信仰中，〔註 72〕因此前後形成一套「先天」與「後天」相互呼應的神聖救贖時間觀。也就是說，彌勒的降生，顯示著時間的神聖性，表達了整個無極天元宮依循的時間性格。另一條路線，是以統御萬物秩序神話中的「金光玉皇」為主角。整個統御萬物秩序神話中，「關帝聖君——玉皇大帝」本來

〔註 71〕「靈山會母」或可說是「會靈山」，為何說是外在的、後天的修行實踐手段。這主要是相對於內在的、先天的「自性靈山」之說。

〔註 72〕「三皇」為「天皇、地皇、人皇」三者，在無極天元宮的神學系統中作用不大，僅與「三期末劫：上古、中古、下古」之說相對應的歷史時間觀。

只作爲統治萬物某種政治秩序的神靈地位，然而卻以「金光玉皇」的神話加強了其具有統治人間政治秩序的降生屬性。也就是說，不管是「關聖帝君——玉皇大帝」還是「金光玉皇」，在無極天元宮的神學系統中暗示著某種政治性的統御性格。這種政治性極強的傾向，也表達了無極天元宮對於台灣當代社會政治現狀的關懷。尤其在國家與民族論述方面，以玄天上帝腳踏龜蛇二精的神話爲最。

這四類神話的最後一條降生路線，也是主要開展出第四條路線的「炁」的宇宙生成神話。在這類神話中，是以「元始天尊／元始天王」雙胞情節的降生型態出現。這兩尊雙胞神在無極天元宮的神學系統裡，欲揭示的是統宰宇宙之主的一種降生的可能。這種可能一方面，保留「元始天尊」統領炁化後的宇宙，另一方以「元始天王」作爲另一種身份以確保降生後具有統領元靈的地位。這是一種神學上統領宇宙間萬靈的神學政治性，以別於具體地統治人間政治秩序的金光玉皇型態。除此之外，「元始天王」在整個無極天元宮的神學系統是居於核心的神靈地位。因爲祂將是開展出無極天元宮第四條「彌賽亞式」的降生路線，也是轉化出無極天元宮「至上神」的重要神靈。

2.4.2　誰是「至上神」？「至聖先天聖祖無極至尊」的出場

「元始天王稟天自然之胤，結形未沌之霞，記體虛生之胎，生乎空洞之際」。〔註 73〕無極天元宮認爲其「至上神」——「至聖先天聖祖無極至尊」，爲無極始祖元始天王。我們可以發現，在無極天元宮的神學系統中，有三位具有降生性格神靈皆叩著「元始天王」來論述。一爲「金光玉皇」（元始天王的法身）二爲「元始天王」（元始天王自身）三爲「至聖先天聖祖無極至尊」（元始天王的「至上神」象徵）。隨著「元始天王」的「至上神」象徵的出場，無極天元宮整體神學架構大致完成。並對無極天元宮的其他「至上神」神話做了一個統籌性的編整。整個編整的內容，大致可以分作幾條主軸，首先是「先天／後天」；再次爲「神學上／政治上」；最後是「天盤與道盤」。

首先是「先天／後天」的主軸，如在救贖的時間觀上分：先天的救贖時

〔註 73〕《雲笈七籤・元始天王紀》，於《正統道藏》第 38 冊（台北：新文豐，1995），頁 297。

間觀與後天的歷史時間觀，以「三期末劫」對應「三皇」；在「靈山會母」靈修體系分爲：後天外在的「三母」靈修實踐的動態行爲與先天內在的「自性三聖」〔註 74〕靈修實踐的靜態體證。再者爲「神學上／政治上」的主軸，也是一種「神聖／世俗」的主軸，二者並不分屬對立的關係，而是一種相互結合，互相利用的關係，也就是將神學政治化，政治神學化的關係，如「三母」、「自性三聖」、「一炁化三清、三清化五老」與「收圓三聖」〔註 75〕，皆屬於神學上的論述，也比較具個人性的；在政治上的，如「關聖帝君——玉皇大帝」、「金光玉皇」、「玄天上帝腳踏龜蛇二精」與「元始天王」，是具有濃厚的政治意味，也具有象徵整體華人宗教政治性的論述。最後的「天盤與道盤」，「天盤」揭示整個宇宙運行的自然秩序；「道盤」則顯示人類倫常規範的道德秩序，也就是「自然秩序」與「道德秩序」的類比。經過編整之後，所有的神話象徵體系皆集於這尊「至聖先天聖祖無極至尊」「至上神」的統體之中。

也就是說，「至聖先天聖祖無極至尊」透過「元始天王」與「元始天尊」的關係，祂立即成爲宇宙抽象象徵，以元始天尊與靈寶天尊及道德天尊的「一炁化三清、三清化五老」神學上的論述貫串整個無極天元宮的神學主幹，作爲宇宙統御之主，以道德天尊作爲掌理人間倫理道德秩序的替身，再以五老中的金母連結修行實踐上「靈山會母」的「三母」（動態）與「自性三聖」（靜態）的靈修神學，逐漸顯示無極天元宮父性神靈框架下的母性神學；當祂再次透過「元始天王」與「金光玉皇」的關係，立即成爲社會制度的象徵，以「統御萬物秩序神話」爲基礎，合法地成爲統管天庭與人間政治秩序的「關聖帝君——玉皇大帝」的地位。最後經由彌勒掌理「天盤」，顯現整個救贖時間與歷史時間的神聖時間，並預示「至聖先天聖祖無極至尊」本身既作爲「至上神」，也作爲「救世主」自身降臨人間的完美時刻。這個時刻即將來臨，是以一種「至上神」的個人崇拜象徵向我們展示。這個人即是台灣當代聖乩「黃阿寬」，深具天地使者般「彌賽亞式」降生的「救世主」風範，以一套完整的靈修清規逐漸淨化自身（或是合理自身），最終使自身變現（其實是將自己投射成神靈）爲一個創造萬物的「至上神」——「至聖先天聖祖無極至尊」，然後再以其他「至上神」神話裡降身的屬性顯示「至上神」有降身成「救世主」

〔註 74〕「自性三聖」爲：「無上佛」、「無上元」、「無上眞」。
〔註 75〕只諭示救贖時間性格的「燃燈佛、釋迦佛、彌勒佛」。

的可能性。這個可能性即將出現，也就是黃阿寬自身。是自身的倒影，也是自身的「理型」。於是整個無極天元宮的神學系統，似乎說明了黃阿寬一生對於傳統華人宗教思維的體認，並將之體認後的想法統攝於「一」個、或說是回歸於「一」的神學架構之中，與及在體認後付諸行事的神聖詩篇。

第三章　無極天元宮的靈乩論述

隨著靈乩的出現，對於台灣民間通靈文化產生莫大的衝擊。主要的原因是靈乩對傳統通靈文化現象感到不滿，認爲一般流行於台灣民間的乩童、鸞乩或各種神靈乩身的通靈品質低落，及自身品格也常受到社會大眾的鄙夷，因此提出對此現象加以改善的方法，使通靈品質與靈媒自身品格有所提升，才能兼負起上天傳授的任務與使命。在此種訴求之下，台灣的靈乩掀起一波台灣民間宗教通靈文化的革新風潮——「會靈山」。〔註1〕「會靈山」可以說是靈乩藉由通靈來認識自己的「元靈」〔註2〕，找尋自己元靈的源頭——「靈脈」，並與之相接，之後便能得到個人靈性上的成長，使通靈的品質層次大大提升。〔註3〕無極天元宮在此「會靈山」的風潮之下，也扮演著這方面重要的角色。一方面作爲台灣主要的靈脈之一，廣開「三大道場」，接引萬靈；另一方面對台灣民間宗教的「神職人員」，包括：道士、法師與通靈者等等，進行批判，如：對乩童通靈時所呈現的意識迷離狀態，感到質疑，並試圖在批判中提出一套足以統合台灣民間宗教的通靈文化論述。以下我們將以無極天元宮的靈乩，也是台灣當代（聖乩）黃阿寬提出的批判觀點爲依據，說明台灣

〔註1〕有關「會靈山」風潮的興起時間，可參閱呂一中，〈「會靈山」現象初探——以台南縣西港鄉啦噢宮爲例〉，《臺灣宗教研究通訊》創刊號（2000），頁87～91；呂一中，〈「會靈山」運動興起及其對民間宗教之影響〉7（2000），頁88～98。

〔註2〕台灣民間教派對人的「元靈」有不同的稱法。可參閱鄭志明，〈台灣先天道的基本教義〉，收入氏著，《台灣民間宗教結社》（嘉義：南華管理學院，1998），頁116。

〔註3〕尹怡君，〈是「解離障礙」，還是神來接通人的天線？〉，《張老師月刊》319（2004），頁52～56。

民間宗教通靈文化現象應該如何在此風潮之下獲得重整，以及如何看待無極天元宮自身所處時代背景的空間位置。

3.1 黃阿寬對台灣靈媒系譜的論述與批判

黃阿寬將台灣民間宗教場域的「神職人員」分爲三個層次，此三個層次由低至高依序爲：（1）「道術法門」；（2）「太極法門」；（3）「無極法門」。所謂「道術法門」是指華人民間宗教信仰的「火居道士」與「法派法師」，這兩類神職人員，都是經由師徒授受的方式，把一些道法傳承於後人，因此黃阿寬認爲，這是一門可以經由知識傳授方式學習而來的法門，所以也稱爲「後天法門」。「太極法門」則是指台灣民間宗教具有通靈能力的靈媒（一般稱爲「乩身」），這些包括：乩童、尪姨、鸞生、天才與母娘乩……等等。黃阿寬認爲，這些一般作爲神靈的乩身，通常也是經由一定的授受方式即可學得通靈技巧，因此也是屬於後天的法門。而只有「靈乩」是屬於「先天法門」，也稱爲「無極法門」。所謂「無極法門」是屬於自我自性的法門，是「心法由心發」，不假外求的先天之法。以下我們將先從黃阿寬稱爲「道術法門」與「太極法門」的通靈者們開始說明，以理解黃阿寬爲如何將這些通靈者們加以分類，及其分類的標準爲何。

3.1.1 「道術法門」：火居道士與法師

黃阿寬認爲，道術的法門是屬於後天的法門，是可以經由學習過程獲取的宗教知識，因此只要肯學習就可以成爲這方面的宗教「神職人員」。在黃阿寬的認定中，華人傳統民間的道教的「火居道士」與巫術性極強的「法派法師」，即歸屬於此法門。所謂「火居道士」，是指傳承中國大陸閩粵一帶的「正一天師派道士」。這類「火居道士」大致分爲兩種，一種稱爲「烏頭道士」（又稱「烏頭司公（或稱「師公」、「司功」、「法師」）〔註 4〕」），專門主事「開魂

〔註 4〕 台灣民間對於紅、烏頭法師，都一律稱之爲“Sai-kong”，這個稱呼常被寫成「師公」、「司功」或是更奇特地，在法場儀式抄本中我們也可以看見法師將“Sai”字寫成「獅」。另外，在客家地區也有寫成「覡公」者。然而，“Sai-kong”這個稱呼並不受到法師的歡迎，一般民眾在法師面前都稱之爲「先生」或「法師」。參閱許麗玲，〈疾病與厄運的轉移：台灣北部紅頭法師大補運儀式分析〉，收入林美容（主編），《信仰、儀式與社會》（台北：中央研究院民族學研究所，2003），頁 341。

路」、「做功德」、「普渡」……等職務，〔註5〕以別於另一種稱爲「紅頭道士」（又稱「紅頭司公（或爲「師公」、「司功」「法師」）」），專門主事「補運」、「收魂」、「送方外」、「押煞」……等等。〔註6〕台灣民間一般認爲「烏頭」專是爲人主持喪葬儀式的法師，「度生亦度亡」，其儀式傳統與屬於道教傳統的靈寶派及民間佛教儀式傳統的釋教有所相關；「紅頭」則是行驅邪儀式的法師，「專作吉事」，其儀式傳統與法派的三奶派、閭山派、普庵派、徐甲派有所關聯。〔註7〕在台灣北部的火居道士有「道法二門」〔註8〕的儀式傳統，與台灣中、南部的靈寶派儀式傳統有所不同。〔註9〕

〔註5〕謝金選，〈台灣的「紅頭」與「烏頭」司公（續）〉，《台灣風物》2／5（1952），頁6～7。

〔註6〕謝金選，〈台灣的「紅頭」與「烏頭」司公〉，《台灣風物》2／4（1952），頁8～9。

〔註7〕有關「道士／師公」；「烏頭／紅頭」等職能稱呼，眾說紛紜。可參閱許麗玲，〈台灣北部紅頭法師法場補運儀式送陰火一段中的「請尪姑」〉，發表於中央研究院民族學研究所（舉辦），「婦女與宗教」小型研討會系列三（台北：中央研究院民族學研究所，1997）；勞格文（John Lagerwey），〈臺灣北部正一派道士譜系〉（Les lignées taoïstes du nord de Taïwan），許麗玲（譯），《民俗曲藝》103（1996），頁31～48；勞格文（John Lagerwey），〈臺灣北部正一派道士譜系（續篇）〉（Les lignées taoïstes du nord de Taïwan），許麗玲（譯），《民俗曲藝》114（1998），頁83～98；Michael Saso, Red-head and Black-head: The Classification of the Taoists of Taiwan According to the Document of the 61th Generation Heavenly. *Bulletin of the Institute of Ethnology, Academia Sinica* 30（1970）:69～81; Michael Saso, Lu Shan, Ling Shan, and Mao Shan: Taoist Fraternities and Rivalries in North Taiwan. *Bulletin of the Institute of Ethnology, Academia Sinica* 34（1972）:119～147; Michael Saso, *Chuang-Lin Hsu Tao-Tsang: A collection of Taoist manual 1*.Taipei: 成文,1975.pp.2～9; Michael Saso, What is the Ho-tu. *History of Religions* 17（1978）:398～416.

〔註8〕北部正一派道士所傳承的儀式有所謂「道法兩門」，二者分別代表著不同的儀式傳統。「道」指的是道教儀式，例如：醮典及禮斗法會等大型儀式。而「法」指的是法術儀式（或巫法儀式），其儀式內容大多是屬於驅邪治病的範圍，除了一些較大型的如：「法場」、「祭路煞」等儀式，會到事主家中或出事的地點去做之外，其餘都是日常在社區廟宇或道士自家的道壇中所行使的驅邪法事。參閱許麗玲，〈台灣民間信仰中的補春運儀式——以北部正一派道士所行的法事儀式爲例〉，《民族學研究所資料彙編》13（1999），頁95～129。也可參閱劉枝萬的研究：劉枝萬，〈閭山教之收魂法〉，收入氏著，《中國民間信仰論集》（台北：中央研究院民族學研究所，1974），頁207；劉枝萬，〈閭山教の収魂法〉，收入氏著，《中国道教の祭と信仰（下）》（東京：桜楓社，1984），頁7～8。

〔註9〕對於台灣道士的流派有些學者認爲：北部的「道法二門」道士屬於「正一派」，

但無論如何，這些道士法師所行的「道法」在黃阿寬的認知中，是屬於人人皆可學習而來的後天法門。但我們知道要養成一個道士其實並不容易，小道士必須跟隨在師父身旁，學習所有的道法，通常需要積年累月才能培養出一個優秀的道士。在傳承道法方面，採取父子相傳制與師徒相傳制。且不是所有人都可以輕易的學習道法，必須經過神秘又神聖的「授籙」制度，才能學習由上至尊神聖說法所傳的經懺、符訣，始能擁有溝通神人之際的憑藉與能力。〔註 10〕因此學徒初入道門至開壇營業，大致經過三年四個月的學徒生活，在師父家學習、做些差事、或跟隨出外行法作為見習，其滿之後則就開始逐次學習待香、引班、副講、都講等職位的法事。也有一些學習期滿之後，就自己獨立開壇營業，但在南部部分地區則須經登刀梯的儀式，以向當地區內的信眾們展示其行道能力，或向天師府領受具有高功身份的籙位，才能成為主壇道士。〔註 11〕

另一方面黃阿寬認為，這些法術、儀式，夠不上什麼靈性的解脫與追求，只能解決一些個人的基本欲求，如：婚姻愛情、家庭事業、身心病痛等，治標不治本，更談不上什麼治國家之道與民族精神。唯有風調雨順、國泰民安，人們的精神才能得到一定的解脫。所以像這些道士法師只是傳承一些經營謀生的道法而已，並無法真正的濟世度人，甚至帶給國家民族與全人類幸福。因此在黃阿寬的認知中，這種還需要學習的道法，只能滿足個人慾望的道法，就是不究竟的法門、也是有限的法門。

3.1.2　「太極法門」：乩童／尪姨、鸞手、天才與母娘乩……〔註 12〕

再來太極的法門，是指「乩童」、尪姨、鸞堂信仰的鸞生，一貫道裡頭專事仙佛降乩的「天才」與慈惠堂信仰專門為母娘的乩身……等等。這些在台

中南部專行喪葬儀式的道士為「靈寶派」。但也有認為有者認為：這些靈寶派的道士也自稱為正一派道士，或合稱「正一靈寶」。前者參閱呂錘寬，《台灣的道教儀式與音樂》（台北：學藝出版社，1994），頁；後者參閱大淵忍爾，《中國人の宗教儀禮》（東京：福武書店，1983），頁 160～169。

〔註 10〕參閱眞理大學宗教學系（編印），《眞理大學宗教知識教育基本教材》（淡水：眞理大學宗教學系，1999），頁 182。

〔註 11〕參閱呂錘寬，《台灣的道教儀式與音樂》（台北：學藝出版社，1994），頁 22～31。

〔註 12〕有關「濟公乩」於台灣民間宗教信仰的情況，頗具流行。在黃阿寬的訪問中，不曾聽過他對濟公乩的看法。但在無極天元宮的救世堂裡，有使用「濟公」作為通靈的神靈，有關這方面的現象，可以作為筆者以後繼續探討研究的新議題。

灣民間裡專門從事通靈的靈媒（一般也稱爲「乩」），它們共通的特質就把自己的肉身借給神靈使用，常進入精神迷離（trance）的狀態，失去自我的意識。黃阿寬認爲，這些乩身也是屬於「後天」可以學習得來的。要成爲一個乩身，只要經由神靈遴選之後（一般民間稱爲「抓乩」），經過一段時間的訓練（通常是指「坐禁」或稱「訓乩」），即可成爲神靈的代言者——「乩身」。除此之外，黃阿寬也認爲，這些乩身通常在通靈時，進入這種精神迷離的狀態是一種精神錯亂的徵兆。一個眞正與神靈交相溝通，傳達神意的天地使者，在通靈時應該同時能清楚地意識到自身於現實世界的狀況與神靈交通的超現實界的狀況。以下我們將把黃阿寬所歸類的太極法門之通靈者，依照民間宗教信仰場域的教派性格，分爲四個部分爲：（1）乩童／尪姨；（2）鸞堂體系的鸞手；（3）一貫道的天才；與（4）慈惠堂系統的母娘乩，以此說明，其成爲乩身的訓練過程與通靈時所處的意識狀態爲何，以作爲黃阿寬批判這些台灣當代民間信仰場域通靈者的例證。〔註 13〕

（1）乩童／尪姨

「乩童」〔註 14〕在台灣宗教信仰文化，是大家最耳熟能詳，印象最深的靈媒。因爲乩童可以藉助神明的力量，爲人解決一生所有的疑難雜症，所以也就爲社會大眾所認識。乩童除了有男乩童與女乩童之性別的分野外，還有職能上的分別。一般乩童所服務的項目，包括：祭星補運、栽花換斗、過囝仔關、召魂牽亡、調營點兵、煮油、收驚……等等。另一種與乩童相近的尪姨，其服務的項目多爲人牽亡、打城儀式……等等。乩童與尪姨〔註 15〕，除

〔註 13〕還有一些台灣民間的通靈者，因爲不具有教派色彩或以民間信仰的廟宇作爲依據，難以分類。自此也就不在聖乩黃阿寬的批判之列內。如：以通靈爲主的地理師，或較像心理輔導師的伶姬……等等。

〔註 14〕有關「乩童」定義的說法，可參閱閱陳藝勻，〈台灣童乩的社會形象與自我認同〉（新莊：私立天主教輔仁大學宗教學研究所碩士論文，2003），頁 27～30。

〔註 15〕劉枝萬認爲：「尪姨」是女巫，其名稱可能出自古代佝僂女巫，因爲專作關亡，故比諸童乩，靈媒之性格較爲明顯。參閱劉枝萬，〈臺灣的靈媒——童乩〉，《臺灣風物》31／1（1981），頁 104～115。大部份的日本學者大都採行劉枝萬的觀點，認爲「尪姨」=「女巫」。參閱国分直一，《壺を祀る村——台湾民俗誌》（東京：財団法人法政大學出版局，1981），頁 311；可児弘明，〈尪姨〉，收入野口鐵郎、坂出祥伸、福井文雅、山田利明（編集），《道教事典》（東京：平河出版社，1996），頁 11。另外根據陳信聰的田野調查發現：男性乩童也有牽亡魂，日據時代亦有男性尪姨。在田野調查過程中僅知有兩位男性乩童，一爲高雄縣彌陀鄉的三寶佛祖，另一位花蓮縣的神明，其中彌陀的男乩童已

了所行的儀式職能上有差別外，在神靈附體方面也有差別。乩童所附的神靈包括大小各類神明，有媽祖、觀世音菩薩、玉皇大帝、玄天上帝、三太子、濟公……等等，也有陰神，包括：由自己親人變成的神明、亡魂等。尪姨所附的神靈大多是一些小神、陰神、亡魂……等等。〔註 16〕

乩童的培養過程基本上有兩種：第一種是從小訓練起，一直到老之後（也就是成爲老乩童）方可退休，並由新乩童（年輕的乩童）接下老乩童的職務。第二種是由神明直接降旨命由某某人來擔任乩童，降旨的命令由老乩童宣布，或由新乩童自行宣布自己已被上天所預選爲某某神靈的代言人。以上兩種挑選乩童的方式，就叫做「採童」〔註 17〕。被採童之後的人，稱爲「生童」。生童就是指初學還必須接受神靈訓練及考驗的乩童。等到經過神靈的訓練與考驗之後，並擁有獨立主持儀式的能力之後，才成爲正式的「乩童」，這時也就是一般民間所稱的「熟童」。「坐禁」是乩童最重要的修法。坐禁差不多需要歷時七七，四十九天，要頭不見天，腳不踏地，在一近似密閉的空間裡，使天地間的天功地氣無法左右人的功體。坐禁的地點大多選在寺廟宮壇裡頭，以木板隔出一個密閉的小房間，讓乩童在裡頭，接受神靈的訓練。若是在神壇，因空間較小，就會直接在神壇的正廳裡頭修煉，在這段時間裡神壇暫時不開放參拜。〔註 18〕但也有些寺廟宮壇的乩童，沒有經過坐禁就可以直接由神靈附體，開壇辦事。〔註 19〕在神靈附體的過程中，乩童或尪姨通常處

經十多年不曾問世，不再做打城，目前均由其妻（主神爲張天師）負責神壇事務。參閱陳信聰，《幽冥得度——儀式的戲劇觀點：台南市東嶽殿打城法事分析》（台北：唐山，2001），頁 57。

〔註 16〕 參閱蔡佩如，《穿梭天人之際的女人：女童乩的性別特質與身體意涵》（台北：唐山，2001），頁 20。

〔註 17〕 在民間也信眾將此稱作「採童」、「抓童」或「抓乩」。王雯玲把乩童從抓乩到乩童正式可以獨當一面的執行儀式之過程區分爲：(1)「抓乩」；(2)「訓乩」；(3)「坐禁」；(4)「出禁」；(5)「領旨」；(6)「裝金身」；(7)「辭祖先」，七個不同的階段。並說明此七個階段在整個訓練的過程裡，並不是那麼絕然地被分開，遭遇順序與深淺也不盡相同。參閱王雯玲，〈台灣童乩的成乩歷程——以三重童乩爲主的初步考察〉（新莊：私立天主教輔仁大學教學研究所碩士論文，2004），頁 37～60。

〔註 18〕 參閱黃有興，〈澎湖的法師與乩童〉，《臺灣文獻》38／3（1987），頁 133～164；黃有興，《澎湖的民間信仰》（台北：臺原，1992），頁 82～122。

〔註 19〕 沒有經過坐禁的乩童是非常危險的，一般多發生在廟會現場。被附體的乩童，開始手足舞蹈或喃喃自語，並開始操弄法器，以顯示自身被神靈附體的見證。這種尚未與神靈打過契約的乩童，也就是還沒有自己的主（主神），通常很容易被所有外來的靈所依附，到最後很容易變成精神錯亂。

於精神迷離的狀態，清醒了之後，不知道自己剛才說過什麼，或做過什麼。黃阿寬認爲，在通靈時這種搞不清楚自己在做什麼或說什麼的乩身，是乩身本身的鍛鍊不夠，才無法準確地使用人類的清楚意識的理性語言來與神靈溝通，並傳達神靈的諭示。既然乩童傳達神靈意思的過程，聯乩童自身都無法明確掌握，其傳達的神意恐怕難以置信。因此，黃阿寬認爲，這些乩童／尪姨必須再經過更深一層的靈修訓練，才能提升自我靈性，並在清醒意識之下嚴謹地與完整地把神意傳達與人們。〔註20〕

（2）鸞堂體系的鸞手

鸞手爲鸞堂體系中專門從事通靈的人物。要成爲一個鸞生（尤指「正鸞生」），必須經過一些訓練過程，稱爲「煆乩」，才能成爲神靈的代言人。煆乩的時間一般爲七七四十九天，也就是在這段時間內，幾乎每天都要鸞堂裡頭，手執「鸞筆」放在沙盤上，慢慢地與神靈的交相感應。等到有所感應之後，鸞筆就會開始在沙盤上寫下神靈所要諭示的內容。〔註21〕每個鸞生在接受訓練的過程，身體與心靈的敏感度會越來越強，有些甚至會慢慢地可以聽到或看到神靈的聲音語調與形體形象，以達到可以與神靈相契合的狀態。與神靈相契合的狀態，目前有兩種說法。第一、正鸞生認爲：神靈並沒有直 接附於正鸞生的身體軀殼中，而是降在鸞筆上，或牽著正鸞生的手，在沙盤上揮寫神靈所要降下的諭示。第二種說法認爲，神靈是直接入體於正鸞生的體內或直接操控正鸞生的精神意志。第二種說法，在目前一般的鸞堂體系裡愈來愈多。這也表示目前的正鸞生，愈來愈渴望可以與神靈「合而爲一」的境界，以增加自身內在的神聖性。進一步透過內在修持，彰顯自身的主體意識，使自身變化成神靈的境界。

扶鸞儀式的進行過程，由三到四人一組分別爲，「正鸞生」（有時兩位，以幫忙扶住鸞筆的另一邊）「唱鸞生」（專門將神靈的諭示大聲唱出者）「錄鸞生」（謄寫唱鸞生所唱的內容），此合稱「三才」。「三才」是代表天、地、人之意，也就是「正鸞生」代表「天才」；「唱鸞生」代表「地才」；「錄鸞生」

〔註20〕董芳苑與 Kristofer Schipper 皆從「乩童」的字面意思說明其通靈時精神迷離的狀態。參閱董芳苑，〈台灣民間的神巫——「童乩」與「法師」〉，收入氏著《台灣民間宗教信仰》（台北：長青文化，1975），頁 248～249。Kristofer Schipper, *The Taoist Body*. Translated by Karen C. Duval. Taipei: Southern Material Center, 1994. p.44.

〔註21〕參閱鄭志明，〈台灣民間鸞堂儒宗神教的宗教體系初探〉，收入氏著《台灣民間宗教論集》（台北：學生書局，1984），頁 127。

代表「人才」，即三才會聚，共通神意。這可說是整個華人民間教派之於扶鸞的基本儀式型態。接下來所要談論的一貫道系統與慈惠堂系統中關於扶鸞的型態，大致還是以此型態呈現，只是賦予通靈者在通靈層次上的不同而已。扶鸞儀式除了傳達神意，並將神靈所說諭示紀錄編輯成「鸞書」（善書），以提供信仰者作爲安身立命的圭臬以外，信仰者也可以把自身在生命上所遇到的困難與不測，直接透過正鸞生請示神靈。因此，鸞堂大多提供信仰者問事（或稱爲辦事）的時間，且服務的內容也非常豐富，如：解決因果業障、祖靈、嬰靈、冤親債主討伐、婚姻、家庭、事業、財運不順……等等疑難雜症。除此之外，在鸞堂的體系中，也有幫忙信仰者處理開啓元靈修道的項目，也就是說在鸞堂體系早有渡化或轉化元靈的活動，只是後來由靈乩會靈山所吸納，成爲一股風潮。因此，關於鸞堂體系渡化元靈的活動，顯示了個人在生命修持上的完整性，可經由神靈的指點，幻化自身生命型態，提升個人的靈性，修道成眞。

就黃阿寬認爲，鸞乩會轉向會靈山的風潮是一種趨勢使然，一方面是因爲鸞乩的起乩儀式相當繁瑣冗長，若要眞正地迅速有效地救贖世人，必須如同靈乩般，不須經由特定的儀式過程，就可以直接馬上與神靈溝通，達到迅速救贖的效力；另一方面，鸞乩也發現自身在通靈層次上，必須透過扶寫鸞文才能明瞭神靈之意，這樣在與信徒溝通時難免有所隔閡，而且在表達神意只通過扶寫鸞書作爲救贖的單一管道的不足夠性。這種因爲儀式行爲需求已漸漸不符合當前資本主義社會快速流的經濟效益性，使得鸞堂的儀式性逐漸由繁入簡，朝向更加簡便的儀式行爲，如：「金指妙法」的出現，就是鸞乩直接以自來水筆書寫在鸞紙上，不再透過冗長的請鸞筆儀式。有些鸞堂更以電腦將鸞乩當場扶寫於鸞台上的神義，直接輸入電腦。黃阿寬似乎早已看到繁文縟節的儀式性行爲，已不符合當代民間宗教信仰的需求。

（3）一貫道的天才

「天才」爲一貫道系統對通靈者的稱呼。蘇鳴東在《天道概論》一書中認爲：目前台灣的飛鸞有兩種，一種爲「後天鸞」；另一種爲「先天鸞」，先天鸞爲天道之鸞。〔註 22〕後天鸞就是指目前流行於台灣一般鸞堂之鸞；先天

〔註 22〕參閱蘇鳴東，《天道概論（五教合一論）》（台南：龕巨書局，1985），頁 184～186。

鸞即是一貫道爲了傳達天道（或天命）的天道之鸞。而這個天道爲：

> 道本至理，無形無象，無聲無臭，可嘆人落於後天，氣稟物欲，矇蔽靈明，固有之靈性有而不知其有。際此末運，時居午未交替，三期末劫，上帝急盼九六原靈同歸理域，固垂降天道，而諸天神聖鑒於世人迷昧已深，不信鬼神，故叩請　上帝准有飛鸞之設，天借人力，人類天成，天人合一，以警其愚，以啓其迷，此天道飛鸞之由來也。〔註23〕

蘇鳴東在此把鸞生的型態一分爲二，可以看出民間教派間爲了相互區隔或相互比較，而再次地把華人傳統扶鸞文化作了進一步的詮釋與分類。〔註24〕所以，一貫道的扶鸞儀式的意義絕非與其他扶鸞體系相同，而別稱爲「開沙」。雖然，在扶鸞的儀式過程同鸞堂體系一樣地由三才所組成，但這裡的三才，直接以「天才」、「地才」、「人才」來稱呼一貫道扶鸞的基本成員。〔註25〕而一貫道的天才與鸞堂的正鸞生同爲教派中主要的通靈人物。要成爲天才，需經過一定的訓練過程。一般都挑選未成年的孩童〔註26〕，然後送到前人〔註27〕那裡學習作人做事的道理，如：學習灑掃應對、整理佛堂內外、誠心禮佛、習字讀書……等等。且必須持齋素菇，以保持身體潔淨與陽神的充沛，養成意念定靜的習慣，一、二個月後〔註28〕開始拿木筆，眼睛微閤，並在沙盤上劃圈圈，因雜念較少，經過一段時間之後精神慢慢地進入入定的狀態，然後

〔註23〕《天道概論（五教合一論）》，頁186。

〔註24〕宋光宇認爲：一貫道跟明清和二十世紀民間新興的教派一樣，都是以扶乩做爲人神溝通的主要媒介，甚至是教派成立的原動力。參閱宋光宇，《天道傳燈：一貫道與現代社會（上冊）》（台北：王啓明，1996），頁25。

〔註25〕「天才地才人才是也，扶乩者稱爲天才；抄字者稱爲地才，報字者稱爲人才。三才組成，使能飛鸞宣化。」參閱《一貫道疑問解答》〔崇華版〕（台中：光明國學出版社，1993），頁24。

〔註26〕擔任三才者須根基深厚，品性端正，情慾淡薄，主敬存誠者，始能任之，通常是擇幼童充任。參閱林萬傳（編著），《先天大道系統研究》（台南：靝巨書局，1986），頁222。

〔註27〕「前人」也可稱作「前賢」，指凡較自己求道早者，不論其年齡長幼。參閱李世瑜，《現在華北秘密宗教》（台北：古亭書屋，1975），頁89。另外宋光宇認爲：依「暫定佛規」的說法，是指比我求道早的人。但目前的用法在含義上縮小了很多，專指各個組或支線中的負責人。參閱宋光宇，《天道鈎沉：一貫道調查報告》（台北：作者自印，1983），頁77。

〔註28〕有的只需「七七四十九天」，即可「出筆」。參閱李世瑜，《現在華北秘密宗教》（台北：古亭書屋，1975），頁63～66。

仙佛即加靈其身，在沙盤上寫出諭示的字來。這種訓練過程剛開始稱爲「教筆」，後來逐漸地可以在沙盤上寫出字來，且愈寫愈多字，則稱爲「出筆」。已經可以「出筆」的孩童，就可以擔任道團中，可以讓仙佛加靈其身的通靈人物——「天才」了。〔註 29〕「天才」一職大概只做到二十歲或婚前爲止，主要是因爲考慮人隨著年紀的增長，雜念也相對地增多，所以就不適宜繼續擔任此項事務。若在擔任天才的期間，因個人意志有所不願，也可以隨時離去，沒有任何絕對的限制。而「地才」與「人才」比較沒有任何限制，不管是已婚或未婚的成年男女即可擔任此項職務。〔註 30〕

以上所說的「天才」是屬於飛鸞宣化時，爲「開沙」之用的型態。但在一貫道中還有另一種型態的「天才」，是作爲仙佛直接借天才的身體，可以和信仰者直接相互溝通，其儀式過程稱爲「借竅」。〔註 31〕在台灣一貫道的屬於「借竅」型態的天才多由小女孩擔任，有的書讀不多，但在仙佛借竅之後，卻能出口成章。〔註 32〕會比較願意挑選小女來擔任天才一職的原因，是因爲女生不需要當兵，較不容易因社會體制關係而受到社會外在環境的影響，也就是說，在教團服務的期限可以比較男性長。畢竟，訓練一位天才是需要投下教團大量的心血，才有可能培養出一位好的天才。〔註 33〕「天才」在一貫道教團中的主要功用，是作爲仙佛在人間的媒介，以傳達仙佛的旨意；或決議道團中的種種事宜；或諭示天體運作的大道之理機。有時道卿們也會把其心中的疑惑或困難，藉由仙佛降臨天才時提出來，請仙佛諭示解決疑惑困難的方針……等等。然而若是非一貫道的道卿或信仰者，則比較少機會可以接觸到天才。這一方面使得天才在一貫道中具有一定的神祕性與封閉性；而另一方面，也使得一貫道對於「通靈」（或說是「天才」）具有一定的掌握能力，才不會輕易地受到外在其他通靈體系的侵擾。

但黃阿寬認爲，一貫道的天才與鸞堂體系的鸞乩相同，勢必會遇到通靈層次上的限制，尤其一貫道對天才的養成方式，以一種加以控制方式爲主，把天才的個人靈性成長的空間封閉，反而造成通靈層次上的阻礙，使神意無法真正有效地傳達出來。因此，黃阿寬認爲，一貫道的此種保守作風，只能

〔註 29〕《天道概論（五教合一論）》，頁 188～190。

〔註 30〕《天道概論（五教合一論）》，頁 190。

〔註 31〕鄭志明認爲，一貫道的「借竅」儀式先於「開沙」儀式。

〔註 32〕參閱孚中（編著），《一貫道發展史》（板橋：正一善書，1999），頁 360～362。

〔註 33〕感謝一貫道興毅組的道卿們，對此意涵的解說。

作爲仙佛廣開法門、普渡眾生的先鋒，但隨著時代的變遷，一貫道的救贖風格將成爲過去事，勢必遭受淘汰的命運，如今已是靈乩的時代來臨，人人皆必各自找到自身的元靈與靈脈好好修行，而不再是以依靠某某通靈者作爲轉承神靈之意的時代，而是達到人人皆可自由自在隨時透過通靈救贖自身的「人人皆祭司」的時代。

（4）慈惠堂系統的母娘乩

母娘爲慈惠堂系統〔註 34〕對瑤池金母的俗稱。因此專爲瑤池金母所使用的乩身，一般在台灣民間稱爲「母娘乩」〔註 35〕，但也有稱作「金乩」〔註 36〕。在慈惠堂系統中，母娘乩所展現的方式有兩種，一種爲扶鸞時所用，另一種爲神靈直接降體或感應時所用〔註 37〕，這種展現方式大致與一貫道的天才相同，但其訓練過程則不像天才那麼嚴格，而比較接近於鸞堂體系及乩童的訓練方式。母娘乩若以扶鸞的型態出現時，其訓練的方式就和鸞生及天才一樣，必須經過類似「煅手」的過程；若是以神靈直接降體或感應的方式，則是與乩童的訓練方式相似，也就是必須閉關七七四十九天。〔註 38〕母娘乩的出現，已經可以開始看出出多種通靈體系同時展現，且並列於同一信仰系統

〔註 34〕關於慈惠堂系統的成立與發展，可參閱朱慧雅，〈松山慈惠堂的靈驗經驗之研究〉（新莊：私立天主教輔仁大學宗教學研究所碩士論文，2005），頁 19～27。

〔註 35〕台語爲「母娘乀乩（身）」，國語爲「母娘的乩（身）」。

〔註 36〕瑤池金母，又簡稱作「金母」，所以其乩身則稱作「金乩」。

〔註 37〕這裡對於是否是神靈直接「降體」，還是只是跟神靈「感應」，在慈惠堂系統中，眾說紛紜。鄭志明認爲：契子與母娘合爲一體，成爲母娘顯化的靈媒，是神人溝通的媒介，將母娘的意願與啓示、經由啓乩的過程傳給人。參閱鄭志明，〈台灣西王母信仰的起源與發展〉，收入氏著《台灣傳統信仰的鬼神崇拜》（台北：大元書局，2005），頁 172。

〔註 38〕慈惠堂系統中對於有關母娘乩的成乩的訓練過程有很大的不同。據彭榮邦認爲：「訓身」是慈惠堂特有的修行方式，據《瑤命皈盤》所載，「訓身」爲母娘於 1955 年降示的修行方法……「訓身」對慈惠堂來說，是「外功」……「修行」，包括「閉關」和「打坐」，都屬於「內功」。參閱彭榮邦，〈牽亡：惦念世界的安置與撫慰〉（花蓮：國立東華大學族群關係與文化研究所碩士論文，2000），頁 68～70。但有些母娘乩的成乩過程的訓練方式與乩童一樣，必須經過七七四十九天的閉禁。等到閉禁出關之後，在特定的儀式下或慶典，才會開始靈動，有時搖頭晃腦非常激烈，有時手足舞蹈。筆者認爲，有些慈惠堂系統在接觸了「會靈山」說法之後，漸漸地趨向「非修行式」的靈動方式。也就是說，在慈惠堂系統中，母娘乩基本上已呈現出幾種不同的通靈型態。另外，在《無極瑤池金母收圓瑤命歸盤眞經》一書中提到，「重視修道，勝於靈感」，也顯示著修行在通靈過程的重要性。參閱慈光慈惠堂（恭印），《無極瑤池金母收圓瑤命歸盤眞經》（台北：慈光慈惠堂，1991），頁 37。

中。〔註 39〕有時在同一個堂傳承中，同時擁有扶鸞與神靈直接降體或感應的型態與時期，且常在儀式的進行中，信仰者（大都爲母娘的契子〔註 40〕），會產生靈動的狀態，而開始手足舞蹈了起來。這種靈動的現象並不需要經過嚴格的訓練過，就可以慢慢地與神靈相互感應或溝通，且好似人人皆可以的樣子，尤其是母娘的契子們。慈惠堂的通靈現象似乎已開始轉向靈動的型態出現，以說靈語、唱靈歌、跳靈舞……等各種形式，擺脫了傳統乩童以利器擊打身體展現神威的形式，和鸞生以鸞筆扶鸞呈現神靈諭示的複雜儀式型態〔註 41〕；同時也擺脫必須經過一段長久時間上的訓練過程，使成爲母娘的乩身愈來愈快速。〔註 42〕

母娘乩在慈惠堂系統中的職能，除了作爲母娘傳達諭示的工具以外，還有幫忙信仰者解決各種事業、婚姻、健康……等等，生活上的疑難雜症，也有些慈惠堂系統中的母娘乩專辦「牽亡」。也就是說，每間慈惠堂在專門的辦理人世間的職務有所不同，有的專門從事「普渡」、有的專門從事「教化」、有的專門從事「修行」的職務……等等。隨著專辦職務的不同，母娘乩在通靈過程所展現的型態，也就有所不同。〔註 43〕慈惠堂在通靈上有如此多樣的型態，也反映出其通靈系統的開放性，且較容易接受新的通靈型態的出現，並隨著新的通靈型態的出現，而產深內在神靈系統與靈媒個人型態上的轉

〔註 39〕鄭志明認爲：慈惠堂的宗教英才沒有制度化的統一訓練，缺乏完整的科儀系統，其契子除了直接與母娘的精神感通外，各自引進相應的宗教儀式來豐富其活動的內涵。參閱鄭志明，〈台灣西王母信仰的起源與發展〉，收入氏著《台灣傳統信仰的鬼神崇拜》（台北：大元書局，2005），頁 172。

〔註 40〕信仰者與金母之堅稱爲「契母」與「契子」，信徒之間互稱「契兄」、「契弟」、「契妹」。參閱鄭志明，〈台灣瑤池金母信仰研究〉，收入氏（主編），《西王母信仰》（嘉義：南華管理學院，1997），頁 448。

〔註 41〕據許雅婷的研究發現，許多母娘的乩身教育程度不高，識字不多，何況寫鸞文必須要背頌古文義理，幾乎是文人才能做到。參閱許雅婷，〈母娘與她的兒女：慈惠石壁部堂宗教人的經驗世界〉（花蓮：國立東華大學族群關係與文化研究所碩士論文，2002），頁 32。

〔註 42〕蘇烈東是在慈惠堂系統中母娘的第一個乩身。在民國三十七年八月十五日晚上，關落陰，竟變成王母護身說法。（但也有學者認爲是在民國三十八年六月十三日。）參閱蔡志華，〈彌陀慈惠堂乩示活動之研究〉（台南：國立台南師範學院鄉土文化研究所碩士論文，2003），頁 15；朱慧雅，〈松山慈惠堂的靈驗經驗之研究〉（新莊：私立天主教輔仁大學宗教學研究所碩士論文，2005），頁 19。但無論如何，母娘的第一個乩身似乎沒有經過任何訓練過程，就成爲母娘的乩身。

〔註 43〕如花蓮慈惠石壁部堂，是負責救陽救陰祭送等聖事。

變。隨著「會靈山」風潮的興起，部分母娘乩的型態又將隨著這股風潮有所適應與改變，並產生更多樣的通靈型態。黃阿寬似乎對母娘乩的通靈現象批評不多，可能是因爲母娘的信仰體系變化幅度較大，比就不容易掌握母娘乩的整體發展與脈動而加以論述，並於一方面可能認爲大部分的女靈乩都是領母娘的「懿旨」，且在「會靈山」的風潮中，以母娘爲主的「靈乩廟」佔有重要的地位。無極天元宮本身「靈山會母」的母神，即是以母娘爲首，因此便認爲母娘乩與無極天元宮的本身神學教義較爲相符合，批評必然較少。

3.2 「無極法門」：靈乩示現及其對台灣靈媒系譜的衝擊

繼黃阿寬批評兩個後天的法門之後，接下來要說明的是黃阿寬在通靈的世界中，認爲最上乘的法門，也是最完美的法門，這個法門是屬於先天的法門，即是以靈乩爲主的「無極法門」。以下我們將說明，黃阿寬如何將靈乩催生而出的經過。這個過程夾雜著幾層意涵的轉變，「靈乩」一詞才正式誕生，其意涵才予以確立。在確立之後，台灣的靈乩便開始對台灣民間信仰的靈媒，起著一股強大的壓迫性。這股強大地壓迫性衝擊著台灣靈媒系譜的生成，也掀起了一陣陣「會靈山」的靈修實踐風潮。這陣陣風潮尚未平息，挑戰著想藉以此風潮，提出任何整合台灣通靈文化的群雄（乩）們。黃阿寬即是其中之一。以下我們將說明黃阿寬所提的靈乩通靈界說，以及如何地對台灣靈媒系譜造成衝擊。

3.2.1 「靈乩」一詞的考察

「靈乩」一詞的出現，是由黃阿寬、吳德堂、高天文、李重光、賴宗賢等人在民國七十七年（西元 1988 年）農曆八月廿三日成立「梅花聯盟同心會」〔註 44〕，於九月廿三日在新店皇意宮召開第一次會員大會，參加會員計有九十一人，〔註 45〕之後正式向內政部提出社團申請，但在內政部建議改稱爲「靈乩協會」，於是「靈乩」一詞的出現就在政治當權者的命名下產生。也就是說，本來靈乩們不是以靈乩來稱呼自己，而是以「靈媒」一詞來稱呼自己。爲何

〔註 44〕有關「梅花聯盟同心會」的活動報導參閱《中華大道》20（1989），頁 47～55。

〔註 45〕參閱鄭志明，《台灣的宗教與秘密教派》（台北：臺原出版，1990），頁 106～107。

以「靈媒」一詞來稱呼自己，主要是因爲，「媒」與「梅」同音，希望靈媒們能以梅花不畏風雪，愈冷愈綻放的堅毅精神自許，也象徵靈媒們經歷風霜之苦時能團結一致，承擔上天所賦予的神聖使命，繼續傳承中華大道。〔註 46〕這種基於國族認同的穿鑿附會之說，是台灣政治戒嚴的時代，宗教爲了成立所必須依託國家機器政治性目的的遺毒。因此可知，早期靈乩的領導者們，似乎希望用「靈媒」一詞來標定，以凸顯自身在通靈方面的能力。既然在政治當權者的建議下，不能使用「靈媒」一詞，那也就只好以政治當權者的建議爲主，改用「靈乩」一詞了，成爲台灣當代對通靈者最新的稱呼。

靈乩的另一個較遠早的稱呼，並非他們爲了向內政部申請組織成立時，初擬的「靈媒」一詞，而是台灣民間宗教信仰者廣泛認知下的稱呼——「童（dang）仔」，也有稱爲「童乩」。〔註 47〕也就是說，靈乩的前身也是屬於乩童範疇。靈乩爲了與乩童區別，所以在早期向內政部申請時，即以「靈媒」一詞與乩童分野。靈乩與乩童的分野現象正好顯示，靈乩對傳統乩童通靈現象的鄙夷與不滿，尤其是針對乩童進入通靈時的意識狀態。因此，靈乩的示現似乎爲台灣的薩滿現象，多增添其多元性。

隨著「靈乩」的出現，標示著通靈者對自身這種通靈能力的認同，因此無極天元宮的靈乩開始對自身通靈能力提出一套新的看法，並以這套新方法試圖把台灣當前通靈現象作一種整體性的詮釋。首先，無極天元宮的靈乩們對「靈媒」提出新的詮釋：

> 所謂的靈媒是現象界和靈界之間的介紹人。他有一種能力能將死者的靈引進自己的體内，將該靈的意思，藉自己的言語或動作表達出來。由於靈媒異於常人，負有與靈界過從的任務，所以必須擁有與常人不同的體質、心質。〔註 48〕

也就是說，靈乩具有與外在神靈感應的能力，而這種能力不管溝通的對象是「陰靈」（一般指鬼）或「陽靈」（一般指神），即可以把這種外在靈引進自己

〔註 46〕參閱蔣緯國，〈中道思想與梅花精神〉，《中華大道〔端陽特刊〕》（年代未詳），頁 8～15。

〔註 47〕林富士，《孤魂與鬼雄的世界：北臺灣的厲鬼信仰》（板橋：台北縣立文化中心，1995），頁 161；莊吉發，《薩滿信仰的歷史考察》（台北：文史哲出版社，1996），頁 106～121；鄭志明，〈「乩示」的宗教醫療〉，收入氏著《宗教與民俗醫療》（淡水：臺灣宗教用品有限公司，2004），頁 192～193。

〔註 48〕參閱馮華濃，〈神秘的靈媒體質〉，《中華大道〔端陽特刊〕》（年代未詳），頁 29～32。

的身體，並將該外在靈的意思，依照靈媒本身的語言或動作，將外在靈所要表達的意涵傳遞出來，即所謂靈媒的本質。靈乩開始意識到自身肉體只是作爲外在神靈的工具之後，漸漸地想藉由修行，達到「天人合一」或「神我合一」的境界，擺脫原有工具性的傾向。雖然這可能還沒有辦法馬上轉型，但可從無極天元宮的靈乩對靈媒的界定窺探得知，靈乩開始對「靈」與「乩」有了新的詮釋。對於「靈」的概念認爲，「靈」是指稱那些沒有肉身不可見的存有，這裡同時包含「神・人・鬼」華人民間信仰的普遍神靈體系架構，也是一種類似「萬物有靈」的觀念，將之分爲：神靈、祖先靈、朝代靈、因果靈、元靈、植物靈或動物靈。以「靈」的概念貫穿、說明萬物的本質是什麼，及其靈與靈之間的相互關係與連結。但靈乩最重要的還是要強調以人爲出發的「元靈」概念，作爲構成人類自身的後設基礎。藉由「元靈」的提出，以說明靈媒可以經由「元靈」的轉換，即「修煉」，來開啓「元靈」、提昇「元靈」，也因爲如此遂始「靈媒」開始產生自我的意識的覺醒，慢慢地認識自身作爲外在神靈工具性的處境，並提出一套方法，強健自身的「元靈」，以避免外在靈的干擾，而成爲信仰者與外在神靈溝通的中介工具。〔註49〕

從淡水無極天元宮的靈乩對「靈」的分類，可以看出靈媒基本上還是以感應爲主，藉由感應與外在神靈交通。只是感應交通的對象依照靈所在的不同世界，而有所差別，但這種差別也代表靈乩在通靈層次程度的高低。也就是說程度越高的靈乩所承接的就是越高等靈的波動。人與外在神靈的互動關係，是藉由接通越高神靈界，而越能顯其神威。人不再是被動地被外在神靈完全掌控，而是可以經由自身的轉換，即透過一定的修煉，主動地可以選擇與外在哪些神靈溝通，扭轉了傳統神靈「抓乩」的被動性，甚至認爲不因爲成爲「神的選民」而樂在其中。這種通靈型態，基本上已經逐漸擺脫人神關

〔註49〕據無極天元宮相關的組織「靈乩協會」所發行的刊物〈神秘的靈媒體質〉一文，可以得知另一種對於「靈媒」分類的等級，爲：(1) 地獄或魔界的靈媒：能感應到地獄或魔界的波動，並且在這個範圍內發揮靈力。他們的專長，主要是咒詛，能以念力將人捆綁住，使之生病，遭遇事故或災難。西洋所稱的黑魔術也是屬於這個範疇。(2) 幽界的靈媒：能感應到幽界的波動，並且在幽界以下的範疇內發揮靈力。(3) 靈界的靈媒：能感應到靈界的波動，並且在靈界以下的範疇內發揮靈力。(4) 佛界的靈媒：能感應到佛界的波動，並且在佛界以下的範疇內發揮靈力。(5) 神界的靈媒：能感應到神界的波動，並且在神界以下的範疇內發揮靈力。(6) 聖天界的靈媒：能感應到聖天界的波動，並且在聖天界以下的範疇內發揮靈力。(7) 天命界的靈媒：能感應到天命界的波動，並且有能力自由控制佈滿無限宇宙內的各種能量。

係中的「立約關係」與只單單成爲「神之器的關係」。

3.2.2 黃阿寬對台灣靈媒「進化論式」的排序

淡水無極天元宮的靈乩的出現與成立，主要針對台灣傳統民間信仰與民間教派中所有通靈人物而言。黃阿寬認爲，要成爲一個眞正優良的通靈者，是必須透過一定的修行，才能達到。因此，對台灣傳統民間信仰與民間教派的通靈人物勢必造成壓力。從一些寺廟宮壇或民間教派紛紛轉型成「靈乩廟」，或加入「會靈山」的風潮，可以窺見，靈乩對於靈媒或通靈品質的把關與掌控已經出現一些效力。

淡水無極天元宮的靈乩對於靈媒形象上所做的最大轉變在於提升了傳統靈媒（乩童、鸞生、天才、母娘乩……等等），內在修養的層次，不再需要依靠外在工具（即法器），即可與外在神靈溝通。早期的靈媒，不是需要藉助法器；不然，就是把自己變成神所用的器具。所謂「形而上者謂之道，形而下者謂之器，化而裁之謂之變，推而行之謂之通」〔註50〕；或是「埏埴以爲器，當其無，有器之用」。〔註51〕靈媒把自己的身體，視爲形而下的器，也就是所謂的器具、工具，以承接形而上的道，也就是主宰宇宙萬物化育之理的神靈，作爲傳遞神靈訊息的轉介者，然後將得到的訊息傳遞出來。在傳遞的過程多半沒有自我的主體意識，整個人進入了神迷狂癲的狀態，讓外在的神靈可以直接的進入體內或作爲操作的工具。〔註52〕但是現代的靈乩卻不再只是作爲神靈的工具，且擁有自主的、清楚的意識，成爲兩個主體間，或是說兩個對等觀念下的「靈」概念的相互對照，〔註53〕形成這種相互溝通的型態，慢慢地擺脫了工具性的束縛，有時甚至幫外在神靈代言，而有取代外在神靈而自立的企圖。因此，不管是乩童、天才、母娘乩、正鸞（也稱作「鸞乩」）……

〔註50〕參閱郭建勳（注譯），黃俊郎（校閱），《新譯易經讀本》（台北：三民書局，1996），頁526。

〔註51〕參閱余培林（注譯），《新譯老子讀本》（台北：三民書局，2001），頁23。

〔註52〕乩童在通靈的過程中，常是迷顛的狀態，因此有些學者就將乩童的「童」字，解爲「童昏」、「童蒙」的意思，喻「童乩」爲神靈附身的無知愚陋狀態，故一般婦人罵其子女戲謔失態的動作都說「跳童」。參閱董芳苑，〈台灣民間的神巫——「童乩」與「法師」〉，收入氏著《台灣民間宗教信仰》（台北：長青文化，1975），頁248～249。

〔註53〕靈的接引與對照，在靈乩的觀念裡認爲：每個人都有自身原本的元靈，這個元靈經由外在靈（即神靈）接引之後啓動，在自身的元靈與外在靈作一呼應之後，元靈產生後，就可以漸漸地透過修行，回歸自我元靈的本位。

等這些曾經作爲外在神靈工具的「乩」。「乩」字的原本意義，頗能表達現代通靈者對於自身身爲外在神靈的器具、或是藉重器具、法器，彰顯神力的工具性意涵。〔註 54〕但後來在靈乩的教說下，皆逐漸地接受「元靈」的觀念，轉向自身內在元靈的修養，朝向自身元靈更完滿的境界——「自性靈山」的修持，以達到「聖乩」的階段。

爲了避免成爲外在神靈的工具，無極天元宮的靈乩（包括：黃阿寬）認爲：（1）不可盲目熱衷雜靈現象；（2）持恆運動強化魂力。對於第一種作法，也就是說，不可以爲外在低級靈所顯現於五官知覺上的現象所迷惑或侷限，盲目地追求靈視、靈聽、靈示等靈異現象，且不斷地遍訪各地的靈媒，而又無法分辨各道場正邪之故，很容易招致陰靈、惡靈的侵略。所以爲了不受外在神靈干擾，避免成爲不良靈媒體質，不可以因爲好奇心而追求靈異現象，或沉迷於幻象境界，而將自己的靈波頻道配合來自低級靈界的靈波。如是頻道要配合低級靈界的波動，便會產生雜靈現象。第二種作法，即加強魂的力量，必須每天定時從事固定持續的運動習慣。任何一種運動皆可，只要選擇最適合自己的體育運動，避免運動傷害，並持之以恆的運動，不受個人內在

〔註 54〕有關對「乩」字的討論可參閱以下幾位學者的界定：（1）許地山認爲：扶箕術在許多的原始民族中對它都有相同的信仰。西洋術語的 Coscinomancy，是希臘語 Κόσκωον（箕，篩）而來；Mancy 之意爲占卜法國文有時寫做「乩」、「鸞」、「鑾」、「欒」、「神卟」……等，都是後起的名稱。……「飛鸞」就是扶箕。大概是因神仙駕鳳承鸞，故有此名。至於「乩」從「占」從「乚」，乃是俗寫。無疑地，扶箕是一種古占法卜者觀察箕的動靜來斷定所問事情的行止與吉凶，後來漸次發展爲書寫，或與關亡術混合起來。不藉箕的移動，逕然用口說出或用筆寫出的也有。參閱許地山，《扶箕迷信的研究》（台北：商務印書館，1994），頁 8；（2）鄭志明認爲：一般稱爲「乩童」或「童乩」的「乩」字，是因同義而附加，組合成複詞。「童」原本是主體，「乩」是附屬的形容詞，都是用來指稱被神靈附身的宗教性人物，現代的巫者逐漸以「乩」作爲主體，自稱爲「乩」，「童」反而成爲附屬的形容詞。參閱鄭志明，〈「乩示」的宗教醫療〉，收入氏著《宗教與民俗醫療》（淡水：宗教用品出版社，2004），頁 190；（3）宋光宇認爲：每一個人都有一個相對應的氣化狀態的粒子流。各種宗教所說的神、佛、主、上帝、阿拉、菩薩、羅漢、阿修羅……等，也都是某種形式的粒子流，只是強弱威力有別，並且不易散掉。我們普通人對這種氣化狀態粒子流毫無知覺與感覺，惟有那些比較敏感的通靈人才能接收或者感應得到氣化狀態粒子流所傳遞過來的訊息，忠實的反映在世人面前，那就是「乩」。參閱宋光宇，〈從正宗書畫社這個案例談乩是什麼〉，收入李豐楙、朱榮貴（主編），《儀式、廟會與社區：道教、民間信仰與民間文化》（台北：中央研究院中國文哲研究所籌備處，1996），頁 179～196。

情緒的起伏左右，這樣便能達到強化魂力的目的。〔註55〕

靈乩如此地規範自身，使自身可以達到更高的靈媒境界，接觸更高的神靈訊息，甚至轉向個人修行的層次，以達到與神靈交相溝通的對等地位。而這種擁有與外在神靈溝通的對等地位，即是「聖乩」。「聖乩」，幾乎已經脫離了靈媒的範疇，除了可以與最高級的外在神靈交相溝通之外，還可以經由修行使自己變成神靈，與外在神靈擁有對等的地位，而不再依靠外在神靈賦予通靈的力量。這種以靈修為主導的通靈能力之訴求，再度回到中國傳統以「修煉成仙」或「修行成神」的宗教文化脈絡之中。以「自力」的宗教修煉型態，不假外求，脫離通靈者的身分，從成為一個工具性的乩身形態，變成從事個人獨立修行的形態，用以完成自身生命的完整性，轉化原本成為外在神靈的工具性格。也藉由修行、修煉，不經外在神力，開發自身潛能達到個體生命的完整性，成為華人民間宗教信仰體系下對於神職人員的理想「典範」。〔註56〕

3.3 靈乩對淡水無極天元宮空間性質的界定

靈乩由於接受到上天神靈的訊息，擔任起承受天命的旨意，遂紛紛開始建立傳授天命的道場，這些道場主要是作為「復古〔註57〕、普渡〔註58〕、收圓〔註59〕」之用，渡化台灣這些擁有通靈能力的上天使者（或稱「天地使者」）——靈媒。然而淡水無極天元宮，就是由黃阿寬承接上天的使命，所建立起的「靈乩道場」。靈乩道場的外觀建築，初看起來與台灣一般民間信仰的廟宇，並無多大的的差別，但若仔細觀察，則可以發現其中有許多的不同。根據黃阿寬表示，淡水無極天元宮，是作為台灣總收圓的道場，也是作為救贖全人

〔註55〕這種說法是無極天元宮其中一種對於靈質的界定。每個靈乩接依據自己的靈修上的體會提出不同對於靈質的界說。這裡主要依據黃阿寬的說法，及其相關發行的雜誌刊物論述為主。

〔註56〕鄭志明認為：「聖乩」成為追求的宗教目標，乩不再是某種特殊因緣下讓神明附體的工具，而是強化自身的心靈交感能力，達到與神明合一的自我體驗境地。參閱鄭志明，〈「乩示」的宗教醫療〉，收入氏著《宗教與民俗醫療》（淡水：台灣宗教用品有限公司，2004），頁198。

〔註57〕「復古」是靈乩托古改制的概念。目前的世界正處於混亂之時，唯有復古重回古時堯舜政治的黃金時代，人們才能過著太平之日。

〔註58〕「普渡」是靈乩在亂世自渡渡人的使命行為。

〔註59〕「收圓」則是元靈渡盡，元靈各歸本位，重回太平盛世。

類的聖地。因為，就黃阿寬以其淡水無極天元宮的靈乩們認為，淡水無極天元宮，乃是奉承台灣唯一上天所賜予靈乩「無上旨」旨令的最高處所，是全世界唯一領有此最高聖諭之地，因此堪稱台灣最重要的「靈乩道場」，台灣重要的靈脈之一。既然，淡水無極天元宮是一座台灣當代靈乩如此重要的「靈乩道場」，且欲作為台灣所有靈媒品質轉換與提昇之所，自然與台灣一般民間信仰的寺廟宮壇及台灣民間教派的道場的職能有所區別。以下將就兩方面說明，淡水無極天元宮如何作為一座「靈乩道場」，與台灣一般民間信仰的寺廟宮壇及台灣民間教派的道場的職能有所區別。

3.3.1　道場非法場

根據黃阿寬的表示，淡水無極天元宮是「道場」，而非一般台灣民間信仰寺廟宮壇的「法場」。這種「道場」與「法場」的分法，早在道教的科儀或儀式活動中就有所區別。〔註 60〕但在黃阿寬的分法上則與傳統道教對於「道場」與「法場」的分法，有所不同。黃阿寬認為，一般台灣民間信仰寺廟宮壇專門提供「點光明燈」、「解運補運」、「舉行法事」、「消災祈福」……等，也就是提供處理解決一般信仰者生活上任何疑難雜症的科儀和儀式性活動為主的廟宇為：「法場」。同時施行這些科儀或儀式性的活動，則是為一般後天的儀式性的法場行為，是屬於法術的層次，可經由學習而來。這些儀式性的法場，並不像靈乩先天道場那般，專為宇宙萬有的「元靈」，及承負天地使命的使者——「靈媒」，擔綱轉化、提昇靈媒通靈品質與普化宇宙萬有元靈的使命。

因此，黃阿寬在接收起這上天的使命之後，遂依照上天的使命籌建淡水無極天元宮，擔綱起教化台灣各個層次上不同的靈媒，與繼續接承台灣各個民間教派的普渡、收圓、復古的使命。淡水無極天元宮就是在這種背景下興建而起，由三個道場所組成，依次為：第一道場「無極天元宮」〔註 61〕、第二道場「〔無上旨〕無極眞元天壇」〔註 62〕與未來即將興建的「無極聚元三

〔註 60〕驅邪儀式與道教科儀是兩種不同的儀式傳統，紅頭法師以「法場」來稱呼他們施行的大補運儀式，以之區別「道場」的科儀。參閱許麗玲，〈臺灣北部紅頭法師法場補運儀式〉，《民俗曲藝》105（1997），頁 1～146。

〔註 61〕「無極天元宮」於民國六十一年（西元 1972 年）完成開光安座，正殿供奉「無極老祖」，主神玉皇大天尊玄靈高上帝，繼諸天神聖仙佛。參閱《萬靈歸元大法會手冊》（淡水：道盤行政中心，2003），頁 7～8。

〔註 62〕「〔無上旨〕無極眞元天壇」於民國七十四年（西元 1985 年）開始籌建，歷

聖殿」〔註63〕，合稱「三大道場」，秉承由上天所諭示的「天元〔註64〕、眞元〔註65〕、聚元〔註66〕」之使命。

既然「天元、眞元、聚元」乃是三大道場，所以，所有台灣的（甚至是全世界的）元靈與靈媒皆在淡水無極天元宮的接引之下，各歸本位。第一道場，「無極天元宮」又稱爲「天元監察台」，主要的職能是作爲考核元靈的第一站，即所謂「南天〔註67〕考核、普渡眾生」。第二道場，「〔無上旨〕無極眞元天壇」又稱爲「眞元考試台」，也就是說來到淡水無極天元宮的元靈與靈媒在經過「天元監察台」的考核批准之後，才能參加眞元考試台的試煉，即所謂「考核萬靈」。元靈經過層層（總共五層）的試鍊之後，在未來等到上天降下諭示收圓結束試煉萬靈時，此時同是第三道場，「無極聚元三聖殿」興建完成時，所有能經過百般試煉的萬靈，就可以免受世間劫難的不幸，以享「世界大同」〔註68〕之樂。即所謂「定功果、萬靈歸位」。

3.3.2 普渡與收圓

靈乩道場既然是作爲「復古、普渡、收圓」的大道場，就與台灣民間教派一貫道對於自己的宗教場域的稱呼有所重疊，即二者都稱自己的宗教信仰空間爲：「道場」〔註69〕。黃阿寬認爲，一貫道的道場只作爲普渡之用，是未來萬靈收圓與復古的先前作業。若要達到或實現「大同世界」〔註70〕的理想，

時六年，於民國八十一年（西元1992年）天運歲次壬申出下完成。參閱《九九萬法歸宗大法會手冊》（淡水：道盤行政中心，2004），頁7～11。

〔註63〕「無極聚元三聖殿」由於上天尚未降下諭示，所以於民國九十一年（西元2002年），先完成「無極聚元三聖殿」的縮小版雛形，及前庭花園、「無極五老台」、「天山池」、「三山坡」。參閱《中華民國九十四年歲次乙酉 雞年 農民曆》（淡水：財團法人淡水無極天元宮，2005）。

〔註64〕「天元」爲靈乩開啓元靈，開始承接上天使命。

〔註65〕「眞元」爲靈乩元靈開啓之後，經過不斷地修煉，洞悉宇宙眞理。

〔註66〕「聚元」爲靈乩完成上天的使命，修煉完成，齊聚仙境家鄉。

〔註67〕此處的「南天」指的是目前當上「玉皇大帝聖位」的「關聖帝君」。

〔註68〕靈乩援引孫中山的「世界大同」的國家政治理念，作爲人間安和樂利的理想指標，以別於佛教「人間淨土」、「佛國淨土」或「西方極樂世界」的人世生命理想原型。

〔註69〕一貫道對自身的宗教場域有時稱作「道場」；有時稱作「佛堂」。「道場」一般指建立於山林廣地的獨立宗教建築物；「佛堂」指的是安奉於家庭內部以供道卿膜拜的宗教場域。

〔註70〕「大同世界」的提出，主要原因是由於，黃阿寬受到台灣早國民黨黨國教育的影響，而把仙境家鄉，依附於政治性論述下的「大同世界」。

則必須由後起的靈乩接承使命，完成大業。也就是說，黃阿寬所界定的「道場」是作爲靈乩「復古、普渡、收圓」之用，並與一貫道對於「道場」的性質，以及「法場」的功能有所區別。黃阿寬的這種觀點，不只針對一貫道，同時也針對台灣現行的所有民間教派，如：鸞堂體系、母娘系統、台灣的齋教……等等，甚至連傳統的佛教、道教也牽扯進去。然而這種想法，在各個民間教派是長存的一種現象。早期一貫道就認爲，齋教是作爲一貫道神學體系的先發與雛型。〔註 71〕隨著齋教的衰敗，一貫道自然在同一套「無生老母信仰」的神話原型體系下，接承齋教在民間教派的地位。〔註 72〕因此，當黃阿寬將「法場」與「道場」的功能性界定出來之後，即可讓來此靈修者認知到，無極天元宮三宮設立的目的性，且與傳統民信仰的寺廟空間形態劃下界線。

除此之外，無極天元宮的靈乩基本上就是在這種民間教派相互競爭中，認爲自己將是作爲最後一個，也是唯一的一個收圓、復古的民間教派。這種想法在台灣其他的民間教派體系中，每個教派都認爲自己是隸屬於最後一個總收圓的教團。無極天元宮的靈乩在這種作爲總收圓的情境下，自然而然地對認爲所有盛行台灣的民間教派與佛教、道教，都只是總收圓過程的前奏曲。因此產生一種教派輪替，但接承同一宗教信仰理念原型（即「無生老母」）的系譜，這套系譜同時也座落在台灣這廣大民間宗教信仰的執行者——「靈媒」的身上。所以靈乩才可以理所當然地認爲，自己擁有掌握這種通靈現象可能性，並爲這廣大分歧的通靈現象，作一種整合性的論述。在這種整合性的論述體系下，對於傳統原本沒有這種意識的乩童（甚至其他的「乩」），也逐漸地發生影響。使無極天元宮的「道場」性質與訴求，更顯重要。

〔註 71〕據宋光宇的研究，有些齋教信仰者覺得一貫道所說的「三期末劫」與「彌勒佛下世救人」比齋教的說法更具體。參閱宋光宇，《一貫眞傳 1：基礎傳承》（板橋：三揚印刷企業有限公司，1998），頁 328～329。

〔註 72〕有關齋教在台灣逐漸式微的原因，台灣歷史學家江燦騰有詳細的論證，參閱江燦騰，〈戰後台灣齋教發展的困境問題〉，收入江燦騰、王見川（主編），《台灣齋教的歷史觀察與展望——首屆台灣齋教學術研討會論文集》（台北：新文豐，1994），頁 255～269。

第四章　無極天元宮的靈脈界說

無極天元宮對於自己身處地理環境位置，有一套特殊的論述架構——「靈脈」。這套架構不僅是外在地理空間的描述，也是內在身體場域的描繪，更是訴諸於某種政治意圖合法性的論述。也就是說，無極天元宮的空間同時具有對外在地理空間與內在身體場域的雙重特性（the double characteristic）。此雙重特性最後會在某種政治意圖之下合而爲一，形成無極天元宮整套地理空間的神學論述。因此，空間不再是幾何學上具有伸展性、可量化或可分割的外在具體空間的觀念。它成爲神聖的場域，生命內在的處所；象徵著地理空間上、內在生命秩序上與政治權威上的「中心」。〔註 1〕這個「中心」以華人傳統的「靈山」概念作爲依據，並加以轉換、構成整套「靈山」隱喻的「身體」與「地景」。且藉由「身體」與「地景」二者間相互呼應、連結，融爲一體，形成人內在與外在環境共同生命體的存在結構——「天人合一」。以下我們將以「靈山」爲核心，探討無極天元宮「靈山」雙重特性的內涵，並藉由「會靈山」的靈修實踐，達到內在（身體鍛鍊上的）／外在（地理空間上的）「『靈山』合一」的可能性，與接續華人「道統」政治性的合法手段。

4.1　「靈山」的雙重特性

無極天元宮的「靈山」隱含著某種雙重特性。這種雙重特性並不是由兩個各自獨立的「靈山」概念，如同電影或照相那樣，以好幾個具有透明性質

〔註 1〕王鏡玲，〈神聖的顯現：重構艾良德宗教學方法論〉（台北：國立台灣大學哲學研究所博士論文，2000），頁 60。

的影像重疊合併一起的「疊影」（superimposed images）效果；〔註2〕或是抽離其中，成爲另一獨立概念各自開展的現象；而是如影隨形，彼此牽引，相互影響，像鏡中的另一面，水裡的倒影，更是猶如「莊周夢蝶」般，處於一種眞實與夢幻間神秘主義式的內外交相交通的氛圍（aura）。在這種氛圍底下讓我們很難將此雙重性各自豎立一邊單獨地談論，因此我們將先聚焦在各自開展場域的輪廓描繪，也就是「這重」:「靈山」的地景隱喻與「那重」:「靈山」的身體地景。以作爲之後述及此雙重特性相互隱涉合一的類比可能性。

4.1.1 「靈山」：自然地景的隱喻

無極天元宮以「靈山」作爲自身地理環境所在的自然地景隱喻，是環繞在傳統華人風水觀的基礎之上。因此大致說明傳統華人風水觀之後，即可理解「靈山」概念如何成爲華人另一地景隱喻的新名詞。「風水」〔註3〕又名「地理」〔註4〕、「堪輿」〔註5〕、「地術」〔註6〕……等等。風水的學說大致被認定於西元三世紀由管輅（西元209～356）與郭璞（西元276～324）建立。〔註7〕後來風水的理論流派大致分爲兩家，一派爲「形家」（又稱爲「形勢宗」或「形法」）〔註8〕以郭璞的《葬經》爲理論依據，主要在於尋龍捉脈、考察山川形勢與「龍、穴、砂、水」相配之法，所謂：

〔註2〕胡台麗，〈賽夏矮人祭歌舞祭儀的「疊影」現象〉，收入氏著，《文化展演與台灣原住民》（台北：聯經，2003），頁161～162。

〔註3〕王玉德，《風水術注評》（台北：雲龍，1994），頁4。

〔註4〕在台灣一般稱陽宅的風水爲「地理」，陰宅的風水爲「風水」。參閱葉春榮，〈風水與空間：一個臺灣農村的考察〉，收入黃應貴（主編），《空間、力與社會》（台北：中央研究院民族學研究所，1995），頁319。

〔註5〕「堪輿」一名的由來可參閱王玉德，《中華堪輿術》（台北：文津，1995），頁19～25。

〔註6〕「地術」也可稱爲「地相術」。日本專研東亞風水學者渡邊欣雄，把「地相術」作爲翻譯德語 Geomantik 一詞之用。而台灣歷史學者簡惠美，則把 Geomantik 翻譯爲「堪輿術」。參閱渡邊欣雄，《東方社會之風水思想》，楊昭（譯）（台北：地景，1999），頁 68 與 Max Weber，《中國的宗教：儒教與道教》（*Konfuzianismus und Taoismus*），簡美惠（譯）（台北：遠流，1999），頁298～299。

〔註7〕S. D. R. Feuchtwang, *An Anthropological Analysis of Chinese Geomancy*, Taipei: Southern Material Center, 1972. p. 17; J. J. M. de Groot, *Religious System of China Vol. 3*, Taipei: Southern Material Center, 1897. pp. 101～102.

〔註8〕「形家」稱呼的由來，請參閱堀込憲二，《風水思想與中國城市構造之研究：以官撰地方志爲中心資料之研究》（台北：國立台灣大學建築與城鄉研究所，1992），頁36。

> 形法者，大舉九州之勢，以立城郭室舍形人及六畜骨法之度數，器物之形容，以求其聲氣貴賤吉凶。猶律有長短，而各徵其聲，非有鬼神，數自然也。〔註 9〕

另一派爲「向家」（又稱爲「理形宗」）以陰陽五形相生相剋的理論說明吉凶禍福、因果輪常之法。〔註 10〕二者雖然都有強烈的神秘性色彩，但前者是對大自然山水組織型態的一種詮釋；後者則涉及非常強烈地因果報應的觀念〔註 11〕。

無極天元宮的「靈山」地景隱喻，是以「形家」的風水觀爲基礎，一方面解釋無極天元宮所在地理位置的優勢性，另一方面則以這個「好風水」建立無極天元宮作爲救贖空間上的靈山仙境，也就是說「靈山」自然地景隱喻的風水理論已經轉成救贖的空間，不單單是作爲適合人生存的環境。或許風水的現代意義即是指適合人生存的環境，〔註 12〕而「靈山」的自然地景隱喻則是把風水的意義轉進、指向更深一層的宗教救贖的地域或聖境的地理空間。此時，救贖空間的聖境，並不在虛無飄渺的想像他界，而是在人世間無極天元宮的所在之地。但爲何是在無極天元宮所處的這塊土地上呢？則是因爲無極天元宮處於整個傳統華人風水觀認知下的「好風水」之故。因此，無極天元宮「靈山」的地景隱喻是結合著傳統華人「形家」的風水觀與作爲拯救華人心靈的神聖空間。這個具體救贖性的神聖空間，如同天上仙境的倒影，變成接通華人心靈家鄉的夢土、也是喚起眾元靈回歸生命本位的鄉愁。

4.1.2　「靈山」：作爲身體的地景

「靈山」的地景隱喻，似乎隱含著人的心靈向度，以致把整個「靈山地景」地理空間圖示轉向與心靈更相近的身體場域，也就是把人的身體類比成外在的自然地景，形成一種人與外在環境相交通的關係。這種相交通的關係以風水的理論爲基礎。在中國春秋戰國時代的典籍《管子》中有提到「地氣

〔註 9〕班固，《漢書・藝文志》卷十 （台北：台灣商務印書館〔百衲本〕，1967），頁 33 丁。

〔註 10〕范勝雄，《府城叢談——府城文獻研究 3》（台南：日月出版社，1998），頁 3。

〔註 11〕有關風水與因果報應的關係，可參閱葉春榮，〈風水與報應：一個台灣農村的例子〉，《中央研究院民族學研究所集刊》88（1999）：233～257。

〔註 12〕漢寶德，〈風水——中國人的環境觀念架構〉，收入氏著，《風水與環境》（台北：聯經，1998），頁 16。

與人之筋脈相通」，該書的〈水地篇〉也說明著〔註13〕，

地者，萬物之本原，諸生之根菀也；美惡、賢不肖、愚俊之所生也。

水者，地之血氣，如筋脈之通流者也。故曰：水具材也。〔註14〕

我們發現華人把外在環境的自然景物「水」與「地」的關係，與人的「血」與人的「身體」本身關係直接地類比起來。〔註15〕也就說華人對於自身身體的認識早先即以自然環境的景物與運作關係，作為說明人體的基本結構。這種以自然環境說明人體結構的方式，使華人意識到外在自然環境對於人體的影響力，甚至連人內在心靈世界也會受到一定程度的作用力。因此後來風水理論的產生即在調解人與外在自然環境間的關係，使人與外在自然環境達到一定的和諧關係。〔註16〕不無道理這也產生了華人對自然現象的敬畏與對自然萬物崇拜的可能性。

「靈山」的身體地景延續著風水理論說明人與外在自然環境的調解關係，更深一層地說明著華人某種神秘主義式的靈修核心。這種靈修形式以一種心象展現出來，產生出一種內在地景的視域（vision）與一種內在心性的情境。「靈山」成為身體內部的一個處所，這個處所是人類的家鄉本源；也是一個身體內在的通道，這個內在通道通向內部身體內在最深處所，以致由此處所貫通自然宇宙萬物，消融人的內在與外在自然環境之間的隔閡。因此「靈山」成為一種隱晦的概念，顯現千變萬化紛雜的心靈圖像，投向人內在與外在地景世界的雙重顯影；也就是說，「靈山」不是單純的指向外在自然地景的隱喻，而是同時存在於人的內在心中，與外在自然地景連成一體，構成一個人的內／外的整體性。

4.2　地景隱喻：「靈山／崑崙」與「靈脈／龍脈」

在「靈山」的自然地景隱喻裡，我們大致鉤劃出無極天元宮如何以「靈山」作為定位自身具備救贖性神聖空間的合法性。接下來更進一步地說明無

〔註13〕後來於東漢董仲舒所提出的「天人複數」之說，把人與自然環境的關係，依照「感應」的方式，將人與自然環境之關係連結起來。

〔註14〕唐敬杲（選註），《管子》（台北：臺灣商務印書館，1972），頁146。

〔註15〕呂理政，《天、人、社會：試論中國傳統的宇宙認知模型》（台北：中央研究院民族學研究所，1990），頁146～149。

〔註16〕渡邊欣雄，《東方社會之風水思想》，楊昭（譯）（台北：地景，1999），頁134～135。

極天元宮如何在「形家」的風水理論的基礎上，把「崑崙」的原始意象（image）切換到「靈山」的概念裡頭；把「龍脈」的意涵推向極至，使「龍脈」與「靈脈」成為一種接續關係，並大大地突破構成「龍脈」的基本結構；把「山」視作龍的隱喻的氣流路徑，轉換為靈脈流竄無邊的曲徑與延續中華民族道統的命脈。這時原始風水言說的「崑崙——龍脈」，在無極天元宮的「靈山——靈脈」概念的轉承之下，成為中華民族在台灣另一個新的救贖性的宗教政治象徵中心。

4.2.1　地景上的「崑崙——龍脈」

無極天元宮地景結構的論述，是以華人整體風水結構的基調為主軸，這個主軸以中國大陸的崑崙山為中心開展，說明無極天元宮如何承載崑崙中心的過程，成為另一個有別於中國大陸的崑崙中心的一個新的台灣崑崙中心。台灣新崑崙中心成立的過程，我們依序分為：（1）崑崙仙境的描述；（2）「崑崙」：龍脈的發源地；（3）崑崙中心的轉移：龍脈渡峽說；（4）新的崑崙中心：台灣玉山；（5）無極天元宮：崑崙仙境的所在之處等，五個類型。這五個類型彼此間相互關涉，說明了無極天元宮的地理空間如何成為在台灣新崑崙中心的合法性。

（1）崑崙仙境的描述

華人對於崑崙的描述大致認為：崑崙是一個與凡俗世界不同的世界。這個世界如同仙境般有著豐美物資、玉石寶物、珍奇異獸、山川美景……等等，如「菜之美者：昆侖之蘋、壽木之華」〔註 17〕、「昆侖之丘，是實惟帝下都……有鳥焉，其名曰鶉鳥，是司帝之百服。有木焉，其狀如棠，黃華赤實，其味如李而無核」〔註 18〕，可說是華人美化與理想化的仙境樂園。〔註 19〕這個仙

〔註 17〕朱永嘉、蕭木（注譯）黃志民（校閱），《新譯呂氏春秋（上）》（台北：三民書局，1995），頁 685。

〔註 18〕袁珂（校注），《山海經校注》（台北：里仁書局，1995），頁 47～48。

〔註 19〕有關崑崙仙境的描述，可參考幾本中國古代典籍，以下將此列出：《山海經校注》，頁 47～48、294～303、316、328～329；《爾雅》收入孔穎達（等注疏），《十三經注疏 8．論語、孝經、爾雅、孟子》（板橋：藝文印書館，1976），頁 111 下左、114 下右、121 上左；傅錫壬（註譯），《新譯楚辭讀本》（台北：三民書局，1976），頁 46；劉文典（撰）馮逸、喬華（點校），《淮南鴻烈集解》（台北：文史哲出版社，1992），頁 133～135；黃錦鋐（注譯），《新譯莊子讀本》（台北：三民書局，1998），頁 107、154；《新譯呂氏春秋（上）》，頁 685；莊萬壽（註譯），《新譯列子讀本》（台北：三民書局，1979），頁 110；瀧川龜

境樂園不僅僅擁有充沛的物資，也存在著「不死」的觀念，有著一個「不死之國」、仙人之都的傳說，如「疏圃之池，浸之黄水，黄水三周復其原，是謂丹水，飲之不死」〔註 20〕、「登昆侖吸食玉英，與天地兮同壽」，〔註 21〕而守護這個地方的神祇即是「西王母」。〔註 22〕。「西王母」與「崑崙」的關係，最後在無極天元宮的母娘救贖神話裡，作爲元靈回歸家鄉仙境的原型。〔註 23〕因此，崑崙即成爲一種超自然的、神聖的或是神秘的處所，也是一個擁有“非常”人、事、物的世界，〔註 24〕成爲華人圓滿自身生命處所的中心。

（2）「崑崙」：龍脈的發源地

崑崙不只是華人的仙境意向，也是華人認爲風水上重要的龍脈發源地。所謂「崑崙天柱，萬脈由起」。〔註 25〕這裡把崑崙作爲一種地景隱喻中心的想法，在中國古籍中也有諸多的記載，如「地中央曰昆侖」、「昆侖者，地之中也」〔註 26〕、「崑崙山爲天地之齊」〔註 27〕。除此之外，崑崙在地景上所指的即是中國大陸的崑崙山，是歐亞大陸版塊山嶺的盤結中心。這時的崑崙就不

太郎，《史記會注考證》（台北：文史哲出版社，1993），頁 1283～1284；東方朔（集），《十洲記》，於《正統道藏》第 46 冊（台北：新文豐，1995），頁 219 下～220 上；葛洪，《枕中書》（北京：中華書局，1991），頁 4。

〔註 20〕《淮南鴻烈集解》，頁 134。

〔註 21〕《新譯楚辭讀本》，頁 46。

〔註 22〕有關崑崙與西王母之間關係的古籍記載，可參閱《山海經校注》306、407；沈約（註）洪頤宣（校），《竹書紀年》（台北：台灣商務印書館，1956），頁 45；《新譯列子讀本》，頁 110；安居香山、中村璋八（輯），《緯書集成（下）》（石家庄：河北人民出版社，1994），頁 1147；《太上老君中經》於《正統道藏》第 46 冊，頁 219 下～220 上。但在《老子想爾注》中，治理崑崙者已非西王母，而是道教天師道的至上神：「太上老君」。參閱顧寶田、張忠利（注譯）傳武光（校閱），《新譯老想爾注》（台北：三民書局，1991），頁 4。另外有關崑崙與西王母的研究可參閱：凌純聲，〈昆侖丘與西王母〉，《中央研究院民族學研究所》22（1966），頁 215～255；Kristofer Marinus Schipper, *L'Empereur Wou des Han dans la légende taoïste: Han Wou-Ti Nei-Tchouan.* Paris: École Française d'Extrême-Orient. 1965. pp.65～132.

〔註 23〕鄭志明，〈台灣西王母信仰的起源與發展〉，收入氏著，《台灣傳統信仰的鬼神崇拜》（台北：大元書局，2005），頁 159～180。

〔註 24〕張光直，《中國青銅器時代》（台北：聯經，1998），頁 289～290；鄭志明，〈西王母神話的宗教衍變〉，收入氏主編，《西王母信仰》（嘉義：南華管理學院，1997），頁 3～37。

〔註 25〕張子房，《赤霆經》（漢唐地理鈔存六十八種七十卷／清·王謨輯）。

〔註 26〕《緯書集成（下）》，頁 1089、1091。

〔註 27〕《太上洞玄靈寶天關經》，於《正統道藏》第 34 冊，頁 461 下～462 上。

是單單指向「仙境」的意向；也是具體座落在地理空間上的崑崙山。所謂「崑崙山五龍出脈，二龍至歐洲；三龍入中國」。〔註28〕風水師在尋龍點穴，即以崑崙山作爲「龍祖」或「龍源」，是生氣氣流的發源地。因此，我們可以發現「崑崙」同時產生兩種中心的象徵，一個是華人欲返回的家鄉仙境，另一個是華人風水上龍脈的中心。這兩個中心的象徵最後隨著龍脈渡峽說的發展，而產生轉移的現象，在台灣成爲另一個新中心象徵。

（3）崑崙中心的轉移：龍脈渡峽說

龍脈渡峽說是依著「崑崙山五龍出脈，三龍入中國」的說法繼續發展。三龍分別爲是通過黃河以北的「北幹」。黃河與長江間的「中幹」及長江以南的「南幹」。台灣的風水地理與中國大陸崑崙祖山的關係，是透過長江以南的「南幹」，也就是在福建廣東等地的山脈產生連結。此連結的路徑有二，都是經過中國福建省，一條經由福州，另一條經由泉州。〔註 29〕據無極天元宮表示，無極天元宮所處的地理是接承福州這條路徑。

> 臺灣山形勢，自福省之五虎門蜿蜒渡海，東至大洋中二山曰關同，曰白畎者，是臺灣諸山腦龍處也。隱伏波濤，穿海渡洋，至臺之雞籠山，始結一腦，扶輿磅礴，或山谷，或半地，繚繞二千餘里，諸山屹峙不可紀極。〔註30〕
>
> 發軔於福州鼓山，自閩安鎮官塘山、白犬山過脈至雞籠山。〔註31〕

但這裡的「祖山」是指現在的雞籠山（也稱「大雞籠山」〔註32〕）。因爲雞籠山是由福州龍脈抵達臺灣的第一個地方，故被稱爲「全臺祖山」〔註 33〕，是臺灣「諸山之起脈，全臺結腦也」〔註34〕。

（4）新的崑崙中心：台灣玉山

隨著大雞籠山作爲臺灣祖山之後，另一條由泉州的清源山入海，至澎湖群島北端半浮沉的岩礁處後，再渡海經由吉貝嶼而到達北山嶼的「瞭望山」

〔註28〕李子源（編著），《台灣龍穴（上）》（台北：益群書店，2003），頁 37。

〔註29〕堀込憲二，〈如何解讀臺灣都市的風水——風水思想與清代臺灣的城市之研究〉，《哲學雜誌》3（1993），頁 78～101。

〔註30〕高拱乾，《臺灣府志》（台北：國防研究院出版部，1968），頁 8。

〔註31〕黃淑璥，《臺海使槎錄》（台北：臺灣銀行經濟研究室，1957），頁 7。

〔註32〕「雞籠山」即今日新北市瑞芳區境內的基隆山，標高五八八公尺。

〔註33〕《清一統治臺灣府》（台北：臺灣銀行經濟研究室，1960），頁 14。

〔註34〕《重纂福建通志》卷 15（台北：臺灣銀行經濟研究室，1960）。

〔註 35〕，成爲澎湖群島的祖山。但這條路徑後來又被繼續推進至高雄，成爲臺灣玉山祖氣的來源路徑，於是「玉山」成爲台灣島的祖山。

> 南龍則自西瑪拉雅山脈、經武嶺山脈，南循粵江達南海。東循武夷山脈過海峽，經澎湖列島抵臺灣。南龍祖山之高爲世界之冠，而氣勢磅礴……因其氣勢高雄，到達盡頭，猶有餘力渡海而結臺灣。是玉山海拔達三千九百九十七公尺，而成爲台灣之祖山也。〔註 36〕

此處可以發現，台灣開始有兩個祖山的說法，一個是「基隆山」；另一個是「玉山」。「基隆山」的說法大致底定無誤，因此無極天元宮認爲自己的風水源流來自於基隆山。但另一方面無極天元宮卻認爲「玉山」才是台灣島的「祖山」；是臺灣的新崑崙中心。雖然「玉山」成爲台灣祖山的來源路徑較有爭議，但後來「玉山」與「基龍山」的關係逐漸地變成「玉山」是「基龍山」的「遠祖」。

> 《淡水廳志》位大雞籠山乃諸山之起脈，全臺之結腦。大雞籠山即今之基隆山，以其形似雞籠而名。其遠祖中央山脈，轉雪山山脈，由南湖大山北上，曲閃頓跌，起伏奔騰，迢迢至此。〔註 37〕

此一變遷使台灣以玉山爲台灣島的新崑崙之說成立，原本中華民族對中國大陸的崑崙仙境之夢，也隨著崑崙中心的渡海來台，開始產生轉移的現象。在風水上，新的崑崙在台灣玉山落地生根；〔註 38〕而新的崑崙仙境之夢則落在「淡水無極天元宮」上。

（5）無極天元宮：崑崙仙境的所在

雖然無極天元宮認爲自己的地理來龍源自基隆山，但這裡基隆山已成爲台灣玉山祖山的其中一條龍源支脈。也就是說，無極天元宮是尊台灣玉山爲龍源來由的「新崑崙」。因此，崑崙仙境意向也隨著此新崑崙的確立，而轉移至台灣。但這個崑崙仙境之夢並沒有與新崑崙同在一個地理座標上，而是在無極天元宮的所在地理位置裡。因爲無極天元宮是救贖的道場，這個道場是上天作爲收復元靈的「天山聖地」。以「天山聖地」稱之，主要是因爲天山是

〔註 35〕「瞭望山」今日稱爲「煙墩山」，標高四十公尺。

〔註 36〕王德薰，《山水發微》（台北：作者自印，1976），頁 122。

〔註 37〕鐘義明，《增訂臺灣地理圖記》（台北：武陵，1993），頁 86～88。

〔註 38〕「玉山」成爲台灣的「新祖山」或「新崑崙」的合法性一直有所爭論，主要的原因是因爲「玉山」來龍問題尚未釐清之故。趙建雄，〈龍脈：中國傳統之山脈的地景隱喻〉，《民族學研究所資料彙編》13（1999），頁 19～50。

崑崙山結的主要支脈，是承接崑崙仙境意向的處所，以此類比，無極天元宮所在的大屯山系，是承接台灣新崑崙——玉山山脈的主要枝幹的處所一樣。

天山建立三臺萬聖聖領道命，元玄彌滿會合三聖普大千。

宴設天山池前面玄玄，初核金光元能達三千，圓明自在歸元六合中，

福慧双全如意達究竟。〔註39〕

這裡我們可以發現，無極天元宮已經用了「崑崙」與「天山」等地理名詞，一再強調自身所處的地理位置來源與中國大陸崑崙祖山之間的關係。會以此說明此二者間的關係是爲了表示，無極天元宮之所以可以作爲華人新救贖場域的重要性與合法性。因此，無極天元宮在風水地理上不僅僅是直接接承中國大陸的崑崙祖山，而且也是合理地作爲華人回歸心靈家鄉的靈山仙境。

4.2.2　隱喻下的「靈山——靈脈」

無極天元宮以風水學說說明自身作爲一個救贖場域的重要性與合法性之後，在台灣「會靈山」的潮流之下，無極天元宮更以「靈山」一語直接地承接「崑崙」、「天山」的仙境意向，並轉向一個更具神秘性的地理空間論述。這種深具神秘性的地理空間論述，是源於古時稱台灣爲「蓬萊仙山」之故，並認爲蓬萊是長生不老的神仙所居之處，所以就把「蓬萊仙山」稱作靈山。〔註40〕無極天元宮認爲，蓬萊是「蓬光普照一炁光能，萊日三聖大開普玄」〔註41〕之處。因此這種更具神秘性的地理空間論述，基本上已開始逐漸轉化傳統華人的風水觀。雖然無極天元宮以「崑崙——龍脈」解釋一個神聖場域的環境架構，但另一方則開啓以救贖性極強的「靈山——靈脈」作爲表述自身是台灣救贖聖地的重要場域。所謂：

群降統合朝聖天元山，星宿拱照蓬萊眾群英，朝玄道脈諸聖會群英。〔註42〕

儘管無極天元宮是台灣的「靈山」重鎮，但是尚未能成爲全台「靈脈」的發源地。也就是說，無極天元宮只是台灣「會靈山」的重要「靈脈」之一，而未能眞正地成爲華人唯一、獨一的救贖場域。〔註43〕這主要的原因是「靈脈」

〔註39〕靈山玄文，手稿。

〔註40〕《昭明文選》〔晉〕左思（太沖）《吳都賦》：「首冠靈山」；〔唐〕呂向注：「靈山，海中蓬萊山」。

〔註41〕靈山玄文，手稿。

〔註42〕靈山玄文，手稿。

〔註43〕台灣會靈山的地點相當多，可參閱《台灣靈山會母概要》（新莊：宏昇印刷有

的論述基本上已超越傳統華人以風水解說環境地理空間的元素，是否源自崑崙之說已不重要；另一方面，每一間「靈乩廟」都想成爲華人世界（甚至是全世界）唯一、獨一的救贖場域。因此無極天元宮嘗試以合辦法會的方式，來達成整合「靈山——靈脈」統一論述的可能性，以促使「靈乩廟」相互結合，並組織大大小小的聯合活動或聯誼機構。〔註 44〕如「靈乩協會」就是由無極天元宮與其他靈乩廟衍生出來的靈乩聯誼性組織。〔註 45〕但事實上，每一間「靈乩廟」都想向大眾宣示其擁有救贖的合法性與正統性的地位，反而往往造成更嚴重的組織分化現象。〔註 46〕

雖然無極天元宮一方面希望藉以「靈山」，轉承風水學說上的崑崙，以作爲說明自身所處地理位置的合法性與來源性；另一方則想藉以「靈山」，開啓深具救贖特質的靈脈，以作爲說明自身即是靈脈發源地的獨一性與統一性。但還是未能從如此多深具救贖性的「靈乩廟」中脫穎而出。因爲構成「靈脈」的基本條件較，不像風水學說斷定「龍脈」那樣，需要具備風水學說基礎的地理空間條件才能說此處是否爲「龍脈」。如：「形家」認爲一個「好風水」的基本格局爲：「負陰抱陽」，即後有主峰來龍山，左右有次峰或崗阜的左輔右弼山，或稱爲青龍白虎砂山；前有彎曲的流水或半月形的池塘，水的對岸還有一個對景山案山，甚至還有朝山；軸線方向最好是坐北朝南。〔註 47〕反觀「靈脈」，只要有人會靈的「靈乩廟」，就可以說有一條「靈脈」，因爲每個會靈的人依照自己元靈的屬性、或是依照自己所

限公司，未詳）；《靈修手冊：無極鴻鈞老祖指點靈山脈元》（高雄：無極皇天宮，2005）。

〔註 44〕靈乩的會靈活動，有消除民間信仰傳統地域結構的可能性。參閱丁仁傑，〈論去地域化社會情境中的民間信仰變遷：以會靈山現象背後私人宮壇所扮演的角色爲焦點〉，收入內政部（編印），《宗教論述專輯【第六輯】：民間信仰與神壇篇》（台北：內政部，2004），頁 41～84。

〔註 45〕有關靈乩協會的研究可參閱，Tsai Yi-jia（蔡怡佳）, The Writing of History: The Religious Practices of the Mediums' Association in Taiwan, in *Taiwan Journal of Anthropology Vol.2 No.2（2004）*, pp. 43～80; *The Reformative Visions of Mediumship in Contemporary Taiwan*, unpublished Doctoral Dissertation, Rice University, 2003. pp.18～25.

〔註 46〕靈乩的聯誼性串聯活動共有三次，一次爲「梅花聯盟同心會」（西元 1988 年成立）另一次爲「靈乩協會」（西元 1989 年成立）目前爲「道盤行政定格研究中心」（西元 2002 年成立）。參閱鄭志明，〈台灣靈乩的宗教形態〉，《宗教與民俗醫療學報》（創刊號）：1～29；《萬靈歸元大法會手冊》（淡水：無極天元宮，2003），頁 3～6。

〔註 47〕范勝雄，《府城叢談——府城文獻研究 3》（台南：日月出版社，1998），頁 3～4。

需領取的神靈「旨令」，到不同的「靈乩廟」會靈或「領旨令」，作為接上自身元靈源頭的象徵。〔註 48〕甚至有的靈乩不只「會」同一條或單一條「靈脈」，而是多條「靈脈」交相互會，所以就變成處處都有成為「靈脈」的可能性。

「靈脈」似乎述說著元靈返回家鄉仙境的靈性道路，這條道路不僅是具體地呈現在地理空間上的「靈山仙境」，同時也是隱含地作為通向於身體地景相互映照的「靈山——脈點」裡頭。

4.3　身體地景：「靈山——脈點」

「靈山」除了指涉地理空間上的地景結構以外，同時也把外在地理空間上的地景圖示類比於身體內在的場域之中。因此接下來我們要談論的是無極天元宮所建立的一套身體內在地景的「靈山——脈點」的神學論述，這套論述是淡水無極天元宮的創建人聖乩黃阿寬，多年來融合傳統華人宗教佛道靈修之學之後，所提出的。目前這套神學論述尚未發展完成，我們只就當前聖乩黃阿寬提供的神學觀點，作為說明「靈山」於身體內在地景圖示的兩個層次。一層是內在心性之說；另一層是元靈通靈的所藏住所。

4.3.1　何處是「靈山」？

在民間流行著此句偈語，「佛在靈山莫遠求；靈山就在汝心頭。人人有個靈山塔；只向靈山塔下修」。〔註 49〕這句偈語似乎點出了「靈山」救贖的重要性與「靈山」含藏於人體裡頭的方位指標。「靈山」到底指涉人身體的何處呢？在不同的教派有不同的解釋。黃阿寬認為，「靈山」就在人體兩乳中間的膻中穴〔註 50〕，也就是此偈語說的「心頭」之意。「靈山」、「心頭」與「穴位」是同等相通的意思。它是作為靈修的重要脈點。但為何會稱作「靈山」呢？這與佛教有很大的關係。佛教對「靈山」一詞所指的是佛陀（Buddha）說法的地方「靈鷲山」（Gṛdhrakūṭe），在《Prajñāpāramitā-hṛdaya-sūtra》（譯為：《廣般若波羅蜜多心經》）〔註 51〕記載：

〔註 48〕尹怡君，〈是「解離障礙」，還是神來接通人的天線〉319（2004），頁 52～56。

〔註 49〕丁仁傑，〈尋找靈山仙境：民間信仰的當代變遷及其相關啓示〉，中央研究院民族學研究所「週一演講」，台北：中央研究院民族學研究所，2003。

〔註 50〕陸瘦燕、朱汝功，《針灸腧穴圖譜〔修訂版〕》（台北：文光，1993），頁 13。

〔註 51〕般若心經（Prajñāpāramitāhṛdaya）有廣略兩種，這裡我們採閱廣本關於「靈鷲

evaṁ mayā śrutam ekasmin samaye bhagavān Rājagṛhe viharati sma Gṛdhrakūṭe parvate mahatā bhikṣusaṁghena sārdhaā mahatā ca bodhisattva-saṁ-ghena.

（我這樣聽說過：有一次世尊（佛）與許多的修行眾（比丘僧）及許多的菩薩眾一起住在王舍城的靈鷲山。）〔註 52〕

Gṛdhrakūṭe 一詞原本意義爲√gṛdh（貪求）+ ra = 一種喜歡喜食屍肉的鷲鳥 + kūṭe（山峰），大部分的漢譯佛經譯爲「鷲峰山」，如：智慧輪譯本與施護譯本，也有另一譯法爲「耆闍崛山」，如：般若共利言等譯本。〔註 53〕但會多加一個「靈」字則是爲了把本來只是佛陀（Buddha）說法的地方，轉爲更具華人宗教意識的「道的眞諦」與「通靈」之意。〔註 54〕也就是說，佛陀說法的地方就是我們獲得生命解脫與獲得眞理的地方，而這個地方就在「汝心頭」，因此也就譯爲「靈鷲山」，或簡譯爲更具巫術性色彩與神秘性色彩的「靈山」一詞。這時「靈山」的概念開始結合來自兩個不同傳統宗教思想的界說，這裡是與佛陀說教的佛性本性搭上了關係。因此，「靈山」成爲存在於人內心中的「自在本性」。這與佛教後期發展的「如來藏」（tathāgata-garbha）思想與後來由「如來藏」開展出的「人人皆有『佛性』（boddha-dhātu）」的想法結合在一起。〔註 55〕這也就是爲何，民間教派的經典常引用佛教大乘經典作爲見證自己靈修上的經驗傳統。如羅祖的《破邪顯證鑰匙》，就以《般若經》、《法華經》（Saddharmapuṇḍarīkasūtra）《大涅槃經》（Mahāparinivāṇsūtra）見證「如來藏」、

山」（Gṛdhrakūṭe）翻譯的問題作爲討論。參閱山田龍城，《梵語佛點導論》，許洋主（譯）（中和：華宇出版社，1989），頁 222。

〔註 52〕《Prajñāpāramitā-hṛdaya-sūtra》的中文翻譯版本有：智慧輪譯本，《般若波羅蜜多心經》，於《大藏經》卷 8，頁 850 中下；施護譯本，《佛說聖母般若波羅蜜多經》，於《大藏經》卷 8，頁 852 中下；般若共利言等譯本，《般若波羅蜜多心經》，於《大藏經》卷 8，頁 849～850 上。本文中文譯法根據葉阿月，《新譯般若心經・超越智慧的完成：梵漢英藏對照與註記》（台北：新文豐，1980）的版本。

〔註 53〕Gṛdhrakūṭe 的藏文譯作 bya-rgod phuḥ-poḥi rila。

〔註 54〕有關「靈」字的意涵，可參考《中國道教大辭典》，頁 1427～1428，〈靈〉條。

〔註 55〕有關佛教 tathāgata-garbha 的發展，請參閱高崎直道（等著），《如來藏思想》（中和：華宇出版社，1987），頁 1～3。相關經典《大般涅槃經》，於《大藏經》（四十卷，北涼・天竺三藏曇無讖譯）卷 12，頁 365～604；《佛說大般泥洹經》（六卷，東晉・法顯譯），於《大藏經》卷 12，頁 853～899；藏文譯本《ḥPhags pa Yoṅs su mya ṅan las ḥdas pa chen poḥI mdo》，者那彌度羅（Jinamitra）譯。

「佛性」、「本性」與「靈山」之間的關係。〔註 56〕聖乩黃阿寬基本上繼承這個傳統之後開展出一套「靈山」的修行法門。這套法門回到「靈山」的另一個別於佛教的宗教傳統，即華人對「靈山」的宗教傳統界說之中。也就是緊密地結合「通靈」的「靈山」概念。「佛在靈山莫遠求，靈山只在汝心頭，人人有箇靈山塔，迷人自向外邊求」。〔註 57〕

4.3.2　「靈山」何處修？

「靈山」與「通靈」產生關係遠自「有靈山，巫咸、巫即、巫朌、巫彭、巫姑、巫眞、巫禮、巫抵、巫謝、巫羅十巫，從此升降」〔註 58〕之說。「靈山」指涉某個地方，這個地方是巫人往來之處。聖乩黃阿寬認爲，「靈山」不只是心性、本性的所在之處，也是我們心性、本性朝向外界溝通的通道或場域。這個通道就是暗藏在人體裡頭的「靈山脈點」。藉由「靈山脈點」與外在溝通，人的元靈就可以隨著此通道與外在的神靈世界接通訊息，如同古代巫人可以在靈山自由穿梭神聖與世俗兩界。「靈山」在人體內的隱喻，同時是孔洞、同時是一個脈點、也是一個處所。當我們元靈要與外界溝通時，「靈山」便會從「膻中穴」隨著「任脈」上昇到鼻樑下的「水溝」或「眉心穴」，最後直達頭頂上的「百會穴」或「泥丸宮」，然後元靈將此溝通外界。這與古代薩滿信仰（archaic shamanism）的神遊（ecstasy）經驗非常相近，〔註 59〕猶如一種靈魂向外飛昇過程，身體就好比是宇宙，是一個「場域」（situation），通過人的穴位孔竅，象徵靈魂接通外在世界萬靈的經驗。〔註 60〕

在此「元靈」是一個非常抽象的概念，它既不是華人宗教傳統認知上的

〔註 56〕《破邪顯證鑰題》卷下，於《明清民間宗教經卷文獻》第二冊（台北：新文豐，1999），頁 645～694。

〔註 57〕《正信除疑無修證自在寶卷》，於《明清民間宗教經卷文獻》第二冊，頁 339 上右。

〔註 58〕《山海經校注》，頁 396。

〔註 59〕Mircea Eliade 對世界遠古薩滿的神遊經驗研究認爲：是一種使自己靈魂可以上天下地的神遊方法（techniques of ecstasy）。Mircea Eliade, *Shamanism: Archaic Techniques of Ecstasy*, translated by Willard R. Trask. New Jersey: Princeton University Press, 1974, p.5; *A History of Religious Ideas volume3: From Muhammad to the Age of Reforms*, translated by Willard R. Trask, Chicago: The University of Chicago Press, 1985, pp.11～15.

〔註 60〕Mircea Eliade, *The Sacred and the Profane: the Nature of Religion,* translated by Willard R. Trask. New York: Harcourt Brace & Company, 1987, pp. 172～184.

「靈魂」〔註61〕與「魂魄」〔註62〕，也不是一個純粹的「精神」，而是與佛教的「心性、本性」之說比較相關。聖乩黃阿寬認爲，我們所要修的就是我們的「元靈」。這個「元靈」就是我們「心性、本性」，也是我們的「靈山」。此時「靈山」以一種作爲人內在心性、本性的修持，使人的精神統一，觀想自身的「元靈」。「元靈」成爲深入觀想的對象本質，由深入對象本質神奇地「同化」對象本質（即「元靈」），這時「內在靈山」開始隨著「靈山脈點」升起，最後達到人內在「靈山」與外在「靈山」的合一，構成人與外在世界的一種整體性，使人與天地齊一，以達永生之境。雖然聖乩黃阿寬使用佛教「心性、本性」的說法，但卻與佛教傳統對「心性、本性」的修持觀念大有差異。佛教的瑜珈修行法（Yoga-ācāra），雖然也講究精神統一與內在觀想，〔註63〕但卻並非認爲可以用一種神秘性的體驗，使人的某種內在對象本質（如：聖乩黃阿寬認爲的「元靈」或傳統印度教的「靈魂」（Jīva）「我」（Ātmann）或「天」（deva））與外在世界達成統一。〔註64〕而是認爲這種內觀心性、本性的瑜珈修行法，最終目的是爲涅槃（nirvāṇa）的「超越知識」（superknowledge、abhijñā）作好準備，〔註65〕而不是爲了達到華人傳統「天人合一」的想法。

華人民間教派的最大特色，即在於將傳統宗教神學術語轉爲己用或相互融合，並賦予新的意涵。也就是說，當靈乩轉向內在心性修行的鍛鍊時，「靈山」基本上結合著佛教傳統的「心性、本性」之說，與華人傳統深具巫術色彩的通靈經驗，是「六通皆明爲化元靈，合一造化人人佛性」〔註66〕之所，成了解脫生死，達到永生之處。在道教的修煉典籍《性命圭旨・涵養本源救護命寶》也記載著：

〔註61〕當時羅祖問道：「我這點靈魂，不知何住所？」，後來提出靈魂在「靈山」的說法。《大乘苦功悟道經》（雍正七年合校本），於《明清民間宗教經卷文獻》第一冊，頁131。

〔註62〕關於華人的「魂魄」觀念，可參考余英時，〈中國古代死後世界觀的演變〉，收入氏著，《中國思想傳統的現代詮釋》（台北：聯經，1987），頁123～142。

〔註63〕水野弘元（等著），《印度的佛教》，許洋主（譯）（台北：法爾，1988），頁167～168。

〔註64〕Mircea Eliade, *A History of Religious Ideas volume2: From the Gautama Buddha to the Triumph of Christianity*, translated by Willard R. Trask, Chicago: The University of Chicago Press, 1982, pp. 62～65.

〔註65〕Mircea Eliade, *Yoga: Immortality and Freedom*, translated by Willard R. Trask, New Jersey: Princeton University Press, 1990, p. 169.

〔註66〕靈山玄文，手稿。

生死盛衰，皆由這箇。儒曰靈台，道曰靈關，釋曰「靈山」。〔註67〕

因此，「靈山」是潛在於人體中的一個處所，象徵著元靈的歸宿、心性修持的深處；是生命朝向永生不朽的孔道、接通生與死的場域。

4.3.3　「靈山」心性說：「自性靈山」的提出

接下來聖乩黃阿寬，把「靈山」心性之說具體化（objectification）爲神像，並一分爲三〔註68〕，安置於無極天元宮的「『無上旨』天壇」的第二層樓內。這三尊神靈即是：「無上佛」、「無上元」、「無上眞」，合稱「自性三聖」。「自性三聖」是靈山的自性所化，也是構成「靈山」自我追尋的三個象徵。當一個會靈者到無極天元宮時，這三個象徵會依某種次序展現。首先是「無上眞」、其次是「無上元」、最後是「無上佛」。以下我們將就此次序說明此三尊神像分別於無極天元宮神學教義中的象徵。

首先是「無上眞」。就字義上而論，「眞」即是「眞實」之意。「無上眞」即是幫助元靈開顯「眞實」意涵的象徵。這可從「無上眞」的神像造型得知，「無上眞」右手持「玄靈筆」，左手拿「照靈牌」。「玄靈筆」的用途，是爲了點開眞實之靈的所在，開啓眞靈之炁（此爲先天之「炁」）的靈山脈點的穴位孔道，使深藏在靈山之處的「元靈」可以開始與外界溝通。當元靈可以開始與外在溝通之後，這時「照靈牌」接著派上用場，也就是以「照靈牌」將元靈以鏡子照出，確立元靈的眞實性。讓每個會靈者可以眞正地在第一次點靈之後，意識到自己元靈的眞實存在，並與自己的元靈作第一類的接觸，以及進一步顯示可以與外界溝通的可能性。所謂：「眞炁一點三千界，明照理開三合宗」。〔註69〕

其次是「無上元」。當元靈被點開之後，也就是要開始修煉元靈的開始。「無上元」的「元」，是象徵人的「元靈」，也是作爲引導「元靈」的神靈象徵。「元」，有「整全」、「完整」、「開始」或「源頭」的意思，這是說明一個會靈者的「本元」之意。每個會靈的本元之靈，在「無上元」神靈的引導之下，逐漸地彰顯「元靈」自身，達到元靈對照之中的元靈自我醒覺，或是一

〔註67〕《性命圭旨・涵養本源救護命寶》（成都：巴蜀書社，1992），頁533上左。

〔註68〕一分爲「三」的結構，在無極天元宮的神學教義中經常出現。如「一炁化三清」、會「三母」、聚元「三聖佛」。這種以一分爲三的結構，象徵宇宙造化的結構「一炁化三清」，類比至人內在的心性論述。因此，才會產生外會（靈）三母、內開三性、三聖（佛）共治的類比模式，形成三三的相互類比的關係。

〔註69〕靈山玄文，手稿。

種自我意識的建立。也就是達到「合而爲一引導元靈，微妙自生彌滿玄玄」〔註 70〕的境界。

最後是「無上佛」。此處「無上佛」的「佛」，同時深具兩種象徵，一種是「自性、心性、本性」的象徵；另一種是本源、源頭的象徵。「無上佛」，代表元靈從被「無上眞」點化、確立與「無上元」會照之後的究竟境界。也是說明一個會靈者的元靈在不斷地自我淨化、修煉、自覺之後，朝向自我元靈內在源頭的回歸與自我本性的解脫。佛就在「汝心頭」，是元靈「性靈倒轉」的「心田」；也是「靈性一點」的所在之處。因此「無上佛」就象徵著自我元靈內在相會的究竟境界。最後，「三聖〔註 71〕合一鳳鷹鵬山」。「鳳鷹鵬山」就是「靈鷲山」，也就是「靈山」。所以，「無上眞」、「無上元」與「無上佛」，此象徵元靈自性的三聖，就在內在「靈山」的相會對照之下，「啓開弗（佛）性」，達至「自性靈山」的整全。〔註 72〕

4.4 「靈山」合一，兼「道統」的傳承

談論了內／外「靈山」的地景隱喻與身體地景之後，接下來將進一步說明，內／外「靈山」會合的類比結構。也就是，無極天元宮如何將外在的「靈山」地景隱喻圖示與內在「靈山」身體地景圖示的類比合一的過程。在此過程中，無極天元宮也將「道統」的傳承，以「靈山／崑崙」轉移台灣地景隱喻的象徵，加以說明；而內在靈山的身體地景圖示，除了說明「心性」與「通靈」之外，也把心性的自覺與通靈的過程，作爲接續道統使命的終極目的。因此，「會靈山」就不僅僅只爲了達至「獨善其身」的自我救贖的目的而已，也是爲了拯救與傳承中華五千年來的道統，達至救贖整個國家民族的文化心靈危機。

4.4.1 「會靈山」：內外「靈山」會合的類比結構

無極天元宮對於「會靈山」靈修實踐活動，以「靈山」的地景隱喻與身體地景，此雙重特性爲基礎。也就是說，當一個會靈者來到無極天元宮「會

〔註 70〕靈山玄文，手稿。

〔註 71〕在此「三聖」一詞，同時指「無上眞、無上元、無上眞」與「燃燈佛、釋迦佛、彌勒佛」這兩組組合。

〔註 72〕此段落的標楷體字，皆出自聖乩黃阿寬所扶，靈山玄文，手稿。

靈山」時，他／她不僅接通了外在地理空間上地景隱喻的「靈山」，同時也開啓了內在身體地景的「自性靈山」，在此「靈山」便發生著核心的作用。如上文所釋，「靈山」基本上是無極天元宮對於某種地理空間結構的描繪，以「靈脈／龍脈」作爲整套「靈山」地理空間上的論述，因而形成一種地景上的隱喻，即「靈山」的地景隱喻。這種地景上的隱喻，主要標定著華人長久以來、夢寐以求、賴以回歸的仙境家鄉之路徑。長生不老、玉石寶器、美食佳餚應有盡有，是「靈山」地景隱喻的完美意向，也是象徵著華人典型仙境意向，或可說是華人所認爲的「天堂」〔註 73〕。此種藉由地理空間上的「靈脈」意向，把靈山的概念轉向通往象徵天上的天堂，以「天」與「地」的相互揮映的關係，共同建立出「靈山」在空間意向上的詮釋，形成靈山的靈界觀。

然而這套地景隱喻的架構不只是對地理空間結構的描繪，也是無極天元宮對於會靈者身體地景的描繪。人的身體結構就如同外在地理環境的地景結構，山川河流如同身體的骨骼血管。因此，當華人對於外在地理空間結構，以「靈山」作爲隱喻的同時，人的內在身體結構也就如同外在地景隱喻般，依此類比。這種類比結構，則是爲了達成華人傳統「天人合一」的理想。把人的身體視爲相對於外在地理環境——「大宇宙」(macro-cosmos)：天地的「人／身體」：「小宇宙」(micro-cosmos)。以此作爲相互感應的基調，達到「天人合一」的理想。〔註 74〕

因此，無極天元宮的神學教義，藉由「靈山」將人的身體與外在地理空間結同質化（homogeneous)，「會靈山」即是同質化的類比過程。所以在無極天元宮「會靈山」時，會靈者除了將自身的元靈依據無極天元宮提供地理空間上的靈脈路徑，以便尋獲地景隱喻的靈山仙境之外，在此同時，身體中的元靈也在身體地景的「靈山脈點」隱喻之下，找尋「靈山」的解脫眞意——「自性靈山」。這就是「靈山」的雙重向度，分別以靈山隱喻「身體」與「地景」，藉由二者間的呼應構成類比，後又以「靈山」作爲人的「內／外」交通孔道，使「內／外靈山」隱喻得以連結起來，融爲一體，形成人內在與外在環境共同生命體的存在類比結構。

〔註 73〕David K. Jordan 與 Daniel L. Overmyer 認爲，崑崙山、靈山同義，皆指老母在西方的「天堂」之意。David K. Jordan & Daniel L. Overmyer, *The Flying Phoenix: Aspects of Chinese Sectarianism in Taiwan*, Taipei: Caves Books, 1986, p. 60.

〔註 74〕祝平一，《說地——中國人認識大地形狀的故事》（台北：三民書局，2003），頁 9。

4.4.2 「會靈山」接續「道統」的使命

「靈山」除了具有「身體」與「地景」的雙重向度之外，還兼具著某種政治性。這種政治性主要是爲了說明，無極天元宮得以成爲拯救華人心靈、文化與國族命脈的合法性。這個合法性的有力論述，即來自無極天元宮對於「靈山」自然地景隱喻的論述。華人把「靈山／崑崙」預設爲地理空間上山脈的發源地，因而形成華人風水學上認爲的萬脈祖氣的來源，「靈山／崑崙」也就象徵華人的「祖山」。只要與「祖山」的氣脈接連上關係，即代表此地不僅是個「好風水」，而且是同時具有「中心」指標的象徵。也就是說，地方分享或甚至取代中央「祖山」的「中心」象徵地位，而無極天元宮即是如此。藉由「龍脈渡峽」之說，說明無極天元宮自身是台灣「新崑崙」的所在地，也是台灣「新龍脈」或「靈脈」的發射之處。因此從風水學說隱涉自身，進一步顯示自身在地理空間上的重要性。這種重要性也逐漸成爲某種「天命式」承受之感。認爲上天將氣脈轉進台灣，依託在無極天元宮之地，必有其因。此原因則配合著台灣與中國大陸的歷史與政治實情作爲例證，說明中國大陸於文化大革命期間將宗教寺廟大肆破壞，導致中國大陸原有的龍脈盡斷，中華文化的道統盡失。另一方面，台灣的龍脈則隨著國民政府的舉遷來臺更加穩固，且保留著中華文化的道統命脈。道統命脈傳承是結合風水之說而成爲可能，並依託上天的神諭，加深了無極天元宮作爲接續華人道統命脈的合法性。所謂「承接無上法則執玄，命旨下達天元道脈」。〔註75〕無極天元宮遂成爲接續華人道統命脈的空間場域。這種道統／道脈的論述，充滿著無極天元宮所認同的政治意識型態，使宗教與政治之間的關係緊密了起來，服應於當時國家機器政治性目的的時代背景。

無極天元宮除了將自己的宗教空間場域賦予政治性的象徵之外，也把來此會靈者的身分加以轉換。每個來到無極天元宮的會靈者都是要接續中華道統命脈之人。所謂「脈脈接引三玄聖音，一元奉命引導群英」。〔註76〕接續道統命脈變成與心性解脫、及達至理想仙境成爲共同的目標。當會靈者接上無極天元宮的靈脈時，會靈者自身不僅接通空間地理上的「靈山」隱喻，同時也打通身體內在的「靈山脈點」，探尋內在靈山的自性，二者相互交通，使元靈由身體地景的「靈山」向外隨著外在地景隱喻「靈山／靈脈」流動，達至

〔註75〕靈山玄文，手稿。
〔註76〕靈山玄文，手稿。

「內／外靈山」合一追求聖境的眞實解脫。與此同時，達至眞正的解脫就不僅僅在於宗教的範疇之中，它同時也是在台灣政治實情之中。台灣的政治混亂是道德文化與精神文化的崩解。無極天元宮認爲，唯有恢復中華固有的傳統文化，才能使混亂社會的價值秩序得以重整，使生活安居樂業，實現孫文的「大同世界」之理想，人們的心靈才足以獲得解脫。這種受於當時國民黨黨國文化的意識形態，也投射在無極天元宮的神學論述之中，使宗教成爲服務於國家機器的政治性目的之幫手，以宗教作爲控制底層民眾的宗教意識型態。每個來此的會靈的靈乩，即是擔負此項任務的天地使者，以「普渡、收圓、復古」爲使命，透過「自性靈山」修行之法，開啓自性，領受天命，而展開儀式性的操作方式，如：辦公事，就是靈乩經由會通自身所屬的靈脈之後，接領上天神靈界的旨令，並依其神靈指示舉辦各種相關法事，濟世眾生，超渡萬靈。〔註 77〕因此無極天元宮成爲大中華文化發揚的場域，作爲中華文化在台灣的精神堡壘。

無極天元宮的空間場域在此種接續中華道統與發揚中華文化使命之下，使自身增添了中國意識的情節，這也是台灣民間教派的普遍情形。〔註 78〕宗教與政治在無極天元宮的「靈山／靈脈／道統」的統合論述之下，形成一套以政治實情爲理由的宗教救贖論述，再加上無極天元宮運用傳統風水學說，認定「靈山／崑崙」爲龍脈（或「氣」）的根本所在發源地，明顯地體現出中華文化思想的民族中心主義，〔註 79〕再次增強其宗教文化救贖性格在台灣的「中心」位置，並確立了無極天元宮整個救贖性空間的合法性。由此可知，無極天元宮整個地理空間的基本架構，即是「靈山／靈脈／道統」的統合論述，並經由「會靈山」靈修實踐的過程予以體現。

〔註 77〕鄭志明，〈台灣靈乩的宗教形態〉，《宗教與民俗醫療學報》創刊號：1～29。

〔註 78〕楊惠南，〈台灣民間宗教的中國意識〉，發表於台灣教授協會海內外台灣人國事會議「台灣的危機及轉機」研討會，1996。

〔註 79〕渡邊欣雄，《風水・氣的景觀地理學》，索秋勁（譯）（台北：地景，2000），頁 12～13。

第五章　淡水無極天元宮的空間佈置

淡水無極天元宮的空間佈置規劃，與其神學教義緊密相關。藉由前三章的對於無極天元宮的神學論述，我們將嘗試瞭解無極天元宮如何將其神學論述，付梓於廟宇空間佈置規劃的整體過程。整個廟宇空間佈置規劃的過程，不僅單就神學教義轉述的傳播性功能，也顧及「會靈山」靈修實踐者的功能性需求。從「梅花五龍池・無上眞」外觀建築開始，到廟宇內部空間色彩的運用與每尊大神的擺設位置，以致整體三座道場所在的空間地理位置，作爲靈山仙境意向的傳述，全皆指向讓一個靈修實踐者可以在此空間佈置規劃中，得知宇宙眞理的奧秘與啓示，以獲得解脫救贖之道。在此，筆者將說明一個來到無極天元宮的靈修者，如何經由無極天元宮的空間佈置規劃所營造出的神聖空間氛圍，透過靈乩的儀式行爲，由凡入聖的過程，以說明無極天元宮空間神學的意涵。

5.1　「梅花五龍池・無上眞」與「天聖門・玄靈一」

當一個追求靈修者初到無極天元宮時，首先遇到的是空間佈置景物是站在一個梅花形狀噴水池上，後有五條龍形浮雕石刻守護的大神——「無上眞」（如右圖）。「無上眞」的後上方的牌樓式建築物，爲無極天元宮的「天聖門」，又名「玄靈一」門。

此兩個建築物，對一個靈修實踐者而言，有著靈修實踐上的意涵。以下將分別說明，「梅花五龍池・無上眞」與「天聖門・玄靈一」此兩種建築物，如何就其造型、色彩將無極天元宮的神學教義呈現出來，且以此方式將無極天元宮的神學教義傳達給一個來此靈修實踐者。

5.1.1 梅花五龍池・無上眞

「無上眞」，右手拿「玄靈筆」，左手持「照靈牌」的造型，象徵初至此處的靈修實踐者，由「無上眞」的「玄靈筆」將靈修者的「元靈」點開，然後以「照靈牌」將點開的「元靈」照射而出，讓靈修者漸知自身的「元靈」爲如何，作爲靈修實踐的第一步。「無上眞」的色彩極爲鮮明，是爲了讓來此的靈修者一眼便知點開「元靈本性」的重要性，是後來靈修實踐的基礎。以孩童的樣貌出現，即指向每個人孩童時代的天眞本性之時光，讓靈修者開啓自我生命的歷程，有其天眞本性的純潔本體。而今天會來此修行，則是受到外在世界的污染，使人失去如孩童時代的天眞本性，那總眞誠、純潔的本性。因此，此處的「無上眞」以此造型出現，有極強提醒人類內在本性使然如何的宗教價值。「無上眞」在此的造型將會有別於之後，在第二道場：「無上旨天壇」的第二層樓「眞元三佛殿」的「無上眞」造型。據無極天元宮方面表示，梅花五龍池的「無上眞」代表的是「後天的」、「可見的」，作爲喚醒啓開人們內在「元靈本性」的靈修開端，才會極爲顯著的色彩來吸引來此靈修者，或尚未知開啓元靈本性之重要性的迷失之人。

無上眞近照

梅花形池

來此靈修者（一）

五龍之一

梅花池緣邊的小梅花

來此靈修者（二）

元靈的啓開之後，即代表靈修者願意走上修行的這條艱辛困難之途。梅花五龍池的梅花造型，就以梅花不畏風霜，越冷越開花的精神作爲象徵，以顯示成爲一個靈乩的決心與精神。〔註1〕也因爲這條路的艱辛困難，隨時可能遇到外在不好的神靈的侵擾與險阻，所以需要由五方聖龍，加以護持，使元靈可以在靈修的路途上不受侵害與干擾。五龍護持的原由，也象徵元靈即將進入神聖場域之前，尚未受到上天眾神靈保佑的危險過程。

〔**儀式行為**〕

在梅花五龍池前，我們可以看到第一次前來無極天元宮接受啓靈的靈修者。已修煉有承接指令渡化眾生的靈乩，帶著第一次求道的靈修者，在梅花五龍池前舉行啓靈儀式。就由無上眞的玄靈筆與照靈牌，將自己內在的本性打開，幻見自我本來眞實原貌，成就無上本眞之意。儀式的進行過程我們常會見到，已帶有天命的靈乩，不斷地告知來此求道的靈修者是否有認識到自己的本眞，來此求道的靈修者，常常依靠梅花五龍池的池緣，集中精神，閉目冥思，口中唸誦著呼喚自我本眞的語句，並在已帶有天命的靈乩的見證底下，確認是否已啓開來此求道者的內在眞實本性。等到已帶有天命的靈乩確認，來此求道的靈修者已經啓開內在本眞之後，即進入下一階段，通往天聖門。

5.1.2　天聖門・玄靈一

「天聖門」是象徵「元靈」進入神聖領域的通道，也是生命由凡轉聖的關卡。「天聖門」上面書寫著「玄靈一」字樣的門牌，代表天界首要的掌理者爲「玄靈高上帝」。「玄靈一」也隱含玄妙元靈本唯一的意思。也就是說，我們的元靈初始爲「一」，本爲「一」，「一」即整個元靈與外在宇宙合而爲「一」，成爲一體。這個過程即是玄妙的境地。據無極天元宮方面認爲，只要能夠摻透「玄靈一」這三個字的意涵，即能達到人生的解脫之境。頗似某種方便、快速的得道要訣，也象徵某種得道的法門。牌樓「正脊」〔註2〕的正上方，有一「天」字樣火脊。火脊在華人傳統建築上有鎮住或防止火災的意義。但無極天元宮還賦予火脊光明的意思，並在火脊內標示「天」字樣，代表元靈即

〔註1〕蔡怡佳，〈歷史書寫與自我技藝——靈乩協會創立初期之宗教實踐〉，中央研究院民族學研究所「週一演講」，台北：中央研究院民族學研究所。

〔註2〕林會承，《〔台灣〕傳統建築手冊：形式與作法篇》（台北：藝術家，1995），頁45。

將進入光明的「天元」聖境。

〔**儀式行為**〕

「天聖門」象徵元靈從世俗界跨越到神聖界，也是象徵一種「關卡」的跨越，從個人或群體生命的危機中，過渡到另一個即將透過某種儀式性的轉換，成爲解除生命危機的一個「通道」或「渡口」。〔註 3〕靈修者儀式性的走入「天聖門」，象徵欲意透過修煉，解除自身生命中的苦痛，如勇闖生命的「關卡」，突破生命當前的既有限制，期盼打開另一條通往神聖境界的康莊大道。因此，每當靈乩在踏過天聖門之後，即開始產生靈動的現象。有的比手畫腳，有的跳著輕妙的靈舞，唱著如歌仔戲調的靈曲，進入靈動的狀態。至此，已領有天命的靈乩，將新啓開元靈的靈乩，繼續帶往下一個階段，來到無極天元宮的第一道場：「天元」（南天考核臺）。

天聖門全貌

門牌扁：「玄靈一」

「天」字火脊

5.2 第一道場：「天元」（南天考核臺）

「極一天元安邦護眾靈合收圓」〔註 4〕。第一道場興建起於民國六十年（西元 1971 年），由靈乩（黃阿寬）接受上天降下「天命聖務」，願意建廟以普化眾生，宏揚聖教，於是領命與汪萬癸、汪楊玉英、楊清標、李克照、高玉霞、何振源、王諸回等八人，合力籌畫興建廟務，於隔年（民國六十一年，西元 1972 年）興建完成。由上天再度降下聖示，賜名「無極天元宮」。以「無極」二字冠以命名，代表無極天元宮是無極之先例，首開普渡教化眾生的道場。〔註 5〕

〔註 3〕 Arnold Van Gennep, *Les rites de passage: étude systématique des rites*, Paris: A. et J. Picard, 1981,pp.32.

〔註 4〕 靈山玄文，手稿。

〔註 5〕 〈無極天元宮簡介〉，淡水：財團法人淡水無極天元宮。

第一道場：無極天元宮

第一道場的建立主要的職務是考核來此靈修的元靈，是否符合修煉的標準。也就是說，要成爲一個合格的靈修者，必須先經過上天眾神的審查之後，才能確立是否可以來此修行。這就有點像入學考試般，必須先經過資料審查，看看是否具有資格，然後才能核准參加考試。因此掌握第一關，入學資格審查的眾神靈，分別由兩主線構成。第一主線，是由「無極老祖、玄靈高上帝、彌勒」三者構成；第二主線，是由三皇構成。

〔**儀式行為**〕

在此空間中大部分的靈乩，已經進入靈動的狀態，靈語或說或誦或唱，新啓靈的靈乩在領有天命的靈乩帶領下，跪拜在地向第一道場的眾神靈稟報請示，希望能至無極天元宮尋找會通靈脈之道，通向天山（崑崙）道統的靈山法脈，承接八八天命，施行普渡眾生之法，完成「普渡、收圓、復古」之命。有些新啓靈的靈乩並尚未能進入靈動的狀態，所以就會用「筊杯」〔註 6〕

〔註 6〕「筊杯」，也有稱爲「箁」，根據其發音有稱作「教」、「校」以及「杯筊」。是一種用竹根削成半月形，涂成紅色的卜具，也有彎曲度很大的。從長約 20 厘米道 5 厘米，各種大小都有，大都已木製的材質爲主。兩個爲一對，一面平坦，另一面凸出，平面爲陽，凸面爲陰。在神前祈禱時，將「筊」擲於地面，如果一陰一陽，則爲「聖筊」，意思是神表示嘉許，即肯定之意。如果是兩個平面，則爲「笑筊」神表示冷笑，即無效。如果是兩個凸面，則爲「扶筊」，神表示生氣，即否定之意。參閱劉枝萬，〈台灣道教の法器（圖示）〉，收入福井康順、山崎宏、木村英一、酒井忠夫（監修），《道教（第三卷）：道教の伝播》（東京：平河出版社，1983），頁 7～8。

進行神卜儀式〔註7〕，看看神靈是否願意接受新啓靈的靈乩，來此修煉自身的元靈。通常新啓靈的靈乩，在已領有天命的靈乩的保證之下，大部分神靈都會同意新啓靈的靈乩來無極天元宮修煉，領取無上旨八八天命。若新啓靈的靈乩一直「擲沒筊」，就必須直到「有筊」爲止，以誓修煉領命的決心。已會靈動的新靈乩，則在已領取天命的靈乩的帶領下，第一次進行與神靈問答。說明此次來此會靈修法的原因。通常靈乩在進入靈動的狀態時，只能在殿前的拜庭靈動，不可進入第一道場的內殿。

以下先附上第一道場：「無極天元宮」正殿及殿前拜庭之簡圖（如圖一），藉以說明此兩主線在空間規劃下的功用，有其先後順序的權力結構的意涵，與大殿、拜庭的色彩與裝飾圖文在運用上的目的，如何呈現給來此報考審核的元靈，瞭之追求解脫知道的精神與奧意。

〔圖一〕第一道場：「無極天元宮」正殿及殿前拜庭

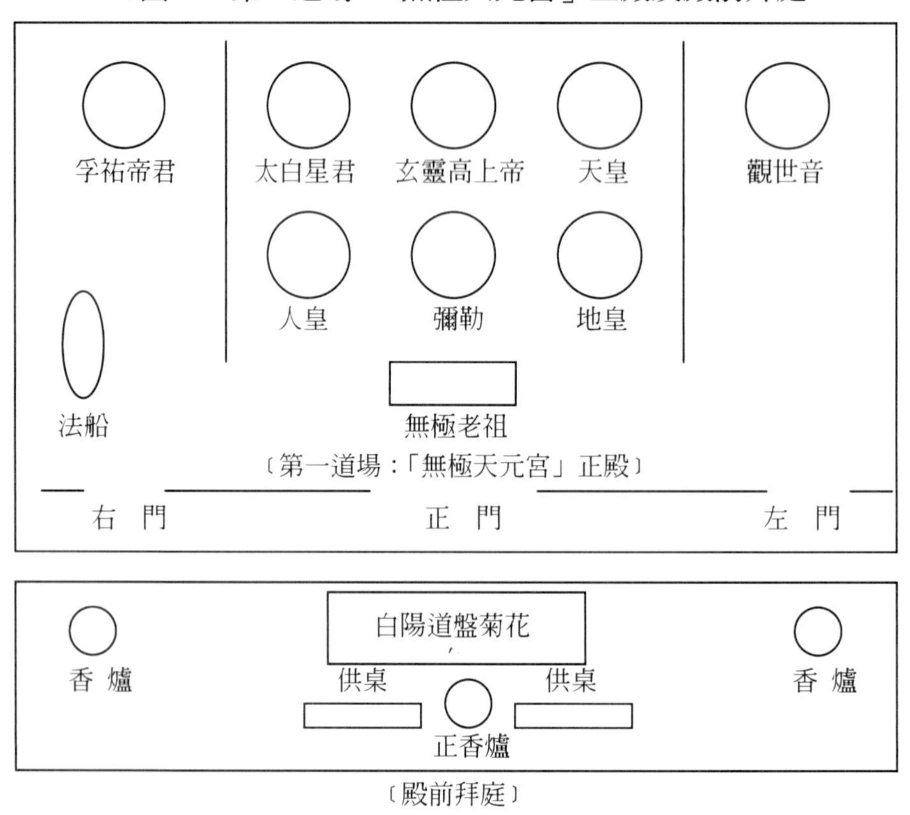

〔註7〕華人神卜方式歷史淵源流長，樣式更是五花八門，有關這方面，可參閱容肇祖，〈占卜的源流〉，收入氏著，《容肇祖集》（山東：齊魯書社，1989），頁1～65。

5.2.1 第一道場拜庭的空間佈置——「菊花」

剛踏入第一道場：無極天元宮的拜庭之前，抬頭往拜庭的屋簷看時，會發現此屋簷的圓形火脊內的字樣爲：「闕」，火脊的兩旁各有一隻飛龍，朝向火脊的中央，此寓意爲：「二龍朝闕」，也就是朝禮天闕、上天的意思。也就是說來此殿的元靈需以虔誠的心，朝覲天闕。進入拜庭之內，一樣有供桌與香爐，以供人擺放祭品與插香。但若仔細往四周觀察一番，則會發現天花板的燈式周圍、貼在拜庭上的瓷磚、以及道前往正殿的正門口前的御陸，皆以菊花的樣式呈現，甚至是供奉給諸神靈的鮮花，都是菊花。

在華人的民俗傳統中，菊花多用於喪葬等祭拜儀式當中，很少廟宇會把菊花作爲廟裡裝飾佈置之用。但無極天元宮的拜庭卻大量使用菊花作爲裝飾空間之用，其中必有其因？在詳察訪問之後，才發現在此的菊花意涵是代表「全眞」的意思。菊花在華人的宗教、民俗或文人傳統中，有「延年益壽」、「隱士」、「君子」等多層意涵，華人的喪葬即是取菊花「延年益壽」之意。在中國宋朝時，創立全眞教的王重陽因對菊花感到著迷，所以菊花就與全眞的意涵產生關聯性。〔註 8〕因此，無極天元宮在拜殿使用菊花作爲空間上的裝飾，主要是希望來此靈修者，都能修得「全眞」。「全眞」有保持本性之意。在《莊子．盜蹠》即有說明，「子之道狂狂汲汲，詐巧虛僞事也，非可以全眞也，奚足論哉！」〔註 9〕之後，「全眞」一詞演變成爲道教修煉術中的重要術語。「全眞」即又有「全精、全氣、全神」之意。〔註 10〕

無極天元宮在此把菊花不僅作爲對靈修者達到修形上的全眞之意，也把菊花當作彌勒救劫白陽期元靈時的象徵符號。這可從通向正門口的御陸——「白陽道盤菊花台」得知。因此，菊花的意涵，在無即天元宮的詮釋之下似乎又多的一個新的「救劫」之意。除了菊花的特殊裝飾之外，梅花的裝飾圖像也時常在香爐的正緣方出現。梅花裝飾圖像的出現，就是想再一次諭示來此靈修者需要具備梅花不畏寒冷越冷越開花的精神。這樣才能通過第一關的審核，正式成爲一個靈修者，參加進一步、更爲艱辛的靈修試煉（考試）。

〔註 8〕有關菊花與全眞較之關係，可參閱李仲亮，《全眞人之花—— 菊：全眞的精神標誌》（台北：李仲亮，1995）。

〔註 9〕黃錦鋐（注譯），《新譯莊子讀本》（台北：三民書局，1998），頁 340。

〔註 10〕《中和集》記載：全眞者，全其本眞也。全精、全氣、全神，方謂之全眞。

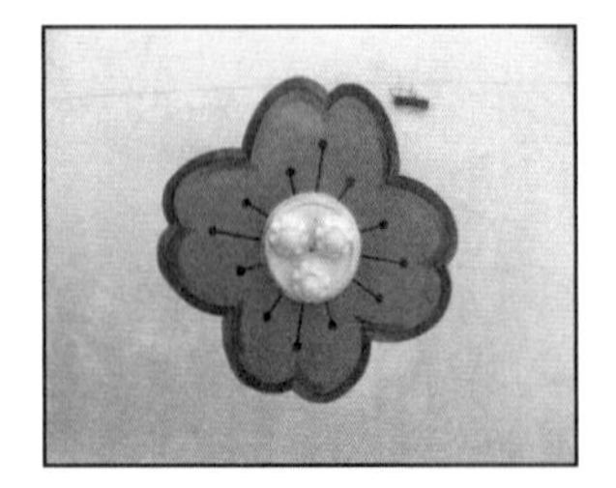

梅花樣式的燈坐

金爐邊緣的梅花造型

裝飾在金爐上的菊花

拱門邊的菊花圖

無極天元宮正門

白陽道盤菊花台

菊花台上的小梅花

梅花造型的龍柱護欄

正門旁的菊花束

雖然在第一道場只有看到「菊花」與「梅花」的裝飾，但再無極天元宮的教義神學體系中，還有第三朵花——「蓮花」，三花合稱「三台」。這三朵花所象徵的是一種靈修上的進程。從「梅花」開始，提示靈修者須有梅花所象徵的艱毅精神，朝向靈修的困苦道路，再以「菊花」提示靈修者在修煉上所要達到的靈修全眞境界，最後才能達到「蓮花」之境，象徵靈修者在靈修的過程中脫胎換骨，如同再造之金蓮，幻化金蓮之身，並取其蓮花慈悲之意，渡化眾生。所謂「復命娑婆造化金蓮，聖域道光照徹大千」。「復命」即領受天命，在娑婆世界造化金蓮之身，以聖化大千世界，讓世界充滿神聖的道化之光。有關無極天元宮蓮花的裝飾，我們可以在無極眞元玄樞大寶殿前埕的「玄玄一炁」與「日月球」的花園造型中窺見。

5.2.2　正殿的兩主線神靈及其相關配祀神靈

踏進正殿之後，隨即會見掌理第一道場，考核元靈的八尊神靈。這八尊神靈主要是以中央神龕的六尊神靈爲主，左右配祀神靈爲輔，但整體構成審查元靈是否具備接受之後考試的資格。中央神龕的六尊神靈依其權力大小規劃，分成兩條主線。第一條是以「無極老祖、彌勒、玄靈高上帝」爲主，另一條是以「三皇」爲主。第一條主線至於中央神龕的中心位置，形成一直線由上而下依序排列，也成爲第一道場的主軸線，依次由左而右展開。第一條主線象徵審查元靈是否可以參加試煉（考試）資格的主要神靈。玄靈高上帝，是掌管人間秩序的神靈，因此一個在人世間是否行善作惡，則由玄靈高上帝來作裁判，再由無極老祖加以定奪，是否擁有參加試煉的合法資格。玄靈高上帝本是無極老祖作爲至上神的一個分身結果，只是一個是作爲掌管人間秩序的主要神靈，另一個則作爲造化宇宙之主。兩尊神靈其實是同「一」，互相融受，而又因爲功能性的分供需求一分爲二的結果。

來此修煉的元靈，知道無極天元宮主要的創造宇宙之神靈——「無極老祖」，與主要審查神靈「玄靈高上帝」之後，則以彌勒作爲救劫意義的象徵，開展出以「三皇」爲象徵的後天救劫時間觀。彌勒本是象徵先天的救劫時間觀，隱喻將有「彌賽亞」般的救贖眾生者即將出現。後天救劫時間觀以「道德」形式擬化爲「忠義—天皇」、「仁愛—地皇」、「正氣—人皇」的道德時間觀。道德時間觀隱含來此靈修者必須具備的人格特質，也是來此靈修者所應具備的先天條件。除此之外的其他配祀神靈，還有象徵天將降大任於斯也，必先苦其心志，到處爲來此修煉元靈降下魔考的魔鬼特訓長：「太白星君」，以及象徵慈航普渡的慈悲形象，以作爲修煉元靈心懷悲心之表率的「觀世音」，還有象徵中國歷來在修煉上有大成就者：「孚祐帝君」，作爲靈修者在修煉上的模範。

〔儀式行為〕

新的靈乩來此會靈的主要目的，即是爲了取得神靈在修煉上的合法性。已帶天命的靈乩，會不斷以靈語或一般人們可以聽得懂的閩南語向眾神靈一一請示，希望新的靈乩可以在此會靈。尚未有靈動現象的新靈乩，有的可能會在神靈的認可之後，產生靈動的現象，並一一相本殿神靈答謝，開始跳起靈舞，唱起靈歌，此處之會靈山的儀式活動，歸屬於後天型態。扣準後天的神聖時間觀與呈現後天型態的眾神靈。所進行的儀式也隸屬於後天的法門，也就是無及天元宮所認爲的「道術法門」與「太極法門」。因此，我們可以在第一道場看見信徒與靈乩，在此從事後天的儀式性行爲，如：燒香拜拜、燒金紙、擲筊問神、抽運籤、消災解厄……等等。這些後天的儀式性行爲，在進入第二道場：「眞元」之後，將逐漸淡化，而轉向完全動態性的身體儀式展演。

門　扁　　正　殿　　無極老祖

人　皇　　玄靈高上帝（後）與彌勒（前）　　天皇（後）與地皇（前）

太白星君　　觀世音　　孚祐帝君

5.2.3 小　結

第一道場無極天元宮的整體空間佈置，大致說明來此靈修者所應理解的神學初步架構。我們可以發現，第一道場無極天元宮的建築外觀，大體以閩南式的廟宇建築方式呈現，如：翹脊、瓦當滴水、飛龍游鳳、神兵天將等等。無極天元宮的第一道場以此建築方式呈現，是希望可以讓一般民間信仰的拜拜群眾可以較爲親切的初步接觸無極天元宮。當一般拜拜民眾進入無極天元宮之後，會慢慢發現無極天元宮與一般台灣民間信仰寺廟，有許多的同與不同的造型。如：菊花的使用，菊花樣式的御陛，所祭拜的神靈——「無極老祖」等等。民間信仰的民眾就在這種同中有異的空間佈置之中，在認知上產生一種知與非知的模擬過程，由熟悉進入陌生的探求歷程，以達到民間宗教信仰場域以空間作爲知識（神學教義）傳播的功效。也就是說，第一道場是無極天元宮作爲由俗世世界轉向神聖世界的過渡場域，由後天的、太極界的宇宙觀，接合先天的、無極界的宇宙觀空間。此時的靈乩，也由後天的修煉型態，朝向先天的靈修型態。從空間的變換到身體的變換，無不展現出神聖空間的異質性向度。

5.3　無極眞元玄樞大寶殿

無極眞元玄樞大寶殿是在第二道場無上旨無極眞元天壇尚未興建前，初步模擬無上旨無極眞元天壇將來所預期建築的造型。這有點類似建築房屋業者，爲了讓購屋者瞭解預售房屋的造型，而先建造樣品屋展示其建設內容。無極天元宮在民國七十四年（西元 1985 年）遵照上天神靈的指示籌建第二道場，即以樣品屋的形式，先將第二道場籌建的內容大致設計出來，以作爲建造第二道場的施工欄圖。

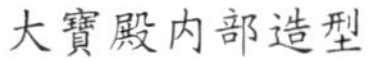

大寶殿內部造型

大寶殿的外觀

5.3.1　無極眞元玄樞大寶殿的整體造型與內部設計

無極眞元玄樞大寶殿的整體造型，以大約兩米高的圓頂寶塔式建築呈現。大寶殿的內外觀色彩，採用銀灰色系。大部分台灣的廟宇的空間色彩喜歡以金色、黃色與紅色來呈現神靈的莊嚴、尊貴與力量等，較少以銀灰色爲主。大寶殿的簡略設計，與興建完成的無極眞元天壇比較，讓人有種未完成作品前的簡單樸實之感。大寶殿的內部放有一座次遞分明神龕圖譜，說明未來無極眞元天壇所要供奉神靈的譜系。其中，無極老祖則獨立置神龕前的供桌上，作爲引領群仙監修無極眞元天壇統帥。其造型極爲花俏，色彩繽紛多樣，與後來三尊無極老祖的造型相差甚遠。

無極老祖　石窟式的神譜排列　石窟頂端的玄玄一炁

石窟第一、二層神靈　（左）木公（中）黃老（右）金母　石窟神譜全貌

元始天尊　太上老君　藻井的五星掛燈

無極眞元玄樞大寶殿最重要的內部空間設計，即是代表無極天元宮在靈修上的重要神靈系譜的展現。以洞窟的型態將眾神靈一一由高至低，依序排列其神靈的重要性。由象徵造化萬物的「玄玄一炁」至於洞窟的最頂端，之後依其道教「一炁化三清、三清化五老」的神靈圖譜分至而下，銜接於五老之後的是先天型態的玉皇──「金光玉皇」及後天型態的、象徵靈山會母的「瑤池金母」與「九天玄女」，再下來是開啓靈修者內在三性的「金光三寶佛」。

象徵「玄玄一炁」的神靈化身「無極老祖」，更展現出威嚴的金光之體，置放於整個洞窟之前的神桌正中央上。此「無極老祖」的神像造型，與第一道場的無極老祖造型或之後眞元天壇的兩尊無極老祖造型相差甚遠。無極眞元玄樞大寶殿的無極老祖造型基本結合彌勒佛的臉部型態，將無極老祖的創造主身分第一次與彌勒象徵下生的救贖時間觀，做了一次結合。這代表作爲至上神的無極老祖，是有其下生救世的可能，預示了無極老祖作爲下生救贖時間觀的第一條降生路徑。

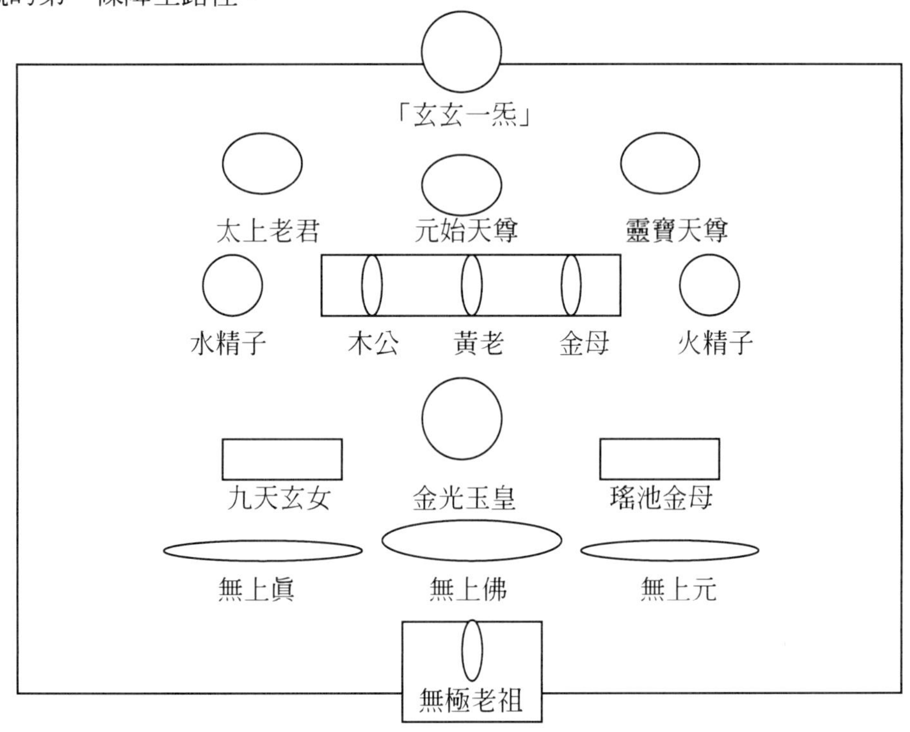

〔無極眞元玄樞大寶殿內部的石窟神學系譜圖解〕

5.3.2　大寶殿的前埕

由於無極天元宮三大道場是依照山坡而建，所以介於大寶殿與無極眞元天壇中間的坡地，則成爲大寶殿的前埕。大寶殿的前埕規劃成一個圓形噴水池，水池周圍重滿著鮮花矮樹叢。圓形噴水池的形狀象徵玄玄一炁，水池內有一百零八顆乒乓球，象徵一百零八顆星宿。水池的兩旁各有一粒大圓球，左邊的圓球代表月亮；右邊的圓球則代表太陽。整個大寶殿的建築、設計與規劃，無一不顯露出興建無極眞元天壇的決心與氣勢。另外，我們可以看到

「玄玄一炁」的花園噴水池的外緣造型與日月球的花盆造型，以蓮花的花瓣造型砌製而成。蓮花代表無極天元宮的靈乩修行進程的最後一個階段，而「玄玄一炁」的花園噴水池以蓮花葉片砌上，正象徵靈乩成就已成，「造化成金蓮」之身，參透造化宇宙「玄玄一炁」之理。

月球

玄玄一炁的水池造型

日球

5.3.3 小結

無極眞元玄樞大寶殿的整體設計，基本上是構成未來籌建「〔無上旨〕無極眞元天壇」理想藍圖。也可說是無上旨無極眞元天壇建築的大致雛型。無極眞元玄樞大寶殿以凝縮的方式建爲一層寶塔的樣式，以作爲後來無上旨無極眞元天壇五層樓樣式的天壇寶塔之勢。內部的石窟式神靈譜系後來演化爲天壇各層樓的空間佈置場域以及靈修會靈的處所。然而在還沒有無上旨無極眞元天壇之前，無極眞元玄樞大寶殿即作爲會靈靈修的暫時性空間。等到天壇整建完成之後，大部分的會靈者都在無上旨無極眞元天壇的各層樓會靈靈修。但我們有時還是可以看見有部分的靈乩會來此會靈，寶殿前的空間備有茶水以及休息的桌椅，可讓來此會靈靈修者擁有休息的公共環境空間。此處的儀式性行爲多已拿香拜爲主，少數會靈者，至此會靈靈動，哭泣哀嚎，但此場景還是由後來新建完成的無上旨無極眞元天壇取而代之。

5.4 第二道場：「眞元」（考核歸元臺）

「無上眞元開山立聖地納乾坤」〔註 11〕。第二道場「〔無上旨〕無極眞元天壇」，於民國七十四年（西元 1985 年）黃阿寬再度稟承上天的降示，興

〔註 11〕 靈山玄文，手稿。

建第二道場以作爲會靈、元靈煉養與試煉的場域，於民國八十一年（西元 1992 年）竣工完成。無極眞元天壇樓高五層，計兩百尺，圓形直徑一百零八尺，象徵天文 108 顆星宿。每殿供奉無極界的神聖仙佛，越上層越接近靈修的圓滿境界。也因如此，無極眞元天壇的建築外觀象徵通往靈山仙境的靈脈轉成樞紐。以仿製中國大陸北京天壇的形象，象徵中華文化道脈隨著龍脈渡峽之說，轉移至台灣淡水無極天元宮所處的地理位置。一個靈修者，不僅僅是追求心靈世界的家鄉樂園，這個家鄉樂園也以具體的形式建置在人世間的靈山寶地之上。這種追尋建造人間家鄉樂園的理念，也付諸於對台灣政治環境的需求與改善。也就是說，一個靈修者在承受如此多的試煉之時，也同時必須將所得的解脫之道，轉爲對國家社會之用，以達成個人生命的救贖與整體國家命運的安樂之道。

門　扁

無上旨無極眞元天壇

當靈修者經過第一道場的審核通過之後，即開始踏上靈修實踐之路。通過層層先聖仙佛的不斷考驗，以致有能力承接上天神靈所傳下的使命，領取無上法旨，以改造當前台灣政治社會國家的問題，藉以打造仙境家鄉之夢土，淨化人心，實踐大同世界的理想境界。這就是一個靈修者爲何需要接受「天將降大任於斯人也」的試煉之因。現在筆者將進一步說明，無極眞元天壇每一層樓的空間佈置爲何，且又如何藉由空間的佈置規劃，將無極天元宮寓意說明的宗教理念，傳達給來此靈修者。這裡筆者將以靈修者來到此處會靈的靈修順序爲主，所以以下筆者將從第一層樓依次向上說明其象徵意涵，以及會靈者如何透過每一層樓間的連帶關係，完成自身生命的修煉與完整性。

5.4.1 第一層：眞元中殿

〔圖二〕眞元中殿平面圖

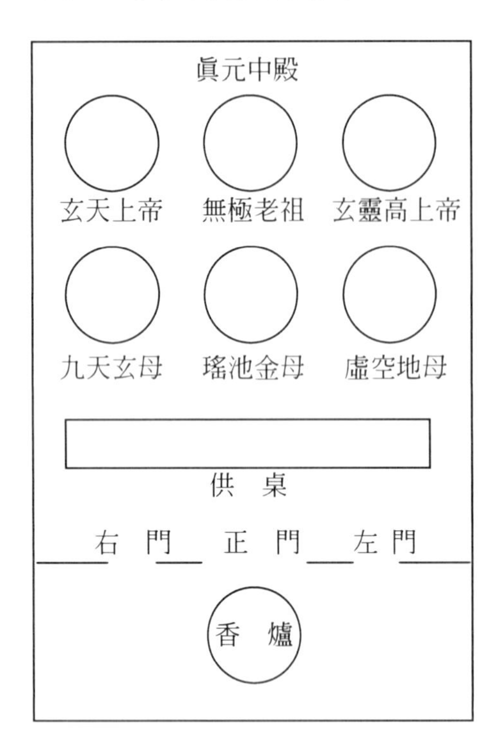

眞元中殿諸神正面（上圖）
側面（下圖）

進入無極眞元天壇馬上會見到金光閃閃的六尊大神，以及金碧輝煌的石堵裝飾。金色在傳統五行五色中代表金屬的陽剛之氣，堅硬的本質，象徵秋天的肅殺之氣，可以斷除各種邪門旁道之路，去邪歸正。〔註 12〕因此金色似乎展現出上天拯救世人的肅殺莊嚴之勢，也象徵靈修者若繼續修煉向上，必能登上光明之途。金色的裝飾，耀眼、強烈金光的不可逼視，也顯示出神靈的尊貴與威嚴，也讓人感受到一種永恆與超逸的神聖境界的想像。整座無極眞元天壇即以金色爲主要基調，讓人有如入聖域之感。

眞元中殿主要有六尊神靈，前排爲「三母」，後排中央爲「無極老祖」、左爲「玄靈高上帝」、右爲「玄天上帝」。這裡有兩尊神靈之前在第一道場已經出現過，即「無極老祖」與「玄靈高上帝」。「無極老祖」與「玄靈高上帝」再度出現，主要說明，兩尊神靈除了是作爲審核元靈是否擁有試煉資格的審

〔註 12〕李蕭錕，《台灣色》（台北：藝術家，2003），頁 109。

查委員之外，同時也是作爲此次試煉元靈的主考委員之二。兩尊神靈的出現，再度加強靈修者對這兩尊神靈的重視，也顯示這兩尊神靈在無極天元宮的神學位置上的重要性。此次玄靈高上帝的造型並無多大的改變，但無極老祖的造型則由坐姿變站姿，尺寸高度由小變大好幾倍，長白色鬍鬚也變長許多，可見無極老祖的重要性逐漸增強。長白色的超長鬍鬚，象徵迷失人間的元靈可以乘「鬚」返回家鄉。右手往下伸掌心朝上，象徵接引元靈回歸家鄉樂園的天父之手；左手托住象徵宇宙之始的「玄玄一炁」，象徵萬靈終歸一「炁」。

玄天上帝腳踏龜蛇二精的造型，則象徵台海兩岸的政治文化情勢，雖然分居爲二，但隨著龍脈、道脈（道統）的轉移，新的天山靈脈（即無極天元宮）的建立，玄天上帝隱含著北斗七星的信仰，七星鎖地護衛新靈山道脈（道統）的地理位置，也象徵道脈轉移至無極天元宮的合法性。這與無極眞元天壇的外觀建築造型，象徵政治性的中華文化道統，有其緊密的關聯性。所謂「七星寶地立三宮，日月鳳凰桃源鄉」。〔註 13〕

來此靈修者除了認識中殿這三尊男性神靈之外，還有三尊以母親形象出現的女神，即九天玄母、瑤池金母、虛空地母，合稱「三母」〔註 14〕。三母的結構是依據台灣民間宗教信仰的「會靈山」風潮所逐漸形成的。會靈山的風潮主要以靈山會母，說明元靈迷失人間返回母親懷抱的過程。所謂母子連心，建立起母親與孩子的身心連結關係。無極天元宮在此處雖然使用母子相關係的神話，但似乎還是想把子回歸母的關係，拉到子歸於父的關係。此種由子回歸母，再由母回歸至最終父的連結，反應「父、母、子」的三角關係，是以男性爲主軸。這可以從眞元中殿六尊神明的擺設位置中窺見。象徵天父形象的無極老祖擺在三母的正後方，與三母共同有享同一個元靈回歸本源（母）的神話象徵意涵。元靈回歸「母」的最終是要回歸天上的「父」，這種思維反應出華人以父系爲主的宗法制度結。母神的信仰，被男性神靈凌駕其上，建立起以男性爲主的神靈信仰圖譜與神聖空間。

整個眞元中殿的空間擺設，似乎一再地傳輸出元靈回歸的重要性。擺設以三母結構爲主女神神像，不斷地喚起靈修者的元靈（子）回歸母（本源）親的意向，之後再把此意向轉換到以父的形象投射出去。也就是說，元靈回

〔註 13〕 靈山玄文，手稿。

〔註 14〕 鄭志明，〈台灣西王母信仰的起源與發展〉，收入氏著，《台灣傳統信仰的鬼神崇拜》（台北：大元書局，2005），頁 165。

歸的初終，就是要回到天上的父那邊。從眞元中殿的男女性神靈的擺設上來看，將男性神靈擺設在女性神靈之後，以顯示男性神靈的權力大於女性神靈。這種空間上所傳述出的空間權力結構，也反映在宗教上的神聖空間之中，在華人的空間權力結構裡頭，放在中央代表中心的主尊神靈代表最大，最爲重要，然後再依照左邊大於右邊的傳統華人神聖宇宙的空間權力結構依次排列而下。〔註 15〕因此，我們就可以了解爲何在一個以靈山會母的靈修實踐體系中，無極天元宮的神學教義結構依然是以父系或父權的結構爲主。

5.4.2 第二層：眞元三佛殿

靈修者經過第一層元靈回歸的教示之後，接下來則是開顯內在本源的特質，也就是人內在的本性、自性。無極天元宮認爲，人自身內在的「眞」正本「元」，蘊含著三個特性。而這三個特性是構成我們內在的本源，本源隱含源頭，象徵「母」。會母的過程，也象徵追尋本源的過程。追尋本源的過程的最終目的就是要開啓我們隱藏於內在的這三個特質，也就是我們的自性。因此，眞原三佛殿的設立，即是要告知靈修者所要追尋的內在本源，就是隱藏於我們內在的這三個自性。所以眞元三佛殿所奉祀三佛爲：「無上眞」、「無上元」與「無上佛」，合稱「自性三聖」。

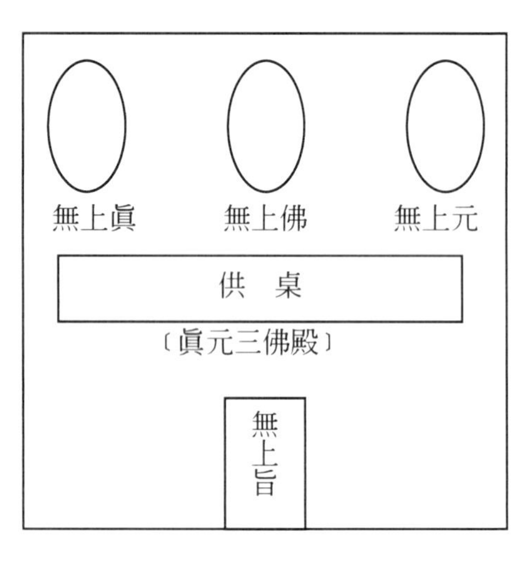

上圖：自性三聖
右圖：眞元三佛殿簡圖

「無上眞」在梅花五龍池時，已經出現過。但這次在此所呈現的型態，則脫

〔註 15〕潘朝陽，〈「中心——四方」空間形式及其宇宙論結構〉，《師大地理研究報告》23（1995）：83～107。

離較天眞可愛的童子後天形象〔註 16〕，轉爲高大佛像的立姿型態。自性三聖，三者皆以佛像的型態出現，象徵佛教追求本性之意。以三尊呈現，是結合三母會靈的結構，形成「外會三母，內開三性」的對等結構。「三」的基數結構是無極天元宮最常出現的型態。這與基數屬「陽」的陰陽五行結構有關。〔註 17〕自性三聖的神像造型色調以褐色呈現，象徵人心樸實的一面；以紅豆杉木質結構雕刻而成，顯示人內在木訥本質；以金邊勾勒神像大體輪廓，顯現莊嚴之感。

神像的排列方式，以中央無上佛，象徵人內在佛心的開顯本元，因此居於本殿中央，也是本殿欲告之靈修者的核心本義。無上佛的造型，右手手持拂塵，象徵幅去內在本性所佔染的塵埃；左手以食指、中指、無名指三指，象徵三元聚足後，則三陽〔註 18〕開太平。左邊無上元，象徵人內在的本元，也就是指靈修者的元靈之意。無上元的造型右手持佛仗；左手拿袈裟披肩，象徵追求元靈本元的長途探索精神。無上眞手持的法器意涵，大體不變，即以筆啓開元靈、點出人的自在本性，然後以鏡照出元靈、本性之形。

當靈修者已開啓元靈（無上眞）追求本元（無上元）開顯本性（無上佛）之後，說明靈修者即可領取無上法旨，承接天命。

懸掛於正門上的「無上旨」

眞元三佛殿之一角

〔註 16〕所謂的後天形象，即逝旨在色彩上的運用。無極天元宮認爲，越上界的神靈，其神像造型與色彩，則越簡單越樸實純粹，象徵神靈靈體與本質的「潔淨」。

〔註 17〕呂理政，《天、人、社會：試論中國傳統的宇宙認知模型》（台北：中央研究院民族學研究所，1980），頁 36～40。

〔註 18〕「三陽」，指青陽、紅陽、白陽三期。也就是無極天元宮用以救劫的時間觀。

5.4.3 第三層：眞元玉皇殿

第三層眞元玉皇殿，供俸無極金光玉皇大帝，與兩尊護衛：王天君與托塔天王。此處的玉皇大帝以金光冠頭銜主要在於區別後天的玉皇：玄靈高上帝。也就是說金光玉皇是作爲先天無極界的行政掌理者。當靈修者已開顯本性之後就是要到此處，稟告玉皇。

看看靈修者是否擁有領取法旨的資格，也就是說靈修者在開顯本性之後，必須再次經過無極界的金光玉皇的審核通過，才能繼續前往更高的修煉層次。

〔圖三〕：真元玉皇殿簡圖

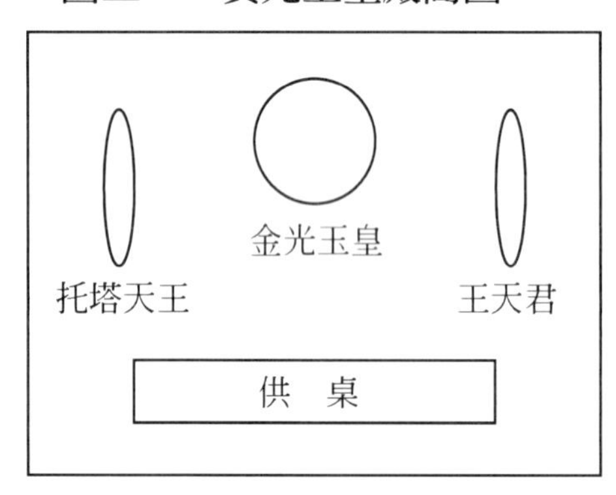

金光玉皇的神像造型爲了顯示其尊嚴，以全身金光閃閃的色調象徵。一方可以作爲區隔金光玉皇後天神靈界的行政管理者——玄靈高上帝，說明托塔天王王天君自身身份來源於上界的元始天王之分身，與後桌天源於關公人格信仰轉變而成玉皇的差異。因此，一個以紅臉顯示；另一個則以金面表示。

另一方面，以全部金色來突顯金光玉皇的另一原因，是爲了作爲與更上界神靈的區隔。因爲再通往更上界的神靈，其本體則更爲純粹。在色彩的運用上相對地也較爲單純。所以，眞元玉皇殿的色彩運用，是作爲無極眞元天壇神靈界高低次序的重要分野。

5.4.4 第四層：眞元五老聖上殿

靈修者若已達到五老的修煉程序，則儼然已進入仙境家鄉。五老配置五方，代表靈修者已能通達五方聖域，彷如如入靈山。五方以五老化現，象徵五老之靈護祐來自五方聖域的元靈，下應元靈，促使元靈往更高的層次提升。五老分別是：黃老、木公、金母、水精子、赤精子。金母，極瑤池金母，已在第一層眞元中殿出現過，色彩較爲多樣，跟此處的金母相比較爲炫麗。由於此處已經是靈修者，通往修煉目的地的倒數第二層，也代表靈修者的元靈與在此層級的靈體越來越純淨，幾乎已化爲無形無相之徵，非人的肉眼所能觀之。因此，此處的神像造型與材質，以白玉石雕刻而成。白玉石的神像造型，象徵靈體的潔白純淨、不染塵。也代表靈修者的元靈已拭去人間污濁塵埃，如玉般質樸，才能與五方聖靈溝通。

五尊神像以金線勾勒出大致的輪廓，有的神像上的圖文裝飾，以陰陽爻代表五尊神靈所屬的特性。如：南方赤精子屬火，神像上的圖文裝飾就以陰陽爻掛畫出，以代表火的屬性。

五　老

色調純淨的金母

〔圖四〕：真元五老聖上殿簡圖

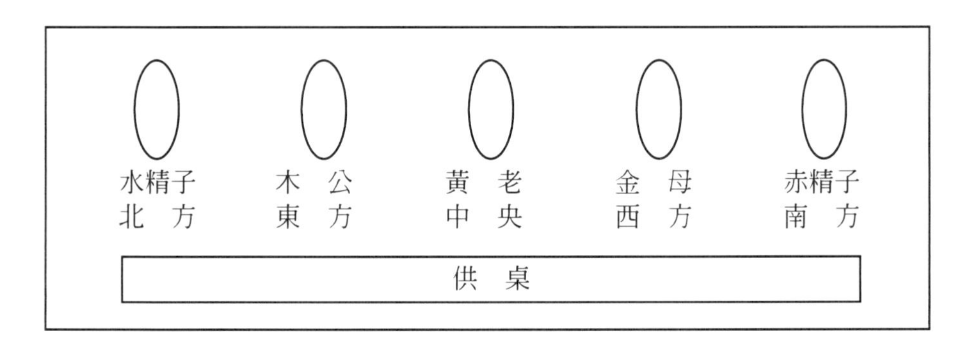

5.4.5　第五層：眞元三清殿

第五層是無極眞元天壇最高的一層樓，也是靈修者最後的靈修場域。這裡空間主要有，三清道祖和無極老祖的金身法相。三清道祖代表道的宇宙之最高層級，修煉至此的元靈也象徵著可以得道、悟道宇宙奧妙之玄理。這裡的空間佈置極爲特殊，別於一般民間廟堂的空間設計感。三尊道祖的金身，與五老的金身石材一樣，顯得簡單樸實、潔淨莊嚴，並也是以金線勾畫出三清道祖的基本輪廓，顯得莊嚴肅穆。三清道祖正前方的神像，即是「無極老祖」。此次以全身燙金的樣貌出現，加上雪白的髮鬚，顯得德高望重，氣宇非凡。無極老祖腳踏日月，象徵宇宙創造之主，右手舉起掌心打開，有號令群靈之勢；左手與先前的第一道場和眞元中殿的無極老祖造型一致，皆手托玄玄一炁之金輪，有控掌宇宙造化之權。左手後方有經卷數冊，象徵記載宇宙奧秘之無字天書；右手後方的葫蘆，則象徵內藏解救重生之金丹妙藥。能修煉至此的靈修者，代表修煉大已完成，得道，且必須領取天父（無極老祖）的法旨以弘道。

上左張照：眞元三清殿全貌；上右張照：無極老祖金身
下左張照：霓虹的藻井；下右兩張照：無極老祖腳踏的月與日

左上圖：玄玄一炁、日與月
左下圖：108顆星宿

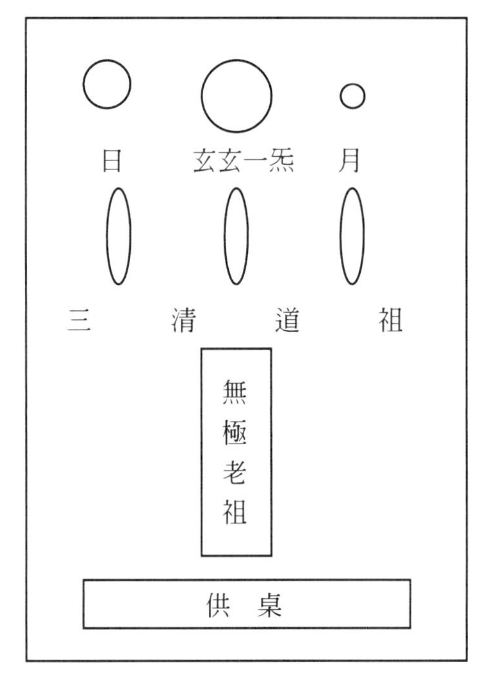

〔圖五〕：真元三清殿簡圖

三清道祖神位的正上方，裝飾著一顆金球、一顆紅球和一顆黃球。這三顆球分別代表，玄玄一炁、太陽與月亮，象徵宇宙萬物皆由一炁所創生。眞元三清殿的藻井以淺藍的色調爲基礎，畫出千萬霓虹。燈飾以一百零八顆白色燈泡，象徵宇宙中的星宿，至於白色燈泡中央的黃色燈泡，再度表示象徵創始宇宙之玄玄一炁。整個眞元三清殿，如入宇宙眞空之妙境，進入神異迷離的萬有世界。

5.4.6　小結

無上旨無極眞元天壇大致可以分爲兩個層次來說明，一層是整體建築外觀；另一層試內部每一層樓的空間佈置規劃。就整體外觀而言，無上旨無極眞元天壇以仿造中國北京天壇的形式，說明自身權力來源的合法性。天壇象徵中央政治的權力機制，無極天元宮把此象徵以模擬仿造的方式，先將天壇的象徵意涵以龍脈渡峽說轉渡到無極天元宮的無上旨無極眞元天壇的建築意向上，然後在結合宗教上的救贖論述，使無上旨無極眞元天壇，成爲一種政教合一型態的空間。另一方面，每個來此靈修者來此處修煉，就是要擔負起以救贖爲目的的旨令。靈修者經過每層樓裡的空間象徵意涵的啓迪之後，逐漸地使自身得至解脫，解脫之境如同回歸夢寐以求仙境家鄉般，並進而承擔起自渡渡人的天地使命。整座無上旨無極眞元天壇，就是以此型態呈現。

〔**儀式行為**〕

靈乩來到無上旨無極眞元天壇，代表必須經過層層的修煉與考驗過程。靈乩初到第一層樓眞元中殿，即展開靈山會母的儀式活動，靈動的身體不斷地比劃著天地，已帶有天命的靈乩，引領新靈乩將自身元靈與三母會通，元靈的萌芽過程新靈乩會不斷地哭訴自身爲何遠離母親的身邊，離開天堂聖境般的家鄉仙境，墜入滾滾紅塵之中。在靈山會母的過程中，母娘的神話不斷地藉由儀式性的身體展現而出，神話意涵被具體的呈現出來。元靈的會通之後，在無極天元宮中象徵天上的父──「無極老祖」隨之帶入，靈山會母的儀式性象徵開始轉向具男性象徵的「家鄉／家庭」結構。回家的過程由靈山會母的儀式展開，而眞正回到家中等待元靈回歸的是象徵父親形象的無極老祖。在眞元中殿的靈山會母的儀式完結之後，接下來則是進入第二層：眞元三佛殿。

來到眞元三佛殿的會靈者，靈動的身體動作極爲強烈、誇張。抖動的身軀，跳著靈舞，大聲唱和出願起開人性本來面目之道。已帶有天命者的靈乩，與願啓開靈性的新靈乩，交互對唱，如同歌仔戲戲碼，演出一段段願授天命的姿態。有時跪倒在地，悲鳴不斷；有時不斷在大殿中大跳，比出武術般的拳法，以展示領取無上法旨的決議。眞元三佛殿，可以說是無上旨無極眞元天壇的靈乩靈動最激烈的樓層。據來此會靈的靈乩表示，要開啓人的本眞本性，是極爲困難的。因爲在人世間要掙脫我們習以爲常的慣性，極爲不易，因此當在會通自性三佛時，也象徵著人性邁向神性的掙扎過程，所以此處的靈動者，無不使出渾身力氣，將墮落的人性移除。

到達第三層樓眞元玉皇殿，即是領取先天無極法旨的空間。靈乩至此，多以跪拜的型態，請領金光玉皇頒發旨令。每個靈乩至此領取不同的旨令，並依其旨令展開渡化眾生的使命。接下來則來到第四層樓眞元五老聖上殿，會通五老。五老象徵五方、五洲配置五方聖域。靈乩在領命之後開始配置五方，依其指令分封五方，新靈乩在此依據已帶天命的靈乩，告之所屬本位及果位。在分封的過程，靈乩靈動的身體動作已趨於緩和、柔順。最後則到達最後、最高的一層樓：眞元三清殿。至此的靈乩大都趺加扶坐，靜坐修行，在此殿中體認宇宙大化之「玄玄一炁」妙理。有的靈乩雖在此打坐，但身體還是會不停的搖晃著，但大夥在此靜坐修行都已無之前激烈的靈動狀態。靈乩至此大致儀式性的完成自我本性的修煉過程。有的靈乩每週都會來會不同層的神靈，依其自身靈修的境界不斷地精進。

5.5　天山聖境的林園設計

從無極眞元玄樞大寶殿往後走，即可看見無極天元宮精心打造的天山聖境。天山聖境位於將來預定興的建無極聚元三聖宮之旁。天山聖境由「天山池」、「三山波」、「天山怡園」與「無極天山五老臺」三個主要區域構成。以下分別說明此三個區域個別的象徵意涵。

天山聖境之一景

5.5.1　天山池與三山波

靈修者經過了修煉領命之後，即在天山池與三山坡前領取金衣玉帶，準備返回家鄉仙境。所謂「母慈望子回懷抱，會在三山波池前；領回天衣金玉帶，天命三陽八八命。」〔註19〕天山池以石材砌製而成，池上立有一石碑，刻有天山池的字樣，代表此池水如同大陸天山瑤池之水。天山池後即爲三山波，三山波以三顆尖石立於波水上方，以象徵三山波之意。天山池與三山波二者構成，象徵元靈修煉完成，回返家鄉仙境的通道與入口。

〔註19〕靈山玄文，〈三山波〉。

5.5.2 天山怡園

領取天衣玉帶穿帶整齊之後，則開始返回家鄉仙境之旅程。在進入天山怡園的路口之前，立有一石碑上面書寫著——萬靈群眞岩，象徵修煉完成的元靈必須通過山川莒林的艱辛路途，一步步登回天上的家鄉仙境。所謂萬靈群英聚集天元山……聖玄引導迎接眾群英。〔註 20〕天山怡園依山勢而建，所開路徑高地起伏，曲折綿延，不易行走，大概是為了讓來此靈修者，實際地體驗一下萬靈回歸家鄉的眞實之感。

5.5.3 無極天山五老臺

走入天山怡園不久之後，即可看見一座八卦形式的石造亭子。石亭上有一扁，上面書寫著「無極天山五老臺」。也就是說，這個石亭子是五老在天山會見萬靈的地方。石亭子老內部有一張圓形石桌，配有五張圓注形石椅。桌上中央放有一個丹爐，丹爐旁依照五行五個方位，放有五個杯子。以上的設備都是給五老來使用，一般人與元靈是不可以隨意進入亭子內的。無極天山五老臺內部不立神靈的任何造像，象徵神靈已經如同「氣」（甚至是「炁」）一般的柔和純淨，不為普通人所能捉摸。另一方面也象徵無極天界的眾神靈，已不具有任何形象，要與之相會，必須經過一定的靈修試煉才能與之相通。

無極天山五老臺外觀

五老在天山的休息地區

〔註 20〕靈山玄文，〈萬靈群英聚集天元山〉。

5.5.4 小結

整個天山聖境的的園林設計，基本上以隸屬於無極天元宮第三道場：「聚元」的部分。來此處的靈乩，即是修煉有成的靈乩，且準備披戴金衣，回歸各自所領取旨令的果位。崎嶇的園林設計，依照天山聖境的意向打造而出。天山聖境園林旁的空地，就是作爲未來籌建無極天元宮第三宮的「聚元」道場。目前這塊空地，長作爲無極天元宮的臨時法會之用的場地，並且也有許多靈乩會在此處靈動。

〔**儀式行為**〕

此處靈乩的靈動型態，已別於在第一道場與第二道場的型態。我們可以看見此處的靈乩，已可以拿著各式各樣的兵器在此揮舞。有的手持寶劍、有的手握琅犽棒等法器，在廣場上靈動揮舞。此靈動揮舞，有點修煉有成，開始展示自己所學的技藝之意，以說明自身已經可以具有斬妖除魔的資格。藉由身體的靈動，再次把會通神靈界的功法一一呈現在世人面前，讓未受啓靈者感受神聖力量的展演。

5.6　第三道場：「聚元」（龍華宴）

慢慢地穿過天山聖境的山波芎林之後，路徑逐漸平坦，易於行走，此象徵元靈已經快要到達家鄉仙境前的康莊大道。走沒多久，即可看見第三道場尚未興建的預定地與未來籌建第三道場的造型樣品屋——「無極聚元三聖殿」，這與籌建第二道場時的方式一樣，先把預興建的造型已較迷你的方式建造完成，以讓來此靈修者瞭解整個無極天元宮的完整體系。

5.6.1　無極聚元三聖殿預定地

無極聚元三聖殿的預定地就在無極三聖殿之前方的空地，整個空地尚未開始興建。據無極天元宮方面表示，興建第三道場的工程龐大，建地目前也尚未購置完備。「聚元」代表萬眾元靈齊聚一堂，也說明達成上天普渡萬靈的使命，然後以龍華宴設宴慶祝，象徵接受完成考核的元靈的慶功宴。所謂「三曹對案人間辨，普渡收圓大聖事，萬神萬佛齊降臨，倒裝下凡誓願成」〔註21〕。由此可知，作爲無極天元宮三大道場的最後一個收聚萬靈的大道場——「無

〔註21〕靈山玄文，手稿。

極聚元三聖殿」，等到未來興建完成之時，其氣勢必定比無極眞元天壇更加宏偉。目前廟方先把一部分的預定地規劃成花園。花園上所排列的圖示，則以玄玄一炁、日與月的圖示呈現。以此圖示呈現，再度向來此靈修者或香客，傳達無極天元宮核心的神學教義。另一部分，則先規劃成空地與停車場，以作爲臨時法會之用。

圖中的建築物爲聚元三聖殿的展示屋
建築物的前方是聚元三聖殿的預定地

未來將興建的三聖殿依天山法脈而立

5.6.2 無極聚元三聖殿（展示屋）

無極聚元三聖殿的展示屋造型，以一座象徵號令台的形式呈現。內部供俸象徵無極天元宮三期末劫時間觀的三位教主，即青陽期的然燈古佛、紅陽期的釋迦牟尼佛與白陽期的彌勒佛。三尊神像以白玉石的石材雕製而成，象徵三期教主的純淨崇高之意。殿內除了三期教主之外，還有護法「風、調、雨、順」。也就是風：持國天王、調：廣目天王、雨：持聞天王、順：增長天王，合稱「四大天王」。四大天王除了作爲三期教主的護法之外，也象徵聚元之後，人間天界皆風調雨順，沒有天災人禍，萬世太平安康。這也反映出人們因世間苦痛而希冀有個太平聖世的到來。

（左）釋迦牟尼佛、（中）彌勒佛、（右）燃燈古佛

風：持國天王

雨：持聞天王

順：增長天王 調：廣目天王

5.6.3 小結

當靈修者穿過這一連串建築空間佈置之後，即象徵靈修者由一個本來未受開啓元靈的平凡之人，逐漸成爲一個開啓靈性，並可以承受上天所交付的使命，不畏人間痛苦磨難所擊倒之人。成爲一個刻苦助人，自渡渡人的靈乩，最終達成使命，打造人間家鄉仙境，使每個人都能在此獲得解脫，不再爲生死所苦的靈山仙境。無極聚元三聖殿，就是靈乩修煉的最後成果，各個元靈

完成使命，回歸仙境家鄉，齊聚一堂，大開龍華聖宴象徵慶賀太平盛世的到來。所謂「普化歸宗娑婆化白蓮，渡盡元靈大開龍華宴」。〔註22〕

〔儀式行為〕

此處的儀式行爲，以燒香拜拜爲主，因爲這裡是禁止任何靈動的儀式性行爲，必須保持肅穆安靜。這也顯示天山聖境爲嚴肅清靜之地，不可有任何打擾的儀式行爲。「聚元」代表萬靈各歸其位，世間已開太平，每個人皆以修成正果，所以不再有任何人會有任何疾病或苦難。因此，此處也就不再需要這些靈動等大動作的儀式性行爲。燒香、祈福、祝禱，成爲神聖境域的靈性展現，希冀太平盛世的永恆與長存。

5.7 本章總述

隨著不同建築空間的佈置，暗示靈修者所應達到的目的。從第一宮：無極天元宮、第二宮：無上旨無極眞元天壇、到最後一宮：無極聚元三聖殿，三宮並列成爲元靈修煉的三大道場。三大道場分別象徵開啓靈修者的元靈，並承受上天使命完成第一宮之意：「天元」；接著修煉元靈的本眞，從外會三母、內開三性、再到命令受旨，洞見宇宙「一炁眞元」所顯化的「一炁化三清、三清化五老」的宇宙創生之眞理，完成第二宮：「眞元」之意；最後元靈開啓，完成使命，元靈渡盡，完成「復古、普渡、收圓」三大聖事，萬靈領命盡歸本位，齊聚一堂，大開龍華宴，三聖與萬靈齊聚，共治靈山仙境，完成三曹普渡大收圓，成就第三宮：「聚元」之意。所謂「七星寶地立三宮，日月鳳凰桃源鄉；復古收圓三宮命，極一天元待命行」。〔註23〕

〔註22〕靈山玄文，〈無上玄玄辛亥降命昭書（三）〉。
〔註23〕靈山玄文，手稿。

結 論

當我們漫遊淡水無極天元宮的建築空間之後，使我們可以了解爲何無極天元宮爲何要在空間的佈置規劃上，多所琢磨。就目前筆者的研究成果，主要聚焦在淡水無極天元宮如何將其神學教義，賦予其建築空間與空間規劃之上，而空間又如何將其被賦予意義之後，反過來作爲宗教傳播的救贖場域。也就是說，藉由空間神學交相連代的關係，可以讓我們更了解台灣民間神學的空間向度。此探索方式，即是爲了開啓台灣宗教學研究另一種視域邊境。其他與無極天元宮相關議題，如：無極天元宮的政治性議題、或是無極天元宮與其他靈乩廟互相連誼的關係、甚至靈乩靈動身體與無極天元宮的關係、或無極天元宮每一個空間隱含的象徵儀式性行爲的深入分析……等等，都有待作進一步研究，也是筆者在此篇論文尚未觸級的面向。

筆者在此篇論文所論及的空間神學，即是先將無極天元宮廟宇建築空間加以分類，提出「天」、「人」、「地」的三種類型。此三種類型主要針對無極天元宮，在「神靈界」、「靈乩」與「靈脈」所展開的空間型態爲主。在神靈界方面，論及無極天元宮的如何運用華人傳統民間的神話宇宙論，加以篩選、拼貼、整合，以致提出四種無極天元宮的主要神話類型，這四種神話類型，依筆者的觀點認爲，無極天元宮基本上以華人傳統民間教派的宇宙觀爲基調，尤其是彌勒信仰的救劫觀念，以其宇宙生成的時間觀爲背景，展開一系列符合此基調的救劫神話運作關係，此種關係拓及瑤池金母的失樂園神話，加強無極天元宮在「會靈山」風潮的參與性，並以「靈山會母」說明元靈修煉的目的，然後再繼續推及華人「炁」的宇宙生成神話，逐漸構築出無極天元宮的修煉價值體系，以至最後在統馭萬物秩序的神話之中，奠定整個無極天元宮的神話宇宙觀之世界秩序。無極天元宮有關「天」的類型神話論述，之後歸結在靈乩黃阿寬個人的神話創意，逐漸構築神話降生體系，以及緊接在靈乩作爲「神人」特質的新時代薩滿現象，把靈乩的修煉模式接連到整個神話宇宙觀的降生模式之中，構成筆者對無極天元宮所進行的第二種類型分類「人」的類型之中。

無極天元宮的第二種類型「人」的類型，主要說明靈乩是否與傳統的薩滿現象（如：道士、法師、乩童、天才、母娘乩……等等）有所差異。藉由無極天元宮的主要創建者之一，也是無極天元宮主要通靈者黃阿寬的論述，提出對於台灣當代的靈媒系譜的判教系統，而分爲「道術法門」、「太極法門」與「無極法門」，並將靈乩至於自我通靈論述體系中的最高階級，而形成一套富有進化論色彩的「乩」之演化過程。也就是說在「道術法門」與「太極法門」的通靈者，可以藉由「會靈山」的靈修實踐過程，使自己的通靈意識更加完整，而無極天元宮的空間也正代表可以提供通靈者增進通靈品質的空間場域。因而提出無極天元宮作爲「道場非法場」與「普渡與收圓」的空間性質界定。黃阿寬對於無極天元宮空間性質的界定，讓我們可以清楚的瞭解無極天元宮的空間特質有別於一般的民間信仰的空間型態。這種對於空間特質的界定，也產生於無極天元宮所在的地理空間位置。這也就可以進入筆者對無極天元宮空間神學分類的第三種類型，「地」的類型。

在「地」的類型方面，無極天元宮以「靈山」的概念，藉由華人傳統的風水觀「龍脈渡峽說」轉接崑崙、天山的仙境意向，把其仙境意向整個搬到無極天元宮目前所的地理空間位置。另一方面，「靈山」的概念，也從地理空間的型態，擴及到作爲人體修煉場域的處所。「靈山」的概念，因此隱含著雙重特質。一個來到無極天元宮會靈山的靈修者，所會通「靈脈」的不只是空間神學上的地理空間位置，同時也是直指自我內在本性的靈山隱喻。「會靈山」看似會通一個向外的宗教上地理空間圖示，其實「會靈山」也是一個會通自我內在自性的身體空間場域。「會靈山」不管是向內還是向外，皆以「靈山」作爲起始點，打通人內在與外在的交通連結，回到靈乩修煉所欲求的天人合一境界。除此之外，「道統」的論述也在「靈山」的概念中發生關係。也就是說「會靈山」就不只是人內外在關係的相互接連關係而以，還是靈乩承接上天使命延續道統的靈修目的之一。也就是說，「會靈山」即是承接上天使命，而這使命是在無極天元宮深受國民黨黨國教育的背景底下產生，因而也就反映在其神學教義之中，構成「會靈山」與「靈山」的多義性。

筆者對於無極天元宮空間神學的三種類型論述之後，即以此三種類型說明無極天元宮所成立之三大道場的空間佈置。從第一道場：「天元」（南天考核台），說明靈乩至此如何藉由空間的佈置規劃，經過儀式性的作用，對於來此靈修者產生莫大的影響。從「梅花五龍池・無上眞」啓開靈修者的靈性，經過「天聖門・玄靈一」的由俗轉聖過程，至第一道場，向諸神靈告知願加入靈修會靈的行列，以獲得生命的內在眞實解脫。之後至第二道場：「眞元」（考核歸元台），也就是五層樓仿北京天壇的圓塔建築。五層樓由不同的神靈進行對元靈的考核與試煉。從第一層樓眞元中殿開始，透過「靈山會母」的儀式性行爲，讓靈修者了知靈修的目的。接著即進入第二層樓眞元三佛殿，由自性三佛開啓，元靈的自在本體，明晰自身的元靈爲何，以作爲進入引領天命的開端。然後至眞元玉皇殿，向象徵無極界的金光玉皇領取天命，以進入最後隸屬於靈乩靈修體系「一炁化三清、三清化五老」的神秘靈修系統。此靈修系統分別分置在第四層樓的眞元五老聖上殿，以及眞元三清殿。靈乩至此大致完成靈修的儀式，之後即可至天山聖境領取金衣玉帶，重返仙境家鄉。未來無極天元宮即將興建的第三道場：「聚元」（龍華宴），即象徵萬靈各歸其本位，齊聚一堂，大開龍華聖宴，以慶祝靈乩渡化眾生有功，修行圓滿，進入太平盛世的仙境家鄉。整個無極天元宮的空間佈置規劃，即依其神學教理的意涵，付諸實現。這也就是筆者在此篇論文所論述的焦點。

在論文即將進入尾聲之際，以下就其目前研究的內容，大致再提出以下三點，說明無極天元宮空間神學的特質。

（1）空間作為民間宗教傳播教義的功能

台灣民間宗教的寺廟空間，常常把許多關於崇祀對象（主神）的神話事蹟，作爲廟宇石壁牆堵的繪畫內容。主神所安排的權力空間位置，讓信仰者一目即知本廟由誰當家。主祀神與陪祀神，天兵神將空間位置安排，以華人傳統陰陽五行的空間區位，說明華人所應尊崇神靈信仰權力機制的圖譜。也就說崇祀哪種主神，將會涉及寺廟空間佈置的功能性價值。這種功能性價值，其實是作爲傳播華人傳統文化價值信念的方式，以寺廟空間的佈置規劃形式呈現。這時所謂華人民間宗教的教義，其實就是華人社會文化的價值信念。寺廟空間在此只是成爲縫合宗教教義與社會價值的信仰場域。換句話說，台灣民間宗教所要傳播的神學教義理念，其實就是複製、增強、甚至是合理化華人社會文化信念的價值體系；宗教反過來也得到整個華人社會文化價值體的支持。

無極天元宮的空間神學基本上就是以此種方式，喚起華人集體意識的鄉愁，建立起一套龐大的神學教義系統，以空間的作爲傳播或說再度喚起華人社會文化價值的鄉愁。不朽永生的生命型態、「天將降大任於斯人也」的文化神聖使命、及道德倫理秩序的整合與收編，憂國憂民、斯土斯情，個人與社會，甚至是國家民族，在整個空間巧妙營造中，傳達給底層文化的信仰群眾。空間成爲宗教神學教義的傳播機制，依造不同宗教信仰價值被所賦予。空間與神學形成相互辨證、相互證成的關係。

（2）呈現陽性空間的信仰場域

台灣民間宗教信仰的神祇以男性神靈居多，無極天元宮也不例外。無極天元宮崇祀的神靈只有「三母」與五老中的金母，是屬於女性神靈。若在加上曾經在中國文化下由男轉女的觀世音〔註1〕的話，也才有五尊神靈，與其他男性神靈的數目一比較，實在相差甚遠。這種信仰型態，與華人的陰／陽概念有很大的關聯。陽尊陰卑・乾坤定位，東方是太陽昇起的方位，屬於光明，所以是陽性的象徵；西方是太陽落下的方位，屬於黑暗，所以是陰性的象徵。〔註2〕因此在無極天元宮五老的神靈架構中，東方是木公（陽、太陽、光明、男性），西方是金母（陰、月亮、陰暗、女性）；玄玄一炁與日及月的擺設位置，也以日居東方，月居西方，玄玄一炁居中的方式呈現。其中玄玄一炁的居於中位，運用的色彩也以金色象徵光明與宇宙能量的原初，顯示出整個陽性極大化的宗教宇宙觀。這個以陽性極大的宇宙觀，正展現在無極天元宮的空間建築之中。以無極天元宮第二道場的無上旨無極眞元天壇第一層樓眞元中殿的神像空間擺設，更可以突顯出其陽性極大化的神聖空間。男性神靈接擺在女神之後，尤其象徵無極天元宮的最高創造神靈「無極老祖」，擺設在眞元中殿的最重要的中央位置。女性神靈則擺在男性神靈之前，且位置較低，其神靈位階在其位置空間擺設上顯示女性神靈的位階低於男性神靈。

除此之外，無極天元宮的空間色彩，大致使用潔淨的白色、金碧輝煌的

〔註 1〕觀世音的性別轉變研究，可參閱于君方，〈找尋女性觀音的可能前身〉，《香光莊嚴》59（1998）：40～50。

〔註 2〕Leslie Kanes Weisman，《設計的歧視：「男造」環境的女性主義批判》（*Discrimination by Design: A Feminist Critique of the Man-Made Environment*），王志弘、張淑玫、魏慶嘉（合譯）（台北：巨流圖書，1997），頁 22。

黃色與七彩的霓虹。這些色彩的運用顯示無極天元宮作爲打造天堂聖境的意向，讓信仰者如入靈山仙境。色彩光明的天堂，再度與黑暗混濁的滾滾人間紅塵，形成強烈的對比。象徵天上仙境的宇宙大化世界，成爲光明的前程與未來，爲男性的至上神——「無極老祖」所統管；象徵地上的自然之境，是黑暗的沒有秩序的渾沌大地之母。在自然的大地打造光明的天堂，象徵男性價値的探索與秩序的建立，統馭女性黑暗大地的過程。無極天元宮的三大道場，就在這大屯山系的自然之境中，顯示宇宙秩序、自然秩序與人爲秩序的確立。以其建築空間之勢，聳立在群山之中，宣示主權。

（3）作為個人崇拜的空間隱藏模式

在無極天元宮的神靈數中，無極老祖是出現過最多次的神靈。因爲作爲無極天元宮的至上神，從第一道場開始，無極老祖就不斷地出現，總共有四次之多。冠居其他神靈出現的次數。無極老祖的出現，除了隱含無極天元宮的創造宇宙之神的地位之外，也說明無極老祖與其他神靈的關係。無極老祖以不同的方式降生下化成「彌賽亞」的可能性，先從（一）象徵無極天元宮的先天時間觀，三期末劫彌勒下生的觀念引發時間性的第一種下生可能；再從（二）無極老祖作爲宇宙創造之主，開出一炁化三清、三清化五老的神靈圖譜，預示三清中的元始天尊與元始天王的雙身關係，說明另一層炁化宇宙神話元始天王作爲宇宙之主下生的可能；經由（三）以金光玉皇與玄靈高上帝（關公——玉皇）的關係，作爲管理人間秩序的主宰者的下生的可能，形成爲了統馭人間秩序的政治性降生。

這三條降生下化的路線，分別可以在第一道場無極天元宮、第二道場第一層眞元中殿、第三層眞元玉皇殿、第五層三清殿的神像擺放位置可以看出，無極聖祖接放在正中央的位置，與其並列中央的神靈分別與無極聖祖產生關聯，這種關聯性隱含說明作爲無極天元宮至上神的無極聖祖，可能降生下化。如：第一道場無極天元宮的第一條主線，無極聖祖與彌勒及玄靈高上帝同放在神龕的中央位置；第二道場眞元中殿無極聖祖與玄靈高上帝及玄天上帝同在神龕後面同一排，代表三者間作爲不同功能間的分化關係。無極聖祖的前方爲三母，靈修者先進入外會三母的靈修程序，逐漸彰顯無極聖祖與三母之間的接合關係，會母的最後是要回到天上父親的身邊。

靈修者不斷地修煉最後發現，承接上天使命者作爲無極天元宮普渡眾生的引領者，即是當初傳達上天旨意的黃阿寬。也就是說，黃阿寬是作爲上天傳差下凡人間的天地使者。傳差黃阿寬的神靈即是無極聖祖，無極聖祖又有其降生下化的可能。然而，黃阿寬認爲作爲靈乩只要透過一定的靈山修煉法門，就可以由被動的乩身層次轉爲主動修煉成仙、甚至是神的主動性通靈者。這也就是黃阿寬所認爲的聖乩層次，既是神靈傳差下凡者，又是可以修煉返回天界的元靈，兩條路線構成黃阿寬本是上天傳差下凡者，到最後成爲無極老祖的降生下化者，以作爲上天神靈下化成人，來普渡眾生、引領群靈。但目前隨著無極天元宮靈乩間的權力之爭，聖乩黃阿寬依然還是居於主導地位，使得原本的神聖計畫，依就可以施行。聖乩黃阿寬一手所打造的靈山仙境計畫，在其雛型大致完備之後，將廟宇的主要事務，托於財團法人組織。由廟中的管理委員會之人員來經營與管理。聖乩黃阿寬則另起爐灶，在石碇火格頭龍虎山創建另一靈山道場：「無極天明宮」，但無極天元宮的第三道場依然繼續延續之前黃阿寬的神學理念，逐漸完成。此種現象有待進一步更深入的研究。

以上是筆者對於無極天元空間神學的幾項特質的提出，以說明無極天元宮的神學理念如何透過空間傳達出來。最後以黃阿寬扶寫的靈山玄文——〈天元復聖〉作爲本論文的收尾。

天降聖務八八天命，元玄下世彌勒尊稱；
復命娑婆造化金蓮，聖域道光照徹大千。
彌納乾坤轉運白陽，滿天星斗共協運行；
六通皆明爲化元靈，合一造化人人佛性。
勒馬加鞭應時點明，至道至理傳授有緣；
微妙自生不覺自然，沙藏金剛納入乾坤。

參考書目

A.中外宗教經典

Ⅰ.基督宗教經典

《聖經》（The Holy Bible），馬來西亞：馬來西亞聖經公會，1988&1989，串珠版。

Ⅱ.佛教經典〔大藏經刊行會（編輯），《大正新修大藏經》，台北：新文豐，1983〕

《增壹阿含經》（東晉・瞿曇僧伽提婆譯），第二冊。

《賢愚經》（元魏・慧覺等譯），第四冊。

《般若波羅蜜多心經》（智慧輪譯），第八冊。

《佛說聖母般若波羅蜜多經》（師護譯），第八冊。

《般落波羅蜜多心經》（般若共利言等譯），第八冊。

《大般涅槃經》（四十卷，北涼・天竺三藏曇無讖譯），第十二冊。

《佛說大般泥洹經》（六卷，東晉・法顯譯），第十二冊。

《佛說觀彌勒上生兜率天經》（一卷，劉宋・沮渠驚聲譯），第十四冊。

《佛說彌勒下生成佛經》（一卷，姚秦・鳩摩羅什譯），第十四冊。

《佛說彌勒下生成佛經》（一卷，唐・義淨譯），第十四冊。

《佛說彌勒來時經》（一卷，失譯人名），第十四冊。

Ⅲ.道教經典〔白雲觀長春真人（編纂），《正統道藏》，台北：新文豐，1995。〕

《元始無量度人上品妙經四註》（陳景元集註），第3冊。

《洞玄靈寶眞靈位業圖》（陶弘景編、閭丘方遠校定），第5冊。

《靈寶領教濟度金書》（甯全眞授、林靈眞編），第14冊。

《墉城集仙錄》（杜光庭撰），第 30 冊。
《太上洞玄靈寶天關經》，第 34 冊。
《十洲記》（東方朔集），第 46 冊。
《太上老君中經》，第 46 冊。
《漢武帝內傳》，第 8 冊。

Ⅳ.道教經典〔《藏外道書》（海外版），成都：巴蜀書社，1992。〕

《性命圭指》，第九冊。

Ⅴ.民間宗教〔王見川、林萬傳（編），《明清民間宗教經卷文獻》，台北：新文豐，1999〕

《大乘苦功悟道經》（雍正七年合校本），第一冊。
《正信除疑無修證自在寶卷》（雍正七年合校本），第一冊。
《苦功悟道寶卷》（開心法要版），第二冊。
《正信除疑無修證自在寶卷》（開心法要版木刻本），第二冊。
《苦功悟道》（開心決疑版抄本），第二冊。
《破邪顯證鑰題》卷下（開心決疑版手抄），第二冊。

Ⅵ.民間宗教〔其他經典〕

《龍華寶經》（宋光宇編著），台北：元祐出版社，1985。
《家鄉書信》，於《經典・聖訓合編》，台北：正一善書，2002。
《彌勒救苦眞經》，於《經典・聖訓合編》，台北：正一善書，2002。
《台灣靈山會母概要》，新莊：宏昇印刷有限公司，未詳。
《靈修手冊：無極鴻鈞老祖指點靈山脈元》，高雄：無極皇天宮，2005。
《一貫道疑問解答》〔崇華版〕，台中：光明國學出版社，1993。
《萬靈歸元大法會手冊》，淡水：道盤行政中心，2003。
《九九萬法歸宗大法會手冊》，淡水：道盤行政中心，2004。
《大道一貫》，桃園：崇心雜誌社，2003。
《無極瑤池金母收圓瑤命歸盤眞經》，台北：慈光慈惠堂，1991。
《中華民國九十四年歲次乙酉 雞年 農民曆》，淡水：淡水無極天元宮，2005。

B.中日文參考書目（含簡體中文）

丁仁傑

2003 〈尋找靈山仙境：民間信仰的當代變遷及其相關啓示〉，中央研究院民族學研究所「週一演講」，台北：中央研究院民族學研究所。

2004 〈會靈山現象的社會學考察：去地域化情境中民間信仰的轉化與再連結〉，發表於「宗教教義、實踐與文化：一個跨學科的整合研究學術研討會」，台北：中央研究院民族學研究所。

大淵忍爾

1983 《中國人の宗教儀禮》，東京：福武書店。

于君方

1998 〈找尋女性觀音的可能前身〉，《香光莊嚴》59：40～50。

丸井奎治郎

1993 《臺灣宗教調查報告書．第一卷》，台北：捷幼出版社。

王玉德

1994 《風水術注評》，台北：雲龍。

1995 《中華堪輿術》，台北：文津。

王德薰

1976 《山水發微》，台北：作者自印。

王鏡玲

2000 〈神聖的顯現：重構艾良德宗教學方法論〉，台北：國立台灣大學哲學研究所博士論文。

王雯玲

2004 〈台灣童乩的成乩歷程——以三重童乩爲主的初步考察〉，新莊：私立天主教輔仁大學教學研究所碩士論文。

孔穎達（等注疏）

1976 《十三經注疏8．論語、孝經、爾雅、孟子》，板橋：藝文印書館。

尹怡君

2004 〈是「解離障礙」，還是神來接通人的天線？〉，《張老師月刊》319：52～56。

內政部（編印）

2004 《宗教論述專輯【第六輯】：民間信仰與神壇篇》，台北：內政部。

加藤　敬

1990 《童乩——台湾のシャーマニズム》，東京：平河出版社。

江燦騰、王見川（主編）

1994 《台灣齋教的歷史觀察與展望——首屆台灣齋教學術研討會論文集》，台北：新文豐。

四川大學宗教研究所（編）

2000　《道教神仙信仰研究・上／下冊》，台北：中華大道文化。

朱永嘉、蕭木（注譯）黃志民（校閱）

1995　《新譯呂氏春秋（上／下)》，台北：三民書局。

朱慧雅

2005　〈松山慈惠堂的靈驗經驗之研究〉，新莊：私立天主教輔仁大學宗教學研究所碩士論文。

沈約（註）洪頤宣（校）

1956　《竹書紀年》，台北：台灣商務印書館。

安居香山、中村璋八（輯）

1994　《緯書集成（上／下)》，石家庄：河北人民出版社。

如實佛學研究室（編著）

1995　《新譯梵文佛典：金剛般若波羅密經（五)》，台北：如實。

呂一中

2000　〈「會靈山」現象初探——以台南縣西港鄉啦嗚宮爲例〉，《臺灣宗教研究通訊》創刊號：87～91。

2000　〈「會靈山」運動興起及其對民間宗教之影響〉7：88～98。

呂理政

1990　《天、人、社會：試論中國傳統的宇宙認知模型》，台北：中央研究院民族學研究所。

呂錘寬

1994　《台灣的道教儀式與音樂》，台北：學藝出版社。

宋光宇

1981　〈試論「無生老母」宗教信仰的一些特質〉，《中央研究院歷史語言研究所》52：559～590。

1983　《天道鈎沉：一貫道調查報告》，台北：作者自印。

1996　《天道傳燈：一貫道與現代社會（上／下冊)》，台北：王啓明。

1998　《一貫眞傳 1：基礎傳承》，板橋：三揚印刷企業有限公司。

2002　《宋光宇宗教文化論文集【上／下】》，宜蘭：佛光人文社會學院。

汪民安（編）

2003　《色情、耗費与普遍經濟》，長春：吉林人民出版社。

巫仁恕

2000　〈節慶、信仰與抗爭——明清城隍信仰與城市群眾的集體抗議行爲〉，《中央研究院近代史研究所集刊》34：145～210。

李子源（編著）

2003　《台灣龍穴（上）》，台北：益群書店。

李世瑜

1975　《現在華北秘密宗教》，台北：古亭書屋。

李仲亮

1995　《全眞人之花——菊：全眞的精神標誌》，台北：李仲亮印行。

李福清

1996　〈關帝傳説與關帝信仰——關帝研究的新探索〉，《宗教哲學》2，第三期：147～164。

李豐楙、朱榮貴（主編）

1996　《儀式、廟會與社區：道教、民間信仰與民間文化》，台北：中央研究院中國文哲研究所籌備處。

1997　《性別、神格與臺灣宗教論述》，台北：中央研究院中國文哲所籌備處。

孚中（編著）

1999　《一貫道發展史》，板橋：正一善書。

余英時

1987　《中國思想傳統的現代詮釋》，台北：聯經。

余培林（注譯）

2001　《新譯老子讀本》，台北：三民書局。

国分直一

1981　《壺を祀る村——台湾民俗誌》，東京：財団法人法政大學出版局。

林會承

1995　《〔台灣〕傳統建築手册：形式與作法篇》，台北：藝術家。

林富士

1995　《孤魂與鬼雄的世界：北臺灣的厲鬼信仰》，板橋：台北縣立文化中心。

林富士、傅飛嵐（主編）
1999　《聖跡崇拜與聖者崇拜：中國聖者傳記與地域史的材料》，台北：允晨文化。

林美容
1993　《臺灣人的社會與信仰》，台北：自立晚報。

林美容（主編）
2003　《信仰、儀式與社會》，台北：中央研究院民族學研究所。

林萬傳（編著）
1986　《先天大道系統研究》，台南：靝巨書局。

吳承恩（撰）繆天華（校注）
2006　《西遊記》，台北：三民書局。

柯志明
1997　《談惡——呂格爾《惡的象徵》簡釋》，台北：臺灣書店。

施舟人
2004　《中國文化基因庫》，北京：北京大學出版社。

胡台麗
2003　《文化展演與台灣原住民》，台北：聯經。

胡其德
1993　〈太一與三一〉，《東方宗教研究》新三期：77～96。

姜憲燈（編）
1979　《瑤池金母發祥卅週年紀念冊——慈惠堂史》，花蓮：聖地慈惠堂。

范勝雄
1998　《府城叢談——府城文獻研究 3》，台南：日月出版社。

祝平一
2003　《說地——中國人認識大地形狀的故事》，台北：三民書局。

真理大學宗教學系（編印）
1999　《眞理大學宗教知識教育基本教材》，淡水：眞理大學宗教學系。

袁珂（校注）
1995　《山海經校注》，台北：里仁書局。

班固

1967　《漢書‧藝文志》卷十，台北：台灣商務印書館〔百衲本〕。

高拱乾

1968　《臺灣府志》，台北：國防研究院出版部。

凌純聲

1966　〈昆侖丘與西王母〉，《中央研究院民族學研究所》22：215～255。

唐敬杲（選註）

1972　《管子》，台北：臺灣商務印書館。

容肇祖

1989　《容肇祖集》，山東：齊魯書社。

夏鑄九

1995　《理論建築——朝向空間實踐的理論建構》，台北：台灣社會研究。

夏鑄九、王志弘（編譯）

2002　《空間的文化形式與社會理論讀本》，台北：明文書局。

郭建勳（注譯），黃俊郎（校閱）

1996　《新譯易經讀本》，台北：三民書局。

許地山

1994　《扶箕迷信的研究》，台北：臺灣商務印書館。

許雅婷

2002　〈母娘與她的兒女：慈惠石壁部堂宗教人的經驗世界〉，花蓮：國立東華大學族群關係與文化研究所碩士論文。

許麗玲

1997　〈臺灣北部紅頭法師法場補運儀式〉，《民俗曲藝》105：1～146。

1997　〈台灣北部紅頭法師法場補運儀式送陰火一段中的「請尪姑」〉，發表於中央研究院民族學研究所（舉辦），「婦女與宗教」小型研討會系列三，台北：中央研究院民族學研究所。

1999　〈台灣民間信仰中的補春運儀式——以北部正一派道士所行的法事儀式爲例〉，《民族學研究所資料彙編》13：95～129。

2003　〈疾病與厄運的轉移：台灣北部紅頭法師大補運儀式分析〉，收入林美容（主編），《信仰、儀式與社會》，台北：中央研究院民族學研究所，頁339～365。

陸瘦燕、朱汝功

1993 《針灸腧穴圖譜〔修訂版〕》，台北：文光。

堀込憲二

1992 《風水思想與中國城市構造之研究：以官撰地方志爲中心資料之研究》，台北：國立台灣大學建築與城鄉研究所。

1993 〈如何解讀臺灣都市的風水——風水思想與清代臺灣的城市之研究〉，《哲學雜誌》3：頁78～101。

陳明才

2005 《奇怪的溫度》，台北：聯合文學。

陳建憲

1996 《玉皇大帝信仰》，台北：漢揚。

陳信聰

2001 《幽冥得度——儀式的戲劇觀點：台南市東嶽殿打城法事分析》，台北：唐山。

陳藝勻

2003 〈台灣童乩的社會形象與自我認同〉，新莊：私立天主教輔仁大學宗教學研究所碩士論文。

莊吉發

1996 《薩滿信仰的歷史考察》，台北：文史哲出版社。

2002 《眞空家鄉：清代民間秘密宗教史研究》，台北：文史哲出版社。

莊萬壽（註譯）

1979 《新譯列子讀本》，台北：三民書局。

陸西星（撰）鍾伯敬（評）楊宗瑩（校訂）繆天華（校閱）

2004 《封神演義》，台北：三民書局。

傅錫壬（註譯）

1976 《新譯楚辭讀本》，台北：三民書局。

傅鳳英（注譯）

2005 《新譯性命圭旨》，台北：三民書局。

張子房

未詳 《赤霆經》（漢唐地理鈔存六十八種七十卷／清・王謨輯）。

張光直

1998 《中國青銅器時代》，台北：聯經。

張珣、江燦騰（合編）

2001 《當代臺灣本土宗教研究導論》，台北：南天書局。

彭榮邦

2000 〈牽亡：惦念世界的安置與撫慰〉，花蓮：國立東華大學族群關係與文化研究所碩士論文。

黃有興

1987 〈澎湖的法師與乩童〉，《臺灣文獻》38／3：133～164。

1992 《澎湖的民間信仰》，台北：臺原。

黃華節

1995 《關公的人格與神格》，台北：臺灣商務印書館。

黃淑璥

1957 《臺海使槎錄》，台北：臺灣銀行經濟研究室。

黃錦鋐（注譯）

1998 《新譯莊子讀本》，台北：三民書局。

黃應貴（主編）

1995 《空間、力與社會》，台北：中央研究院民族學研究所。

畢恆達

1996 《找尋空間的女人》，台北：張老師。

2001 《空間就是權力》，台北：心靈工坊文化。

2004 《空間就是性別》，台北：心靈工坊文化。

2005 《教授爲什麼沒告訴我》，台北：學富文化。

福井康順、山崎宏、木村英一、酒井忠夫（監修）

1983 《道教（第三卷）：道教の伝播》，東京：平河出版社。

楊惠南

1987 〈漢譯佛經中的彌勒信仰〉，《文史哲學報》35：119～182。

1996 〈台灣民間宗教的中國意識〉，發表於台灣教授協會海內外台灣人國事會議「台灣的危機及轉機」研討會。

趙建雄

1999　〈龍脈：中國傳統之山脈的地景隱喻〉，《民族學研究所資料彙編》13：19～50。

董芳苑

1975　《台灣民間宗教信仰》，台北：長青文化。

葉阿月

1980　《新譯般若心經・超越智慧的完成：梵漢英藏對照與註記》，台北：新文豐。

葉春榮

1999　〈風水與報應：一個台灣農村的例子〉，《中央研究院民族學研究所集刊》88：233～257。

劉文典（撰）馮逸、喬華（點校）

1992　《淮南鴻烈集解》，台北：文史哲出版社。

劉枝萬

1974　《中國民間信仰論集》，台北：中央研究院民族學研究所。

1981　〈臺灣的靈媒——童乩〉，《臺灣風物》31／1：104～115。

1983　《台灣民間信仰論集》，台北：聯經。

1983　〈台灣道教の法器（圖示）〉，收入福井康順、山崎宏、木村英一、酒井忠夫（監修），《道教（第三卷）：道教の伝播》，東京：平河出版社。

1984　《中国道教の祭と信仰・上／下》，東京：桜楓社。

1989　〈臺灣的民間信仰〉，余萬居（譯），《臺灣風物》39／1，頁79～107。

1994　《台湾の道教と民間信仰》，東京：風響社。

2003　〈臺灣之Shamanism〉，《臺灣文獻》54／2：1～27。

漢寶德

1998　《風水與環境》，台北：聯經。

葛洪

1991　《枕中書》，北京：中華書局。

潘朝陽

1995　〈「中心——四方」空間形式及其宇宙論結構〉，《師大地理研究報告》23：83～107。

蔡东洲、文廷海

2001 《关羽的崇拜研究》，成都：巴蜀书社。

蔡志華

2003 〈彌陀慈惠堂乩示活動之研究〉，台南：國立台南師範學院鄉土文化研究所碩士論文。

蔡怡佳

2000 〈歷史書寫與自我技藝——靈乩協會創立初期之宗教實踐〉，中央研究院民族學研究所「週一演講」，台北：中央研究院民族學研究所。

蔡佩如

2001 《穿梭天人之際的女人：女童乩的性別特質與身體意涵》，台北：唐山。

鮑家麟

1989 《婦女問題隨想錄》，板橋：稻鄉出版社。

鄭志明

1988 《台灣民間宗教論集》，台北：學生書局。

1990 《台灣的宗教與秘密教派》，台北：臺原出版。

1997 《西王母信仰》，嘉義：南華管理學院。

1998 《台灣民間宗教結社》，嘉義：南華管理學院。

2004 《宗教與民俗醫療》，淡水：台灣宗教用品有限公司。

2005 《台灣傳統信仰的宗教詮釋》，台北：大元書局。

2005 《台灣傳統信仰的鬼神崇拜》，台北：大元書局。

謝世忠

1995 〈漢人民間信仰研究的本質、體系、與過程理論——英文論述中的幾個主要結構論模式〉，《文史哲學報》43：1～28。

謝金選

1952 〈台灣的「紅頭」與「烏頭」司公〉，《台灣風物》2／4：8～9。

1952 〈台灣的「紅頭」與「烏頭」司公（續）〉，《台灣風物》2／5：6～7。

蕭天石（主編）

1998 《性命圭旨・規中指南（合刊）》，台北：自由出版社。

簡榮聰

1995 〈玄天上帝信仰發展及其人文考辨〉，《臺灣文獻》46／2，頁121～131。

瞿海源（編纂）

1992　《重修台灣省通志・卷三・住民志宗教篇・第二冊》，南投：台灣省文獻委員會。

關永中

1997　《神話與時間》，台北：臺灣書店。

顧頡剛

1996　《顧頡剛古史論文集》第三冊，北京：中華書局。

饒宗頤

2000　《中国宗教思想史新页》，北京：北京大学出版社。

瀧川龜太郎

1993　《史記會注考證》，台北：文史哲出版社。

鐘義明

1993　《增訂臺灣地理圖記》，台北：武陵。

蘇鳴東

1985　《天道概論（五教合一論）》，台南：靝巨書局。

顧寶田、張忠利（注譯）傅武光（校閱）

1991　《新譯老想爾注》，台北：三民書局。

C.中譯外文參考書目（含中譯日文）

Armstrong, Karen

1996　《神的歷史》（*A history of God*），蔡昌雄（譯），新店：立緒文化。

Bachelard, Gaston

2003　《空間詩學》（*La poétique de l'espace*），龔卓軍、王靜慧（譯），台北：張老師文化。

Bakhtin, Mikhall

1998　《拉柏雷研究》（*Tvorchestvo Fransua Rable i narodnaia kultura serdnevekovia i Renessansa*），李兆林、夏忠實（等譯），石家莊：河北教育出版社。

Bataille, Georges

2004　《色情史》（*L'histoire de l'érotisme*），刘晖（译），北京：商务印书馆。

David K. Jordan & Daniel L. Overmyer

2005　《飛鸞——中國民間教派面面觀》(*The Flying Phoenix: Aspects of Chinese Sectarianism in Taiwan*)，周育民（譯），香港：中文大學出版社。

Durkhein, Émile

1998　《宗教生活的基本形式》(*The Elementary Forms of the Religious Life*)，芮傳明、趙學元（譯），台北：桂冠圖書。

Eliade, Mircea

2000　《聖與俗：宗教的本質》(*The Sacred and the Profane: the Nature of Religion*)，楊素娥（譯），台北：桂冠圖書。

2000　《宇宙與歷史：永恆回歸的神話》(*Le mythe de l'éternel retour : archetypes et répétition*)，楊儒賓（譯），台北：聯經。

2001　《不死与自由：瑜家实践的西方阐释》(*Yoga: Essai sur l'origine de la mystique Indienne*)，武锡申（译），北京：中国致公出版社。

2001　《世界宗教理念史・卷一：從新石器時代到埃勒烏西斯神秘宗教》(*Histoire des croyances et des idées religieuses Ⅰ: De l'âge de la Pierre aux mystères d'Eleusis*)，吳靜宜、陳錦書（譯），台北：商周。

2001　《世界宗教理念史・卷二：從釋迦牟尼到基督宗教興起》(*Histoire des croyances et des idées religieuses Ⅱ: De Gautama Bouddha au triomphe du christianisme*)，廖素霞、陳淑娟（譯），台北：商周。

2002　《世界宗教理念史・卷三：從穆罕默德到宗教改革》(*Histoire des croyances et des idées religieuses Ⅲ: De Mahomet à l'âge de Réformes*)，董強（譯），台北：商周。

Feuerbach, Ludwig

1997　《基督教的本质》(*Das Wesen des Christentum*)，荣震华（译），北京：商务印书馆。

1999　《宗教的本质》(*Das Weaen der Religion*)，王太庆（译），北京：商务印书馆。

Lagerwey, John　(勞格文)

1996　〈臺灣北部正一派道士譜系〉(Les lignées taoïstes du nord de Taïwan)，許麗玲（譯），《民俗曲藝》103：31～48。

1998　〈臺灣北部正一派道士譜系（續篇）〉(Les lignées taoïstes du nord de Taïwan)，許麗玲（譯），《民俗曲藝》114：83～98。

Marx, Karl

2002 《馬克思恩格斯全集（第三卷）》，中共中央馬克思、恩格斯、列寧、斯大林著作編譯局（編譯），北京：人民出版社。

Ricoeur, Paul

1992 《惡的象徵》（*The symbolism of evil*），翁紹軍（譯），台北：桂冠圖書。

Smart, Ninian

2004 《劍橋世界宗教》（*The world's religions*），許列民、朱明忠、單純、楊海濤、德遠、金澤、唐均、瞿旭彤、王宇潔、高師寧、何可人（譯），台北：商周出版。

Weber, Max

2003 《中國的宗教：儒教與道教》（*Konfuzianismus und Taoismus*），簡美惠（譯），台北：遠流。

Weisman, Leslie Kanes

1997 《設計的歧視:「男造」環境的女性主義批判》（*Discrimination by Design: A Feminist Critique of the Man-Made Environment*），王志弘、張淑玫、魏慶嘉（合譯），台北：巨流圖書。

山田龍城

1989 《梵語佛典導論》，許洋主（譯），中和：華宇出版社。

水野弘元（等著）

1988 《印度的佛教》，許洋主（譯），台北：法爾。

高崎直道（等著）

1987 《如來藏思想》，李世傑（譯），中和：華宇出版社。

渡邊欣雄

1999 《東方社會之風水思想》，楊昭（譯），台北：地景。

2000 《漢族的民俗宗教：社會人類學的研究》，周星（譯），台北：地景。

2000 《風水的景觀地理學》，索秋勁（譯），台北：地景。

D.外文參考書目

Bakhtin, Mikhail（Mikhaĭlovich, Mikhail）

1984 *Rabelais and His World（Tvorchestvo Fransua Rable i narodnaia kultura serdnevekovia i Renessansa）*, translated by Hélène Iswolsky, Bloomington: Indiana University Press.

Bataille, Georges

1973 *Sur Nietzsche*. dans *Georges Bataille: Œuvres complètes V I*. Paris: Éditions Gallimard.

1976 *L'histoire de l'érotisme*. dans *Georges Bataille: Œuvres complètes VⅢ*. Paris: Éditions Gallimard.

1993 *The Accursed Share: An Essay on General Economy Volumes Ⅱ & III*, translated by Robert Hurley, New York: Zone Book.

1994 *On Nietzsche*, translated by Bruce Boone, New York: Paragon House.

Baudrillard, Jean

1987 *Forget Foucault*, translated by Nicole Dufresne, New York: Columbia University Press.

David K. Jordan & Daniel L. Overmyer

1986 *The Flying Phoenix: Aspects of Chinese Sectarianism in Taiwan*, Taipei: Caves Books.

de Groot, J. J. M.

1897 *Religious System of China Vol. 3*, Taipei: Southern Material Center.

Durkhein, Émile

1991 *Les formes élémentaires de la vie religieuse*. Paris: Le liver de poche.

Eliade, Mircea

1951 *Le chamanisme et les thchniques archaïques de l'extase*, Prais: Payot.

1954 *The myth of the eternal return or, Cosmos and History*, translated by Willard R. Trask. New Jersey: Princeton University Press.

1958 *Patterns in Comparative Religion*, translated by Rosemary Sheed, New York: Sheed & Ward.

1965 *Le Sacré et le Profane*, Paris: Éditions Gallimard.

1974 *Shamanism: Archaic Techniques of Ecstasy*, translated by Willard R. Trask. New Jersey: Princeton University Press.

1978 *A History of Religious Ideas volume1: From the Stone Age to the Eleusinian Mysteries*, translated by Willard R. Trask. Chicago: The University of Chicago Press.

1982 *A History of Religious Ideas volume2: From the Gautama Buddha to the Triumph of Christianity*, translated by Willard R. Trask. Chicago: The University of Chicago Press.

1985 *A History of Religious Ideas volume3: From Muhammad to the Age of Reforms*, translated by Willard R. Trask. Chicago: The University of Chicago Press.

1987 *The Sacred and the Profane: the Nature of Religion*, translated by Willard R. Trask. New York: Harcourt Brace & Company.

1990 *Yoga: Immortality and Freedom*, translated by Willard R. Trask, New Jersey: Princeton University Press.

Eliade, Mircea & L. E. Sullivan.

1987 "Hierophany" in Mircea Eliade ed. *Encyclopedia of Religion*. New York: Macmillan.

Feuchtwang, S. D. R.

1972 *An Anthropological Analysis of Chinese Geomancy*, Taipei: Southern Material Center.

Foucault, Michel

1980 *Power／Knowledge selected interviews and other writings 1972～1977*, New York: Pantheon book.

Holmes Welch and Anna Seidel

1979 *Facets of Taoism: Essays in Chinese Religion*, New Haven and London: Yale University Press,

Lagerwey, John

1998 Les lignées taoïstes du nord de Taïwan, *Cahiers d'Extrême-Asie* 4:127～143。

1990 Les lignées taoïstes du nord de Taïwan（suite et fin）, *Cahiers d'Extrême-Asie* 5:335～368。

Saso, Michael

1970 Red-head and Black-head: The Classification of the Taoists of Taiwan According to the Document of the 61th Generation Heavenly. Bulletin of the Institute of Ethnology, *Academia Sinica* 30:69～81.

1972 Lu Shan, Ling Shan, and Mao Shan: Taoist Fraternities and Rivalries in North Taiwan. Bulletin of the Institute of Ethnology, *Academia Sinica* 34:119～147.

1975 *Chuang-Lin Hsu Tao-Tsang: A collection of Taoist manual 1*.Taipei: 成文。

1978 What is the Ho-tu. *History of Religions* 17:398-416.

Schipper, Kristofer Marinus

1965 *L'Empereur Wou des Han dans la légende taoïste: HanWou-Ti Nei-Tchouan*. Paris: École Française d'Extrême-Orient.

1975 *Concordance du Tao-Tsang: titres des ourages*. Paris: École Française d'Extrême-Orient.

1982 *Index du Yunji Qiqian: projet Tao-Tsang*. Paris: École Française d'Extrême-Orient.

1994 *The Taoist Body*. Translated by Karen C. Duval. Taipei: Southern Material Center.

Van Gennep, Arnold

1981 *Les rites de passage: étude systématique des rites*, Paris: A. et J. Picard.

Yi-jia, Tsai

2003 The Reformative Visions of Mediumship in Contemporary Taiwan, unpublished Doctoral Dissertation, Rice University.

2004 The Writing of History: The Religious Practices of the Mediums' Association in Taiwan, in *Taiwan Journal of Anthropology Vol.2 No.2*, p. 43～80.

E. 工具書

中村元

1975 《佛教語大辭典》，東京：東京書籍株式會社。

任繼愈（主編）

1991 《道藏提要〔修訂本〕》，北京：中国社会科学出版社。

朱越利

1996 《道藏分类解题》，北京：华夏出版社。

宇井伯壽（等合編）

1986 《德格版・西藏大藏經總目錄（上）》，中和：華宇出版社。

1986 《德格版・西藏大藏經總目錄（下）・附索引》，中和：華宇出版社。

西藏佛教研究會

1972 《增訂藏文辭典》，東京：山喜房佛書林。

林美容（編）

1997 《台灣民間信仰研究書目》，台北：中央研究院民族學研究所。

胡孚琛（主編）

1995 《中华道教大辞典》，北京：中国社会科学出版社。

望月信亨（主編）

1979 《望月佛教大辭典》，台北：地平線。

荻原雲來（編）
1979　《漢譯對照梵和大辭典》，台北：新文豐。

傅惜華（Fou, Si-Houa）
1951　《寶卷總錄》（*Catalogue des Pao-Kiuan*），北京：巴黎大學北京漢學研究所（Université de Paris, Centre d'Études Sinologiques de PéKin）。

張檉（總策劃）
1999　《中國道教大辭典》，台中：東久企業。

野口鐵郎、坂出祥伸、福井文雅、山田利明（編集）
1990　《道教事典》，東京：平河出版社。

臺灣商務印書館編審委員會
1991　《增修辭源・上／下冊》，台北：台灣商務印書館。

藍吉富（主編）
1994　《中華佛教百科全書》，永康：中華佛教百科文獻基金會。

Brooker, Peter
2003　《文化理論詞彙》（*A Glossary of Cultural Theory*），王志弘、李根芳（譯），台北：巨流圖書。

Eliade, Mircea ed.
1987　*Encyclopedia of Religion*. New York: Macmillan.

Williams, Raymond
2003　《關鍵詞：文化與社會的詞彙》（*Keyword: A Vocabulary of Culture and Society*），劉建基（譯），台北：巨流圖書。

F. 影音資料

「中華道宗協會聖歌（台語）」（CD）（聖詞：黃阿寬；作曲：鄭萬巖、莊奕銘），淡水：中華道宗協會，未詳。

「龍華福圓盛會特輯」（CD）（監製：黃阿寬；統籌：張鈴玉；製作：金石；主唱：陳秀美；伴奏：集集國樂團），淡水：財團法人無極天元宮，2004。

「無極天元宮簡介」（VCD），淡水：財團法人無極天元宮，2005。

附錄：造訪天山聖域：透視淡水無極天元宮的空間與神學〔註1〕

I. 引子

座落在淡水區北新莊水梘頭的無極天元宮〔註2〕，近幾年來因爲觀賞櫻花的熱潮而開始爲普遍一般大眾所熟知。除了每年三月中的賞花人潮之外，天元宮一年到頭還有無數的信眾會到此處「會靈山」〔註3〕。「會靈山」據學者的推斷認爲：是始於民國六十九年（西元1980年）時，在台灣民間信仰場域興起的一種宗教現象。〔註4〕此種宗教現象與通靈、靈動有著密切性的關連。與傳統廟宇之間相互「進香」、「謁祖」或「刈香」頗有不同，且有其更濃厚的朝聖意味。「會靈山」可以是個人式的，也可以是集體式的，是依照個人信仰或信仰團體的需求而從事的宗教靈修活動。

因此來到天元宮，在假日週末會靈的人潮與宗教團體可說絡繹不絕；平常日也可看到稀稀疏疏的信仰人潮到此會靈。天元宮儼然已成爲台灣當代重要的會靈山聖地。但謂何天元可以成爲一座受人會靈親睞的「好所在」（台語）呢？也就是說，天元宮這座廟宇是提供了哪些會靈者所需要的環境、條件或元素呢？才會使如此之多的會靈者慕名而來。所以接下來我們將從天元宮所在的地理、建築、或其神學等多方視角先來一趟「紙本上的」田野之旅。

〔註1〕本篇文章曾發表在中央研究院民族學研究所，2009年4月12日的《靈性工程：台灣民間宗教醫療田野巡禮》（行政院國家科學委員會——國科會50科學之旅）活動。

〔註2〕以下簡稱天元宮。

〔註3〕「會靈山」亦稱「走靈山」或「會靈」。

〔註4〕參閱《靈性工程》（2009）手冊，丁仁傑，〈會靈山現象的社會學考察〉，頁115。

II. 風水 VS.靈脈：天元宮的神聖地理學

淡水是由大屯山脈、面天山向西邊衍伸而出的五條山崙所構成的地形。這五條崙依南而北的地理主要代表建築物分別是：天主教聖本篤隱修院、淡江大學、清水巖祖師廟、紅毛城與砲台埔（即北門鎖鑰），形成一崗一谷的地理環境，俗稱「五虎崗」。而在這些崗嶺之間的谷地，即夾雜著山泉水源以及出水孔。如：聖本篤再往上走即是三空泉〔註 5〕水源地、淡江大學往上走的淡江農場水源地〔註 6〕……等。〔註 7〕因此就天元宮所在的地理環境即可得知，是在「山」與「水」之間，也就是華人所說的「好風水」必備的重要兩大條件。

〔 水的地理 〕

若將天元宮所在的地理位置，以其爲中心的方式來說明的話。天元宮是座落在大屯山脈西北方低山區地帶，面天山麓丘陵地，依山面海。以目前的行政區劃分來說明的話，即座落在新北市淡水區水源里。水源里舊稱「水梘頭」，也是淡水重要的水源發源地，且當地有許多山泉出水孔，大多集中在淡水水源國小的後方。此水源地是構成天元宮重要風水上水脈的地理要件。因此在天元宮的第一座建築：「無極天元宮」（簡稱「天元」）的左側，即開鑿了一口井命名爲「八八龍池井」。〔註 8〕

〔 山的地理 〕

天元宮所依的山即是大屯山脈。大屯山脈在天元宮的神聖地理學上佔有重要的位置。因爲此山脈是天元宮與崑崙/天山山脈相接連的主要風水來源。這裡就牽涉到華人傳統風水地理學的說法，此學說認爲世界的風水地理發源地之中心，是位在帕米爾高原，且由帕米爾高原分出五條風水龍脈，而在古籍的記載皆已「崑崙」稱之。「崑崙」在中國有天柱的象徵，是萬脈的起源。在中國的風水龍脈主要油三龍構成，大致分爲黃河以北的「北幹」、黃河與長江間的「中幹」與長江以南的「南幹」。「南幹」山脈的風水主要分佈在福建廣東等地，後又分爲兩條路徑，一條經由福州，另一條經由泉州，過了黑水

〔註 5〕三空泉，俗語稱「三港泉」（台語發音），即由三條泉水匯流的水源地。

〔註 6〕淡江農場的水源地，亦稱「滬尾水源」。

〔註 7〕以上有關淡水的地理概說，是引自王昭華繪製的淡水地圖「地理」與在地觀點 1998「亂戀淡水」這兩張地圖。

〔註 8〕淡水的山泉水源常因地震等地理環境的變動，而產生改變。目前天元宮的山泉是來自廟前較低處的水源地使用抽水馬達，將泉水抽往天元宮。

溝（即台灣海峽）來到了台灣，在風水上史稱爲「龍脈渡峽說」，展轉來到了台灣。

天元宮的地理基本上來自於此，是接連到中國崑崙聖地，因此將天元宮所在的地理稱作「天山聖境」。這是天元宮地理脈源重要的來源，也是爲何許多會靈者會來此處的原因。因爲所謂的會靈山的過程，有一部份即是透過「地脈」的連結而轉向「天脈」的連結。地脈是會靈者接通「靈脈」的表徵，即是風水的一種隱喻，也是返回崑崙道路的象徵。會靈者藉由天元宮的風水地脈接通往崑崙的道路，即是會靈者將自身的原靈〔註9〕，藉由會靈山此種通靈的方式，使原靈可以由此通往崑崙的道路回到天上。在此崑崙即有華人天堂的象徵，也是會靈者可獲得生命究竟解脫之所。

III. 空間／佈局：天元宮的神聖建築學

天元宮的空間佈局主要由三個部份組成，若從廟前的北新路朝山的方向走，依次是：第一道場「無極天元宮」（簡稱「天元」）；第二道場「無極眞元天壇」（簡稱「眞元」）；第三道場「無極聚元三聖宮」（簡稱「聚元」），「天元、眞元、聚元」合稱「三大道場」。在第二道場與第三道場之間，還有一座當初眞元天壇初建時的範本，爲「無極眞元玄樞大寶殿」，可說是無極眞元天壇的前身。「三大道場」各有其職能。若以其職能來說明的話，第一道場又稱爲「南天考核臺」；第二道場則稱爲「考核歸元臺」；第三道場稱爲「龍華宴」。

每一道場依其職能而祭拜不同的神靈。第一道場中間的神龕主要崇祀的神靈是：玄靈高上帝、三皇（天皇、地皇、人皇）、太白星君、彌勒、無極老祖，左邊的神龕是觀世音、右邊的神龕是孚祐帝君。這些神靈主要考核會靈者是否可以擁有進行會靈的資格，就像大學入學考試一樣，有個審核標準。而此道場的神靈也有各自的象徵意涵，如：孚祐帝君是象徵會靈者終究學仙成道的榜樣、太白星君則是象徵降災考驗會靈者的神靈。

第二道場則較爲複雜，是一座五樓式的圓形高塔，圓形直徑約 108 尺。此道場是考驗會靈者的主要場域，也是進行會靈接通靈脈的重要場所。第一樓是「眞元中殿」、第二樓是「眞元三佛殿」、第三樓是「眞元玉皇殿」、第四樓是「眞元五老聖上殿」與第五樓是「眞元三清殿」。

〔註 9〕「原靈」亦有稱爲「元靈」、「源靈」、「本靈」、「本眞」或「佛子」等。

第一樓主要供奉的神靈是無極老祖、玄靈高上帝、玄天上帝與三母〔註10〕（瑤池金母、虛空地母、九天玄母）。會靈山中所謂的「靈山會母」就是會這些象徵「先天」、「不受染污」的母神。這些所謂的先天母神，在天元宮是以三母的型態出現。

第二樓供奉的是三佛（無上佛、無上元、無上眞），這三尊佛在天元宮裡主要象徵人類內在自性的三個面向，且是會靈者將自我推向內在心理世界的主要象徵。

第三樓供奉的神靈是金光玉皇陪祀王天君與托塔天王。金光玉皇在此是象徵會靈者已可以「領令」即是受到靈界認可的過程。

第四樓供俸五老：黃老（中央）、金母（西方）、木公（東方）、赤精子（南方）、水精子（北方），是會靈者領令受分封五方的概念，是中國古老神秘方位的象徵，也是靈乩觀察宇宙天體運作的重要依據。

第五樓供奉三清與無極老祖，是會靈者朝向通靈最高境界的時候，也是無極天元宮展示其宇宙觀的極至所在。會靈者在此達到與宇宙和衣的狀態，自我內在的小宇宙與自然外在大宇宙地整合，也就是所謂「天人合一」的境界。

第三道場其實尚未興建，現在所看到的無極聚元三聖殿是未來正式興建完成前的無極聚元三聖殿之範本。目前第三道場內主要供俸三期教主，即（青陽）燃燈古佛、（紅陽）釋迦牟尼佛、（白陽）彌勒佛，以及陪祀佛教護法神四大天王（持國天王、持聞天王、增長天王、廣目天王）。會靈者至此是象徵回到了天界，並過著萬世太平的日子。這是每個會靈者最終會靈修煉的終極目標，也是人類宗教意識與情感的終極關懷。在第三道場的左邊有一個天山聖境的林園，此林園是象徵會靈者在會靈修行過程中已完成艱辛旅途，準備回到仙境、聖域。林園裡有天山池、三山坡、天山怡園、萬靈群眞岩與無極天山五老臺。這些林園佈局再度顯示作為會靈者的心路歷程。

IV. 神話・神學・宇宙觀：天元宮的神聖世界觀

天元宮的神聖世界觀主要依循傳統道教的宇宙觀、三期末劫的應劫與救劫的時間觀，以及瑤池金母的神話觀構成一套天元宮獨有神學架構。從傳統

〔註10〕「會靈山」也稱作「靈山會母」。所會的母神系統有分一母、三母、五母與九母之別。

道教的宇宙觀來看的話，不然發現是以其「一炁化三清」爲基底，在銜接上「三清化五老」創發，形構出一套「一炁化三清、三清化五老」的神學基調，並在此基調之上衍生出實爲複雜的救世降生系統。救世降生的系統是採以瑤池金母的神話觀，配合彌勒末世救劫的神話，也就是三期末劫的救渡時間觀，形成一套以母娘（即瑤池金母）爲核心，展開「母娘的靈兒（即原靈）墮落人間→歷劫（即三期末劫）→會靈還鄉（即回到母娘身旁）」的神化情結。

此情結主要深化會靈者的內在自我意識，作爲會靈時象徵性的操作藍本。此藍本緊緊扣住華人宗教文化傳統，將自然界力量的感受轉化爲文化層次的建構過程。神靈即是自然力量的象徵，神格位階的高低次序是通靈者對自然力量大小的感受之表徵。神譜的神學建構即與通靈者對力量的感受合而唯一，在每個時代成爲不同的神學系譜。因此就天元宮神學系譜的成立過程而言，即是與天元宮主要的通靈者聖乩〔註 11〕黃阿寬有著密切的關連性。以下將以圖表的形式，將天元宮的神學與聖乩黃阿寬的通靈經驗與感受，作爲整理。

〔註 11〕「靈乩」是對一般會靈者的稱呼。「聖乩」則是又較靈乩高一層次的會靈者。「聖乩」一詞可能主要源自於天元宮。

淡水無極天元宮神學系譜

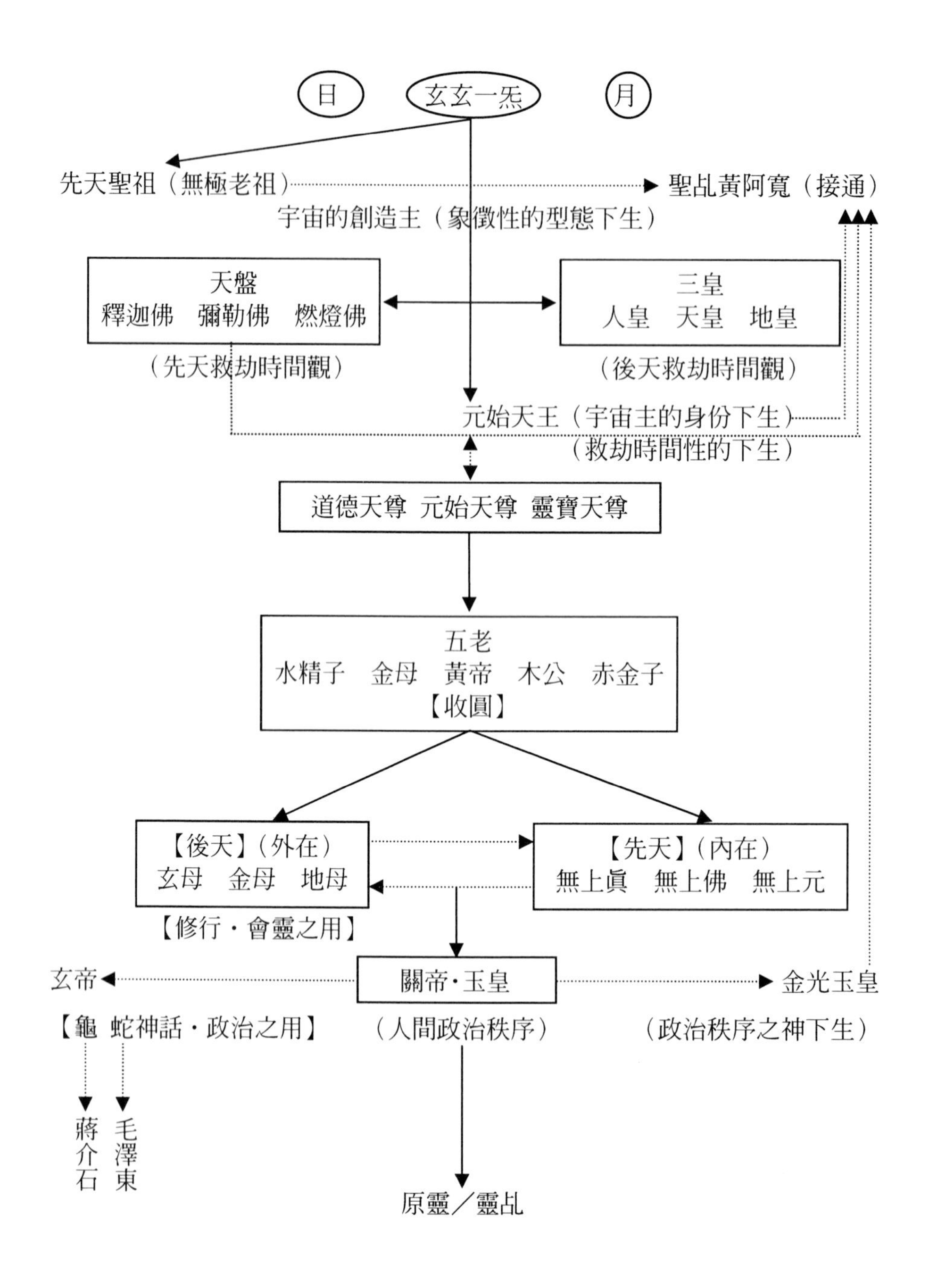

V.走！來去天元宮會靈去………

走筆至此！只是粗略地將天元宮的空間神學嘗試性地呈現出來。還有許多關於會靈山的觀念與天元宮的關連性，需要更多的時間與體會才能將其內在意涵一一解析。在此有關會靈山的觀念僅依照天元宮的例子出發，台灣其他會靈山的大道場神學架構可能未盡相同。因此很難以單一的例子說明整個台灣會靈山的現象，天元宮僅是台灣會靈山現象的代表性例子之一。

有關會靈山的「靈」的概念及其複雜度很高。一般會靈者將靈的概念分爲：「原靈」、「朝代靈」、「因果靈」、「動物靈」、「祖先靈」、「礦物靈」……等等。在此靈的觀念與傳統三魂七魄的說法頗爲不同，也就是說人是由許多不同的靈所構成，此種由靈的概念而構成人的靈性之說，還有待繼續探討。

此外有關通靈的概念，在華人的宗教信仰世界頗爲複雜。在筆者的研究中發現華人的通靈模式基本上可以分爲三種類型：「嚴格的通靈」、「感應」與「附體」。這三種型態伴隨者對通靈者稱位上的差異性與功能上的不同點。同樣一個通靈者可能可以同時擁有不同的稱謂與多種功能，並以其當時的通靈狀態而定。

我想書寫至此還是先打住，才不會讓尙未進入田野者，已有過多他人視野的框架，堆疊太多知識的迷障，而忽略了自身的對田野的感受與體驗。看來！接下來就讓我們開始動身：「走！來去會靈山去吧！」